21세기 한국의 미래 발전과 성장 동력 연구 총서 4

국제환경의 변화와 한국의 미래

21세기 한국의 미래 발전과 성장 동력 연구 총서 4

국제환경의 변화와 한국의 미래

펴낸곳 서울대학교출판문화원
펴낸이 오연천
지은이 백창재 신욱희 유근배 윤석민 전경수

초 판 1쇄 인쇄 2013년 12월 10일
초 판 1쇄 발행 2013년 12월 15일

출판등록 제15-3호

주소 151-742 서울 관악구 관악로 1
대표전화 02-880-5252 팩스 02-888-4148
마케팅팀(주문상담) 02-889-4424, 02-880-7995
이메일 snubook@snu.ac.kr
홈페이지 www.snupress.com
영문홈페이지 eng.snupress.com

ISBN 978-89-521-1472-3 94300
세트 978-89-521-1040-4

이 연구는 (주)포스코경영연구소의 지원으로 이루어졌습니다.

21세기 한국의 미래 발전과 성장 동력 연구 총서 4

국제환경의 변화와 한국의 미래

백창재 · 신욱희 · 유근배 · 윤석민 · 전경수

서울대학교출판문화원

The Change of International Environment and the Future of Korea

Chang Jae Baik, Wookhee Shin,

Keun Bae Yu, Sugmin Youn, Kyung-soo Chun

Seoul National University Press

발간사

이 연구 시리즈는 '21세기 한국의 미래 발전과 성장 동력'이라는 주제 아래 학제 간 연구를 담고 있다. 한국은 20세기 산업화와 민주화의 모범 국가로, 그 역동적 이미지와 발전 가능성이라는 측면에서 세계적으로 이목을 집중시킨 바 있다. 비록 한국의 발전 모델이 만족스러운 것은 아닐지라도, 개발도상국에게 희망적 사례이자 벤치마킹의 대상으로 설정될 만큼 경이로운 업적을 이루었다는 데는 이론의 여지가 없다. 근대화의 기간을 단축하고, 21세기 사회 발전의 핵심이라고 할 지식 기반 경제의 물질적 · 제도적 인프라를 구축하는 데 남다른 열정과 성과를 보였다는 점에서도 그러하다. 그러나 선진국으로 진입하기에는 여전히 넘어야 할 난관이 많고, 극복해야 할 국내외적 제약과 도전들이 만만치 않다는 점도 잘 인식하고 있다.

이러한 견지에서 한국의 발전 경험을 돌아보고 그 장점과 단점을 점검하여 미래의 발전 역량을 모색해보는 것은 21세기 첫 10년을 경과한 이 시점에서 반드시 필요한 작업이라고 하겠다. 이 연구가 기획된 기본 취지도 바로 그것이다. 21세기 미래 발전과 성장 동력은 반드시 경제적 영역에서만 나오는 것이 아니라, 사회적 · 문화적 역량의 복합적 산물이자 정치 체제의 선진화 여부와도 직결된다. 과거의 부(富)가 하드웨어 중심이었다면, 미래의 부는 소프트웨어 또는 창의적 · 혁신적 지식과 상상력에서 발원할 것이다. 따라서 미래의 발전 방향과 성장 동력을 모색하는 작업에는 사회과학 안에 분화된 학제들 간의 긴밀한 협력 연구는 물론, 인문학과 사회과학, 자연과학과 공학 사이의 융합적 연구가 필수적이다.

'미래의 부'와 한국의 21세기 발전 모델을 통합적 관점에서 모색하고자 하는 이 연구는 우선 사회과학 안의 학제 간 연구를 지향하고자 한다. 학제 간 연구에는 두 가지 방법이 있다. 하나는 긴밀한 토론과 워크숍을 진행하면서 공동의 주제를 각 학문 영역에서 연구하는 방법이며, 다른 하나는 정치학과 경제학, 사회학과 인류학, 언론학과 지리학 등을 짝지어 공동 연구를 추진하는 방법이다. 이 책에서는 전자를 선택했다. 즉, 정규적인 워크숍과 토론회를 열어 공동 주제를 다각적인 관점에서 논의하고 조명하는 방식을 택한 것이다. 학제 간 연구에서 가장 기초적이라고 할 수 있는 이 방식을 통해, 우선 각 학문 영역에서 집적된 연구 업적을 기반으로 보다 진취적이고 실현 가능한 경로와 전략을 모색하는 것을 목표로 설정했다. 이 과정에서 인근 학문 분과의 접근 방식과 시각을 충분히 음미할 수 있는 여지가 생겨날 뿐만 아니라, 자신의 연구 영역을 객관적으로 바라볼 수 있는 시선이 형성되기를 기대했다. 이는 학제 간 연구의 이점이라고 할 만하다. 독자들이 이 책을 읽음으로써 사회과학도들이 제시하는 발전 모델과 전략들을 종합하는 하나의 통합 모델로 인식을 진전시킬 수 있기를 바라는 마음이다.

앞으로 5년 동안 연속적으로 추진될 이 연구는 포스코 이구택 전(前) 회장과 정준양 현(現) 회장 두 분의 정신적 · 물질적 지원에 힘입은 바 크다. 포스코의 성장사는 한국의 경제 기적을 상징할 만한 세계적인 사건인 만큼, 포스코를 이끌어온 두 분의 열정과 신념은 곧 이 연구가 지향하는 선진 한국의 정신적 · 물질적 동력과 맥을 같이한다고 하겠다. 이 자리를 빌려 심심한 감사의 말씀을 올린다. 그리고 이 연구에 임해준 서울대학교 사회과학대학의 교수 여러분들께도 감사의 말씀을 드린다. 이 연구 시리즈가 21세기 한국의 미래를 밝히는 이정표가 된다면 더 바랄 것이 없겠다.

서울대학교 사회과학대학
오 성 환

책을 내면서

냉전의 시대가 종식된 지난 20여 년간 세계정치경제질서에는 중대한 구조적 변화들이 지구적으로 확산되고 있다. 생산 네트워크와 금융의 세계화는 개방과 상호의존, 시장중심성, 그리고 국가와 주권의 약화를 가져왔고, 기후환경 문제는 성장방식의 재조정에 대한 필요성, 즉 지식경제와 녹색발전모델의 필요성을 촉발시켰다. 중국과 인도의 부상은 조만간 세계질서를 다극질서로 이행시킬 전망이다.

이러한 세계체제의 변화라는 거대한 파도 위에 한국이 위치한 동아시아의 환경 또한 변화의 격랑을 맞고 있다. 동아시아의 구조는 그 어느 지역보다도 세계체제에 긴밀하게 연동되어 있으나, 세계정치경제질서의 이러한 구조적 변화들에 대해 아직 충분한 이해와 체계적인 논의가 이루어지지 않고 있다.

이렇듯 거대한 대외적 환경의 전환 시대에 이에 부응하는 국가와 사회의 전략을 모색하는 일은 지극히 자연스러운 일이다. 새로운 전략환경의 구조변화를 정확하게 파악하고 이에 상응하는 전략 선택의 여지를 넓혀나가는 것이 필요하다.

국가의 전략 선택은 그 근거를 국민에게서 찾아야 한다. 국민의 일상이 축적되어 역사가 된다. 국민 대중의 일상이 국가의 전략적 행동을 추동하기 위해서는 소통의 활성화와 민주적 여론 형성이라는 조건이 전제되어야 할 것이다.

한편, TV, 신문, 인터넷 등 미디어 시스템은 우리 사회의 커뮤니케이션과 개인의 일상적 삶에 강력한 영향을 미치고 있다. 미디어의 총체적인 구조, 즉 미디어 지형은 세계 어느 나라보다도 급속히 변화하고 있다. 그러나 기술적 발전에 상응하는 규범체계, 또는 소프트웨어의 미비는 소통의 역기능을 증폭시키는 방향으로 작용하기도 한다. 일상에 기초한 국가적 전략 선택의 개발에서 미디어 구조의 개선이 시급하다.

지구환경 변화는 국제적 정치경제질서에 충격을 주고 있다. 특히, 기후 변화는 1970년대 이후 국제환경정치의 주요 주제로 자리매김하고 있다. 기후변화협약은 대내외적 도전과 결단을 요구하고 있다. 기후변화협약에서 한국은 선진국과 개도국의 중재자적 리더십에 접근할 기회를 추구할 수 있을 것이나, 이를 위해서는 기후 변화 시대를 살아가는 국민의 일상이 기초를 이루어야 한다. 기후변화라는 전문적 지식이 풀뿌리의 일상에 자리잡기 위해서는 사회적 소통과 사회교육이 개선되어야 한다.

이 책은 총 5개의 장으로 구성되어 있다. 그 내용을 요약하면 다음과 같다.

1장은 세계정치경제질서에서 이루어지고 있는 힘의 이동(power shift)과 분산(dispersion)에 주목한다. 탈냉전과 세계화의 세계정치경제질서에는 더 많은 행위자들이 편입될 수밖에 없다. 사회주의권의 붕괴로 더는 대안적 질서가 존재하지 않으며, 세계화, 특히 생산 네트워크와 금융의 세계화로 인해 세계정치경제질서가 전 세계적으로 확대되었기 때문이다. 이는 필연적으로 기존 권력구조의 분산, 혹은 힘의 이동을 가져왔다. 중국의 부상은 말할 것도 없고, 전 세계적 편입과 힘의 분산, 자원부국들의 힘의 증대와 국가 중심의 힘 분포의 변화가 일어나고 있다.

이 연구는 세계정치경제질서의 변화를 추동하는 세 가지 힘의 변화를 설정한다. 첫째는 물리적 능력으로서 세계경제에서 경제력 분포의 변화이다. 신 브레튼 우즈체제가 얼마나 지속될 수 있는지 전망하는 것은 쉽지 않지만, 이 체제가 유지되는 한 주변부 개발도상국들의 성장이 지속될 수 있다고 평가된다. 이렇게 본다면, 중국이나 인도와 같이 새롭게 부상하고 있는 경제대국들과 신흥경제들, 그리고 개도국 일반, 특히 동아시아 지역으로의 힘의 이동이 지속될 것으로 예측할 수 있다.

둘째, 각국이 세계정치경제질서의 각 영역의 국제제도에서 미칠 수 있는 영향력, 곧 제도적 권력의 분포이다. 국제제도들에 대한 각국의 제도적 권력은 각국의 경제력을 제대로 반영하지 않으며, 경제력의 변화에 따른 조정이 이루어진다 해도 상당히 지체되고 있다고 볼 수 있다. 반면, G20에서 보듯이 기존의 G-x 프로세스가 신흥경제국들에게 문호를 개방하는 한편, 신흥국들을 중심으로 하는 새로운 G-x 프로세스도 이루어지고 있다. 이러한 현상은 세계정치경제질서에서 기존의 강대국들이 지녔던 제도적 권력을 일정 부분 위축시킬 것으로 판단된다.

셋째, 기존 세계정치경제질서를 정당화하거나 대안적 질서를 전파할 수 있는 능력, 곧 구성적 권력의 차원에 있어서 힘의 이동은 뚜렷하게 일어나고 있다고 보기 어렵다. 2008년 금융위기를 비롯한 빈번한 경제위기와 불안정성이 자유주의 세계정치경제질서의 정당성을 훼손하고 있지만, 이에 대한 대안적 질서와 대안적 이념이 부각되고 있지는 않기 때문이다.

이 세 가지 능력의 분포, 그리고 그 변화가 세계정치경제질서의 성격과 그 변화를 추동하는 것으로 상정할 수 있다. 세계정치경제질서의 변화는 두 차원에서 조작화할 필요가 있다. 하나는 체계의 안정을 결정하는 것으로, 세계정치경제질서가 얼마나 준수되고 있는지, 곧 집합행동의 문제를 얼마나 해결할 수 있는지 여부로 체계의 규제(regulation) 정도이다. 다른 하나는 국제제제에서 혜택과 비용이 어떻게 배분되고 있는지, 곧 세계정치경제질서의 분배(distribution)적 성격이다. 힘의 이동이 세계정치경제질서의 규제와 분배에 어떠한 영향을 미칠 것인지는 다양한 매개변수에 의해 결정될 것이다.

2장은 서론, 양자관계, 다자주의, 결론의 네 부분으로 이루어진다. 서론에서는 냉전 이후 세계체제의 변화가 보여주는 다양한 양상을 분석하는데, 이는 탈냉전, 제국, G2의 논의에 대한 검토와 아시아의 부상에 대한 고찰에 해당한다. 그리고 반응국가의 개념과 주체-구조 문제의 논의를 중심으로 연구의 이론적 틀을 검토한다.

양자관계 부분은 미중관계, 미일관계, 중일관계의 세 사례로 이루어져 있다. 첫번째 미중관계는 미국의 상대적 쇠퇴와 중국의 부상의 측면, 협력과 갈등의 양면성, 그리고 인식의 문제를 중심으로 그 역동성의 요인을 다룬다. 두 번째, 미일관계는 미일동맹의 특수성, 미국의 군사적 변환과 미일동맹의 변화, 그리고 인식 문제를 중심으로 그 연속성의 측면을 고찰한다. 마지막의 중일관계는 연속성과 협력 가능성의 존재, 중국의 성장과 일본의 상대적 침체, 영토와 자원 문제, 그리고 마찬가지로 역사와 정체성과 같은 인식의 문제를 대상으로 그 모호성에 대해 논의한다.

다자주의 부분은 동아시아를 포괄하는 세 가지 형태의 제도적 디자인을 검토한다. 첫번째는 ASEAN Way로 그것이 갖는 연성 다자주의의 특성, 지리적 확대의 측면, 중일 간의 패권경쟁과 중국화의 경향, 그리고 미국의 적극적인 동남아 정책의 등장과 미중경쟁의 양상 등이 그 내용을 이룬다. 또한 아시아/태평양 협력의 방식은 광역 다자주의의 성격, APEC의 의미와 한계, 그리고 미일 중심의 동심원적 다자주의의 특성을 다룬다. 마지막의 한중일 삼자주의는 동북아 지역주의의 요소, 그리고 역사적 논의의 내용과 현재의 논의 양상, 그리고 한중일정상회의의 사례를 분석하고 있다.

결론에서는 위에서 논의한 양자관계와 다자주의의 상호작용을 고찰하고, 그를 바탕으로 한국의 전략적 고려의 내용과 그에 수반되는 여러 요인을 검토한다.

3장은 지역을 살아가는 사람들의 일상을 국제적 쟁점에 접목시킬 때에 일상의 글로벌화라는 새로운 구도의 모델이 될 수 있으며, 소프트 파워의 해결책이 모색될 수 있다는 것을 보여준다. 연구자는 독도(죽도)를 주변으로 진행되고 있는 조용한 외교전쟁, 시끄러운 미디어 전쟁에 개입하고 싶지 않다는 입장을 가지고 연구를 시작한다.

외교분쟁과 군사력 충돌 이전의 단계에서 진행되고 있는 미디어 전쟁 상황을 경험하고 있다. 경쟁우위를 점하기 위한 미디어 전쟁과 외교 전쟁의 실전(實彈)으로서 역할을 하고 있는 지도가 대중의 눈길을 끌고 있다. 지도는 선전효과로서는 아주 좋은 자료이다. 그러나 그것이 얼마나 독도(죽도)를 주변으로 해서 살아가는 사람들의 일상과 접목되고 있는지에 대해서 면밀한 연구가 필요하다. 예를 들면, 지명에 대한 심도있는 연구가 필요한 것이다. 지명 중에서도 일상생활에 심도있게 뿌리박은 토속지명(ethnotoponym)이 연구의 관건일 수 있다고 생각한다.

울릉도는 19세기 말까지는 거문도 사람들의 식민지였고, 20세기 초부터는 오키노시마 사람들의 식민지였음을 지적할 수 있다. 국가권력의 중심이 이동하는 시기, 즉 한반도가 일본의 식민지로 전락하게 되는 과정에 울릉도의 운명도 바뀌고 있음을 알 수 있다. 러일전쟁을 준비한 일본해군이 울릉도와 독도에 통신소를 설치하고 군대를 주둔시킨 것은 이러한 과정과 밀접한 관계가 있다. 그 연장선상에서 죽도의 영유권이라는 문제가 등장하는 것임을 지적할 수 있다. 현재 오키노시마 사람들은 어업권이라는 일상의 문제를 거론하면서 "죽도"의 영유권을 주장하고 있다. 한국에서는 어떤가? 울릉도 사람들이 독도를 대하는 인식과 국가권력이 진행하고 있는 독도영유권의 행동 사이에는 어떤 괴리감도 없는가?

국가란 일상을 살아가는 사람들을 기초로 이루어진 것이다. 그러나 국가의 의지나 행위가 표현되는 과정이 일상문화를 도외시한 방식으로 또는 일상을 살아가는 사람들의 의지나 희망과는 무관한 방향으로 진행되는 경우가 있다. 역사상으로 관찰해보면, 적지 않은 경우의 전쟁이 이에 해당된다. 국제정치적인 분쟁이라는 것은 최소한도 일상문화의 기초 위에서 타당성을 담보받을 수 있어야 하는 것인데, 근대국가의 형성 이후 그렇지 않은 경우들이 대규모 전쟁 또는 소규모의 지역분쟁(국경분쟁 포함)으로 이어진 경우들을 외면할 수 없다. 세금은 일상을 살아가는 국민에게서 징수하면서, 국민의 혈세가 포함된 국가의 행위가 일상을 살아가는 국민의 희망과 의지를 최우선으로 표방하지 않는다면 그것 자체가 모순이 아닌가?

필자는 일상에 기초하지 않은 국가 단독의 모든 행위는 파시즘 발상의 기초라고 생각한다. 그런 의미에서, 동해에 일고 있는 작은 해역 분쟁에 일상의 개념을 도입할 것을 주장한다. 전례가 없는 사실이며 제안이기 때문에, 일상에 기초한 국제관계의 사례로서 동해와 관련된 문제들을 조망하고 언급하고 행동으로 옮기는 과정이 진행되기를 바라는 것이다. 그 실천의 과정으로 제안 가능한 것이 "local to local"의 글로벌화라는 맥락일 것이다. 즉 울릉도와 오키노시마의 어민들과 주민들이 직접 글로벌 차원의 관계를 맺을 수 있는 관점과 맥락의 조성이 필요하다. 이것이 일상의 글로벌화라는 구도의 모델이 될 수 있다.

4장은 급속한 변화를 거듭하며 국민의 일상을 휘덮고 있는 미디어 지형(media scape)을 조망하기 위해, 각 미디어별 산업 동향을 신문, 방송, 인터넷, SNS 등 개별 미디어 영역별로 살펴보고, 이러한 미디어들이 다양한 층위의 사회적 소통에 어떤 영향을 미치는지를 조망한다. 가장 심각한 상황에 처한 미디어는 신문이다. 신문 구독률은 너무도 빠르게 하락해서 말 그대로 속수무책일 정도다. 이는 새로운 디지털 미디어 환경에 부합하는 저널리즘의 연착륙적 전환에 앞서 자칫 사회적 환경감시 기능의 부실화, 여론 형성 기능의 약화, 민주주의의 위기로 이어질 수 있기에 한층 우려를 자아낸다.

방송은 또 어떤가. MB정부는 방송사 사장의 임명, 미디어법 개정, 종합편성 채널 도입 등으로 방송계와 극심한 갈등을 겪었고 그 여파가 지금까지도 계속되고 있다. 다플랫폼 다채널 상황이 본격화하면서 프로그램에 투자할 수 있는 예산규모가 줄어들고 새로운 콘텐츠에 대한 투자도 인색해지고 있다. 이에 따라 시장성이 검증된 장르인 오락적인 프로그램을 제외한 공공적 프로그램의 편성은 어려움을 겪고 있는 실정이다.

인터넷은 순항 중이다. 스마트폰의 급속한 보급으로 고속 무선 인터넷 이용이 보편화하면서 바야흐로 모든 국민이 언제 어디서건 인터넷에 접속하는 시대가 본격화되었다. 인터넷 괴담, 악성댓글은 눈에 띄게 줄고 그에 대한 사회적 내성은 눈에 띄게 강화되었다. SNS에서는 혼탁한 소통현상이 여전히 기승을 부리고 있지만, 과도기를 거쳐 한층 성숙한 SNS 이용단계에 접어들 것으로 기대된다.

종합적으로 신문, 방송, 인터넷, 소셜미디어 등 21세기 현시점에서 한국사회 주요 미디어의 지형을 분석한 결과, 미디어들은 왕왕 사회적 소통의 불협화음을 증폭시키는 방향으로 작용한다. 하지만 이러한 상황이 개선되고 있는 양상도 미디어 지형의 한쪽에서 분명히 관측된다. 결론적으로 이 연구는 건강한 미디어 시스템의 재건은 사회적 소통의 활성화, 민주적인 여론 형성, 더 나아가 선진화된 시민사회의 건설에 필수적인 전제조건임을 제안한다.

5장은 기후변화를 매개로 조성된 국제환경을 국내적으로는 생활양식과 국가 체질을 개선하고, 국제적으로는 중재자적 리더십을 확립하는 기회로 삼을 수 있다고 주장한다. 이 연구에서는 기후변화와 영향을 전 지구적 규모, 아시아의 대륙적 규모, 그리고 한반도의 규모(축척)에서 살펴보고, 대내외의 적응대책을 검토한다.

기후변화의 양상과 그 영향은 전 지구적 수준, 아시아, 한반도에서 다르게 나타난다. 아시아의 경우, 시급하고 중대한 기후변화 문제의 양상이 지역별로 각기 다르다. 중앙아시아는 사막화, 북아시아 고위도지역은 겨울 온난화, 동남·남부아시아는 엘니뇨에 의한 이상기후 등이 이에 해당한다. 당면한 과제에 맞추어 환경변화에 대한 지역마다의 독자적 대응이 요구된다.

국내의 경우 전반적인 기온상승과 강수량 증가가 예상되어, 기후변화에 따른 생태계 교란, 자연재해의 증가, 자원·에너지 시스템의 잠재적인 변동 등의 문제를 지혜롭게 극복한다면, 기후변화의 혜택을 향유할 수도 있을 것이다. 따라서 기후변화 문제에 보다 실효성 있고 전향적인 적응 대책이 필요하다. 동시에 환경문제의 월경적 특성에 따라 아시아 내 타 국가들과의 적극적인 공조와 협력이 요구된다.

사회환경교육의 강화를 통한 기후변화 대응의 일상화가 매우 중요하다. 환경문제란 매우 복잡하며 그 이해를 위해서는 학제적 접근이 필요하다. 상식을 갖춘 사람들조차 체계적 교육이 뒷받침되지 않고는 환경문맹에 머무를 수밖에 없다. 기후변화시대에 이들이 정책을 입안하고, 상품을 생산하거나 소비하며, 선거권을 행사하는 사회 주류를 구성하고 있다. 이들은 미래사회를 결정짓기 때문에 비제도권 환경교육, 또는 사회환경교육이 결정적으로 중요하다. 사회환경교육은 매우 미흡한 수준이지만 다양한 방법으로 이루어지고 있으며, 특히 매스미디어를 통하여 많은 부분이 이루어지고 있다. 사회환경교육은 직장, 직업교육, 직업재교육을 통해서 활발히 이루어져야 한다. 국내외적 환경규제와 상품의 친환경성 정도가 기업의 경쟁력에 깊이 연관되어 있으며, 급속히 변해가는 기업환경의 변화도 기후변화와 무관하지 않다. 사회비영리단체, 평생교육 시스템, 특히 환경단체의 사회환경교육은 매우 중요한 자리를 차지해왔다.

기후변화를 매개로 조성된 국제환경을 한국의 국가체질을 개선하고 선진국과 개도국을 조율하는 선도적 리더십을 확립하는 기회로 삼을 수 있다. 기후변화가 진행되는 현재 한국은 기후변화로 인한 사회비용의 증가와 선진국 감축의무를 부담하라는 이중의 도전에 직면해 있다. 한국은 선진국과 개발도상국의 경계에 위치한 나라로서 도전과 기회를 동시에 맞이하고 있다. 기후변화 대응과 국제적 리더십 제고를 동시에 추진할 수 있는 효과적 전략이 시급한 실정이다.

이 책은 세계정치경제질서의 변화에서 동아시아의 전략환경의 변화, 국내의 미디어 지형의 변화, 그리고 이들 변화 사이의 긴밀한 연동을 살펴보았다. 국제환경의 급속한 변화 속에서 국가의 주체로서의 전략적 선택이 강고한 기초를 확보하기 위해서는, 사회적 소통의 활성화, 민주적인 여론 형성, 더 나아가 선진화된 시민사회의 건설에 필수적인 건강한 미디어 시스템이 필요하다. 동시에 국제기후환경체제의 중재자, 동북아 지역주의의 추진자라는 역할을 자임하기 위해서는 전통적인 상위정치와 하위정치를 넘어서서 다양한 의제를 발굴하고 협력 방법에 대한 구체적인 소프트웨어를 제시하는 지난한 노력이 수반되어야 한다. 독도에서 발굴한 새로운 구도, 즉 일상의 글로벌화가 그러한 노력의 예가 될 것이다.

저자를 대표하여
유근배

제2장

동아시아 전략 환경의 변화와 한국: 양자와 다자의 상호작용 신욱희

제3장

울릉도의 토속지명으로 본 자원과 경계

전경수

제4장

21세기 한국사회의 미디어 지형 변동

윤석민 · 오형일

제5장
기후변화와 한국의 대응 전략

유근배

제1장

세계정치경제의 힘의 이동과 질서 변화

백창재

1. 세계정치경제의 주요 흐름

세계화가 본격화하고 냉전과 이데올로기의 시대가 종식된 지난 20여 년간 세계정치경제질서에는 중대한 구조적 변화들이 진행되고 있다. 우선, 생산 영역에서 전 세계적 수준에서 가치생산 네트워크(value production networks)가 구축되고 있어서, 각국 간, 각 지역 간 분업구조가 재편되고 있다. 이에 따라 중국, 인도 등 대규모 신흥시장(Big Emerging Markets)뿐 아니라 후발국들의 급속한 산업화와 개발이 뒤따르고 있다. 반면, 환경과 에너지 문제로 인한 성장방식의 재조정 필요성이 시급해지고 있고, 지식경제(information economy)와 녹색성장 모델로의 전환이 시작되고 있다. 통화 · 금융 영역에서도 기존 질서의 중대한 변화가 예고되고 있다. 금융세계화 하에서 세계금융시장이 불안정한 거대성장을 하면서 반복적으로 대규모 금융위기를 초래하고 있고, 전 세계적 국제수지 불균형(global imbalance)의 문제도 야기되고 있기 때문이다. 나아가 기축통화의 신뢰성 문제와 지역적 기축통화, 통화전쟁의 가능성까지 제기되고 있다. 이 가운데 국가 간, 국가와 시장 간 관계도 빠르게 변화하고 있다. 국가 간의 경제력 분포가 급변하고 있어서 중국이 실질적인 G2, 혹은 차이메리카(Chimerica) 시대를 열었다고 평가되기도 하며 신흥경제들의 잠재적 영향력도 강화되었다. 이와 동시에 중남미와 동아시아의 지역화(regionalization) 경향이 뚜렷해지면서 세계경제의 중심부가 비서구 지역으로 이동할 것으로 예측된다. 또한 무역에서 환경과 에너지에 이르는 거의 전 영역에서 비국가 행위자들의 영향력이 뚜렷해지고 있다.

그러나 세계정치경제질서의 이러한 구조적 변화들에 대해 아직 충분한 이해와 체계적인 논의가 이루어지지 않고 있다. 정책 네트워크는 물론 학계에서도 중대한 변화와 위기와 혼란을 감지하고 있을 뿐, 변화의 방향과 과정, 추동력에 대해 초점 있는 논의는 이루어지지 않고 있다. 예컨대 최근 국제정치경제학의 창시자와도 같은 커헤인(Keohane, 2009: 34-46)은 세계정치경제가 당면한 중대 문제들로 다음과 같은 현상을 지적했다. 첫째, 경제성장과 개발이 전 세계적 수준에서 이루어지고 있다는 점이다. 이는 세계경제가 지금까지 경험하지 못했던 현상으로 무역에서 투자와 금융, 통화, 에너지, 환경에 이르기까지 완전히 새로운 도전을 제기할 수 있다. 둘째, 중국을 비롯한 대규모 경제체들의 세계시장 편입이다. 독일과 같은 신흥 산업국가들과 신대륙의 곡물수출국들이 세계시장에 진입하면서 대혼란을 가져왔던 1870년대와 같은 위기가 초래될 수 있다(Gourevitch, 1986). 셋째, 금융시장과 에너지 시장의 변동성이다. 특히 커헤인은 에너지 시장의 변동성이 커가는 것에 주목했는데, 이는 중국과 같은 대규모 신흥시장으로 인한 에너지 수급체계의 불안정성과 밀접한 연관이 있다. 넷째, 지구시민사회의 대두로 국가 중심의 국제질서가 해체되고 있고 국내정치경제와 국제정치경제의 구분이 모호해졌다. 마지막으로 커헤인은 정보기술의 급속한 발전으로 세계정치경제질서가 네트워크화되고 네트워크의 중심부에 권력이 집중되고 있음을 지적했다.

문제는 이러한 변화들이 어떻게 이루어지고 있는지 정확히 파악되지도 못할 뿐 아니라 이 현상들이 서로 어떻게 연관되고 있는지, 궁극적으로 어떤 지향점을 향해 가고 있는지, 단계적으로 어떤 변화들을 겪으면서 전개될 것인지, 그리고 이 변화들을 추동하는 요인이 무엇이며 어느 정도까지 영향을 미칠 수 있는지에 대한 논의도 시작되지 못하고 있다는 점이다.

이 글은 세계정치경제질서에서 이루어지고 있는 힘의 이동(power shift)과 분산(dispersion)에 주목한다. 탈냉전과 세계화의 세계정치경제질서에는 더 많은 행위자들이 편입될 수밖에 없다. 사회주의권의 붕괴로 더는 대안적 질서가 존재하지 않으며, 세계화, 특히 생산 네트워크와 금융의 세계화로 인해 세계정치경제질서가 전 세계적으로 확대되었기 때문이다. 이는 필연적으로 기존 권력구조의 분산, 혹은 힘의 이동을 가져왔다. 커헤인이 지목하고 있는 다섯 가지 중대 변화들 역시 힘의 이동이 가져온 현상에 다름 아니다. 중국의 부상은 말할 것도 없고, 전 세계적 편입과 힘의 분산, 자원부국들의 힘의 증대와 국가 중심적 힘 분포의 변화를 말하고 있는 것이다.

이 글에서는 이러한 힘의 이동이 어떻게 전개되고 있는지를 평가하고, 이로 인해 세계정치경제질서에 어떠한 변화가 일어날 수 있는지 그 가능성을 검토한다.

2. 힘의 이동에 대한 관점

힘 분포의 변화는 오랫동안 국제정치학과 국제정치경제학 분야에서 가장 중대한 연구주제 중 하나였다. 특히 중국의 부상이 가시화되면서 2020년을 전후한 시기에 세계정치경제질서에 어떠한 힘의 분포가 자리 잡게 될 것인지에 대한 논의가 큰 관심을 받아왔다. 이에 대해서는 크게 두 가지 견해가 있다. 하나는 전형적인 미국 우위론자(American Primacist)들의 주장으로, 한마디로 미국의 정치적 · 경제적 · 군사적 · 문화적 우위는 굳건하며, 앞으로 상당 기간 이 우위가 침식당하지 않으리라는 주장이다.[1] 미국의 압도적 군사력은 말할 것도 없고, 그간 세계정치경제질서를 움직이는 제도적 기반들을 지니고 있기 때문에 미국 중

1) 대표적으로 Stephen G. Brooks and William C. Wohlforth, 2002: 20-33; Josef Joffe, 2009: 21-35.

심의 기존 질서가 지속될 수밖에 없다고 이들은 진단한다. 또한 미국이 이와 같은 기존의 다자제도들을 통해 리더십을 행사하고 자제력을 발휘하여 미국적 질서에 대한 도전과 역균형(counterbalancing)을 억지해나갈 수 있다고 본다.

한편 테러와의 전쟁 이후 미국의 재정적자가 악화되고 고질적인 무역수지적자가 확대되면서 미국과 미국적 질서의 쇠퇴를 전망하는 논의들이 활발히 전개되어왔다. 대표적으로 미국 국가정보위원회(National Intelligence Council)는 2008년 발간한 보고서에서 15년 후 세계질서가 다극화될 것으로 전망했다(National Intelligence Council, 2008). 이러한 전망은 두 가지 요인에 기반을 두고 있다. 하나는 새로운 강대국들이 대두되고 있으며, 이들의 성장이 지속될 가능성이 크다는 점이다. 특히 중국, 인도, 러시아의 세 국가가 지역적 패권국으로 등장할 가능성이 크다. 다른 하나는 미국 자체의 쇠퇴이다. 군사력도 앞으로 십여년간 충분히 따라잡힐 수 있을 뿐 아니라, 미국의 자유주의적 정치경제질서도 도전을 받을 수 있고, 특히 미국의 금융지배력은 크게 위축될 것이라고 이 보고서는 보고 있다. 결과적으로 2025년경의 세계질서는 미국이 가장 강력한 국가로 남을 수는 있으나 다른 강대국들과 공존 · 협력해야 하는 다극질서가 될 것이며, 지역적 군비경쟁의 위험 속에 자원 획득을 위한 경쟁이 가열되고 중상주의적 정책 대결이 벌어질 가능성이 있다는 것이다.

심지어 일각에서는 아시아의 부상을 불가피한 것으로 보는 시각도 있다.[2)] 미국이 쇠퇴하고 있는 이유는 정치 · 군사적이라기보다는 경제적인 이유인데, 이는 재정적자 축소와 저축률의 제고와 같은 올바른 정책에 의해 해결될 수 있다. 문제는 미국의 쇠퇴가 아니라 아시아 국가

2) 예컨대 Fareed Zakaria, 2008; K. Mabhubani, 2008.

들의 부상이다. 특히 중국과 인도의 부상은 조만간 세계질서를 다극질서로 변화시킬 것이며, 미국과 서구는 이를 받아들여야 한다는 것이다.

그러나 이러한 논의들은 단순히 지금까지의 추세를 외삽(extrapolation)하는 수준으로, 현재 세계정치경제질서에서 진행되고 있는 힘의 변화 현상은 한층 더 구조적이고 체계적으로 분석할 필요가 있다. 힘의 변화, 힘의 분산, 힘의 이동이 어떠한 수준과 어떠한 차원, 어떠한 영역에서 어떠한 모습으로 이루어지고 있는지를 체계적으로 진단하고 그 원인과 영향을 분석해야 한다.

현상적으로, 세계정치경제질서에서 일어나고 있는 힘의 이동은 다양하게 관찰된다. 우선 다양한 수준에서 힘의 이동과 분산이 이루어지고 있다. 중국이나 인도의 부상과 같이 국가 간의 힘의 분포가 변화하고 있고, 동아시아와 같은 비서구 지역이 세계경제의 성장 동력으로 떠오르고 있으며, 비국가 행위자들의 영향력이 증대되고 있다. 또한 힘의 다양한 차원에서도 변화가 이루어지고 있다. 단순한 물리적 경제력의 변화뿐 아니라, 기존 질서를 정당화하는 구성적 권력과 기존 질서를 관리하는 제도적 권력에서도 다양한 변화가 감지된다. 나아가 세계정치경제질서의 다양한 하위영역들, 예컨대 생산과 무역, 통화와 금융 영역에서 힘의 이동은 상이하게 나타나고 있다.

이 글은 힘의 차원을 중심으로 힘의 이동의 다면성을 분석한다. 월츠(Waltz, 1979) 이래 신현실주의자들은 힘을 물리적 능력으로 규정한다. 그러나 정치학과 국제정치학의 기존 연구들이 입증하듯이 국제질서의 성격에 영향을 미치는 힘은 단순한 물리적 능력만이 아니다. 기존 질서를 정당화/부당화시킬 수 있는 관념적/구성적(constructive) 능력이 있을 수 있고, 기존 질서를 관리하는 국제제도에 위임된 의사결정능력(decisional power)도 있을 수 있다. 이 삼자 간에는 상당한 수준의 조응이 있을 수 있으나, 필연적인 것은 아니다. 또한 이들이 총체적 힘의 구성

요소라고 한다면 각 요소에서의 변화가 동일하게 일어나지 않을 수 있다. 예컨대 19세기 고전적 자유주의 질서에서 영국이 지녔던 힘은 경제적 능력과 더불어 산업화와 자유주의라는 이데올로기의 전파 능력, 그리고 쌍무적 자유무역의 네트워크에서 누렸던 협상력이었다. 또한 20세기 말의 세계화를 추동했던 것은 미국의 경제력뿐 아니라 신자유주의 이데올로기의 힘과 다양한 영역의 국제제도에서 미국이 누렸던 의사결정능력이었다.

따라서 본 연구는 세계정치경제질서의 변화를 추동하는 세 가지 힘의 변화를 설정한다. 첫째는 물리적 능력으로서 세계경제에서 경제력 분포의 변화이다. 이것은 가장 가시적으로 드러나고 있는 변화이자 측정이 용이한 변수이다. 둘째는 구성적 권력으로서 기존 세계정치경제질서를 정당화하거나 대안적 질서를 전파할 수 있는 능력의 분포이다. 2008년 금융위기 이전에는 당연시되던 금융세계화와 신자유주의가 이후 도전받게 된 것이 최근의 변화를 보여준다. 셋째는 의사결정 능력으로, 각국이 세계정치경제질서의 각 영역의 국제제도에서 미칠 수 있는 영향력의 분포이다. 이 세 가지 능력의 분포, 그리고 그 변화가 세계정치경제질서의 성격과 그 변화를 추동하는 것으로 설정한다.

3. 힘의 이동의 다면성

1) 경제력 분포의 변화

주지하듯이 경제력 분포의 변화는 지금까지 가장 두드러지게 진행되고 있는 현상이며, 정량적 분석이 비교적 쉽다. 생산과 무역 영역에서 지난 10여년간 힘의 이동이 진행되어왔고, 준비 자산의 증가로 측정하면 금융 영역에 있어서도 어느 정도 변화가 인정된다. 다만 달러의 기축통화 지위가 아직까지 큰 변화를 겪고 있지 않다는 점에서, 통화 영역에서의 변화는 미미하다고 평가할 수 있다.

이러한 경제력 분포의 변화는 일차적으로 국가 간 관계에서 목도된다. 대표적으로 중국 경제의 눈부신 성장으로, 미국과 EU 국가들 및 일본과 중국 간의 경제력 격차가 현저히 줄어들거나 역전되었다. 중국뿐만 아니라 소위 BRICs로 불리는 인도, 러시아, 브라질 등 신흥경제들의 성장도 현저하여 이 국가들과 서구 국가들 간의 경제력의 분산도 진행되고 있다.

이와 더불어 주목되는 점은 경제력 분포의 변화가 단순히 주요 국가들 간의 관계에서만 이루어져온 것이 아니라는 점이다. 19세기 이래 중심-주변 관계에서 주변부에 속해 있던 국가들, 즉 개도국들의 빠른 성장으로 중심-주변 간의 경제력 격차가 크게 줄어들고 있는 것이다. 특히 동아시아지역이 세계경제에서 차지하는 비중은 지속적으로 증가해왔으며, 가장 높은 성장률을 유지하고 있기 때문에 점점 그 비중이 커지고 있다. 일각에서 "아시아로의 힘의 이동의 불가피성"을 거론하는 근거가 여기에 있다. 아래 제시된 몇 가지 기본적인 도표들은 이 두 측면을 일목요연하게 보여준다.

이러한 힘의 이동은 두 가지 현상에 기인하고 있다. 하나는 중국, 러시아와 같은 구 사회주의 국가들의 개방과 이행경제가 성공을 거두고 있다는 점이다. 중국은 일찍부터 국가 주도의 개혁 개방정책을 통해 동아시아형 성장정책을 성공적으로 이끌어왔고 10퍼센트대의 높은 경제성장률을 20여년간 지속해왔다. 러시아 역시 풍부한 에너지 자원을 기반으로 냉전 종식 후 이행경제의 어려움을 딛고 빠른 경제성장을 유지하고 있다.

다른 하나는 보다 구조적인 현상으로, 1980년대 후반 이후 진행되

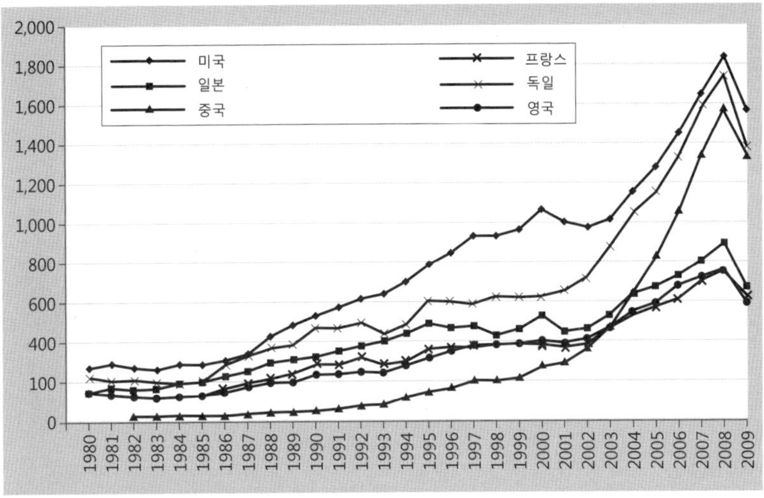

자료: World Economic Outlook (IMF, 2011).

〈그림 1-1〉 주요국의 구매력 기반 GDP

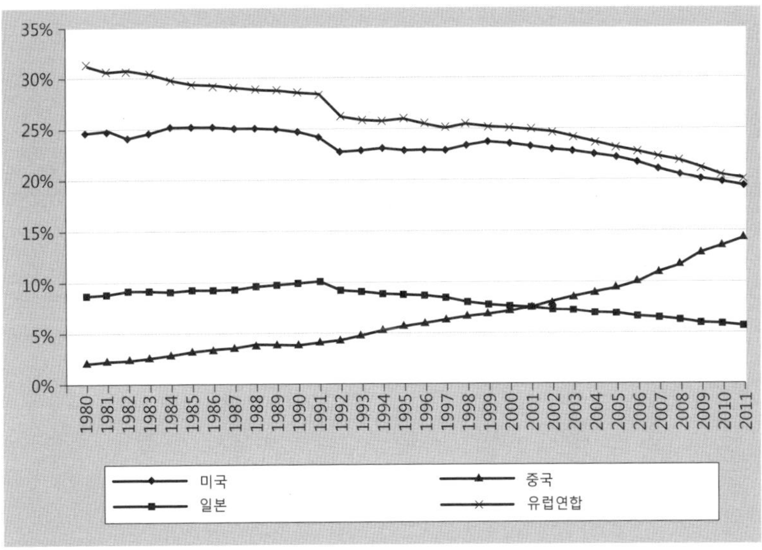

자료: World Economic Outlook (IMF, 2011).

〈그림 1-2〉 주요국의 구매력 기반 GDP 비중

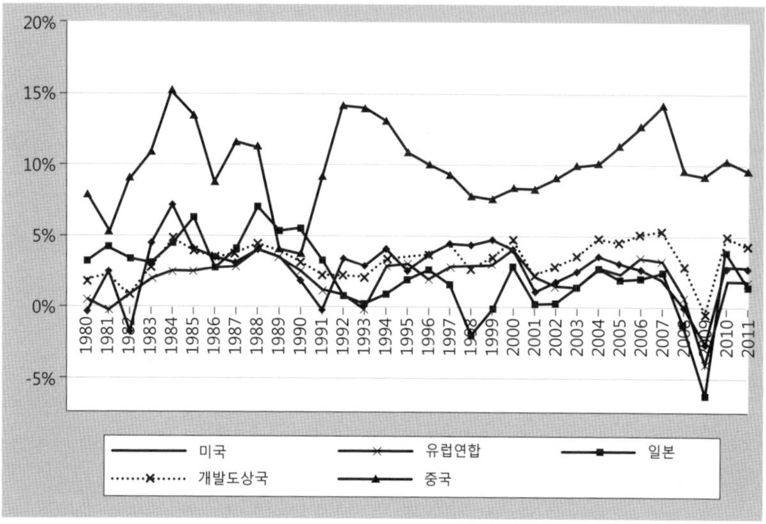

자료: World Economic Outlook (IMF, 2011)

〈그림 1-3〉 주요국의 실질 GDP 성장률

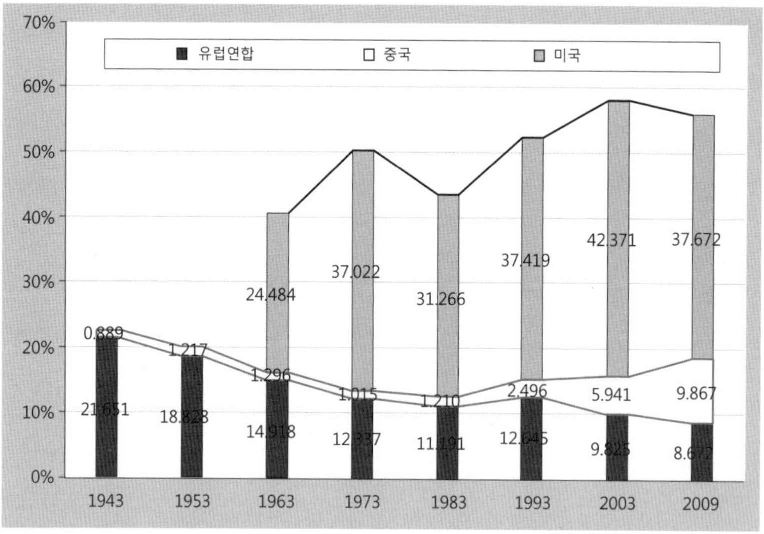

자료: World Trade Development in 2009 (WTO).

〈그림 1-4〉 주요국의 수출시장 비중

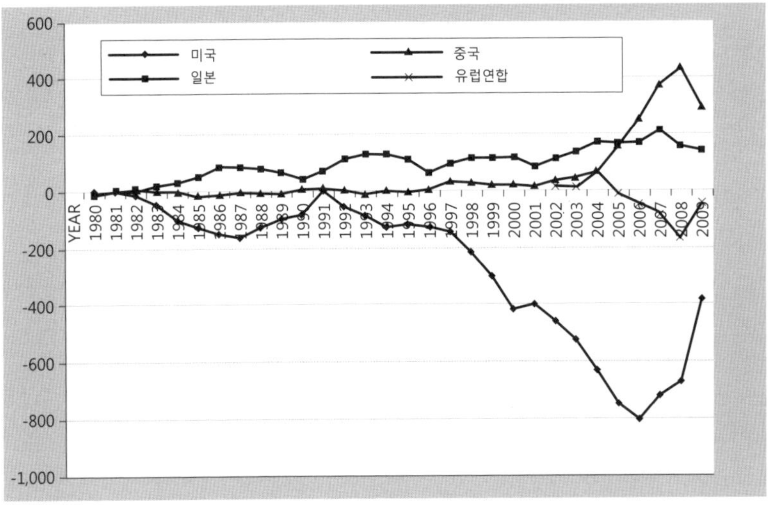

자료: Balance of Payments Statistics (IMF, 2011).

〈그림 1-5〉 주요국의 경상계정

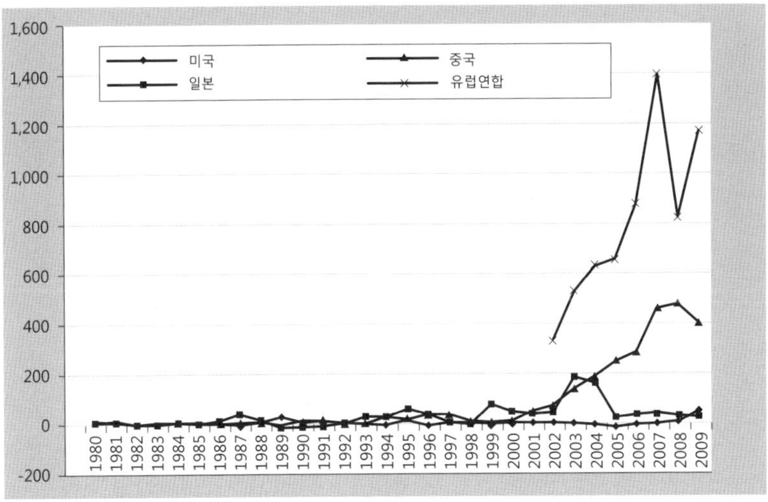

자료: Balance of Payments Statistics (IMF, 2011).

〈그림 1-6〉 주요국의 준비 자산

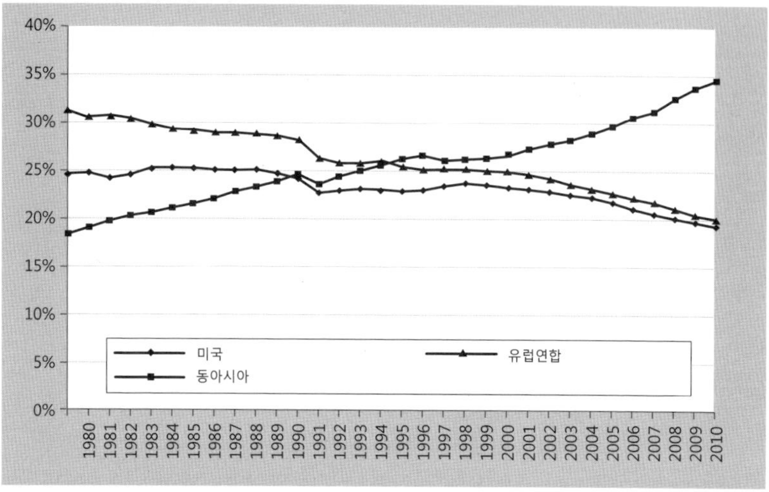

주: 동아시아: 동북아, ASEAN 및 남아시아
자료: World Economic Outlook (IMF, 2011).

〈그림 1-7〉 동아시아 지역의 성장: 구매력 기반 GDP 세계 비중

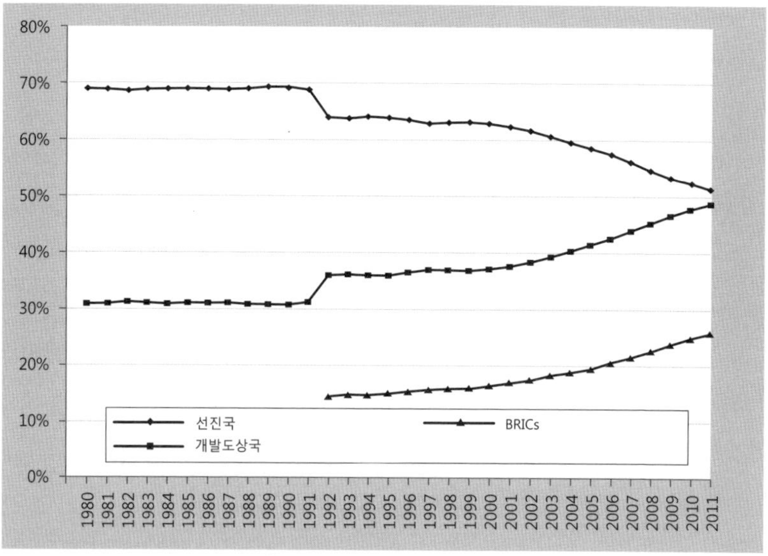

자료: World Economic Outlook (IMF, 2011).

〈그림 1-8〉 주변부의 성장: 구매력 기반 GDP 세계 비중

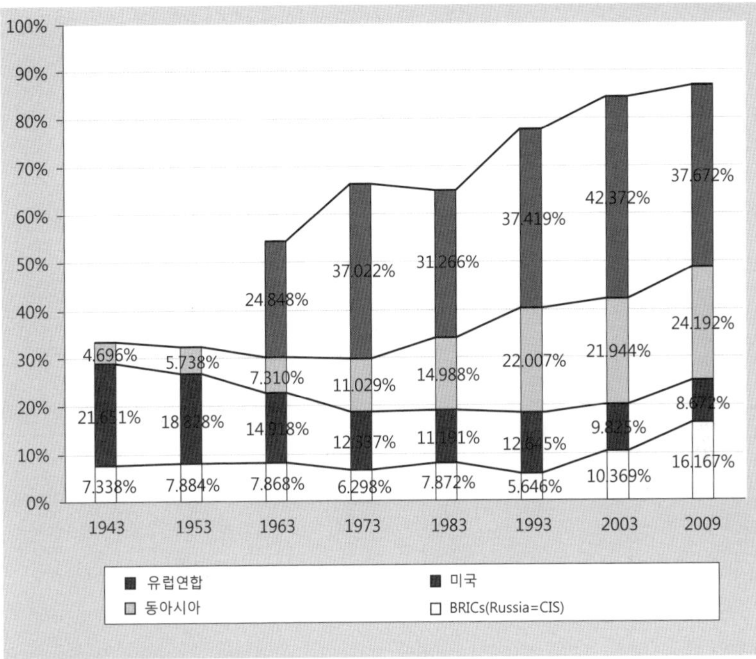

자료: World Trade Development in 2009 (WTO, 2011).

〈그림 1-9〉 국가군별 수출시장 비중

어온 세계화와 금융화의 결과이다. 기존의 세계정치경제에서 단순히 원료공급과 시장의 역할을 하던 주변부의 많은 경제들이 세계경제에 직접 편입되게 된 것이다. 그 결과 생산, 무역, 금융, 투자 영역을 포괄하는 신 중심-주변관계(new core-periphery relationship)(Dooley, Folkerts-Landau and Garber, 2003), 혹은 신 브레튼 우즈 체제(new Bretton Woods system)(Barry Eichengreen, 2006)가 이루어지게 되었다. 이 신 중심-주변관계에서 주변부 국가들은 중심부의 자본을 투자받고 중심부에 대한 수출을 기반으로 빠르게 성장하며, 중심부 주요 통화를 준비 자산으로 흡수한다. 중심부 국가들은 저성장을 유지하면서 투자소득과 국채 발행을 통해 경제수준을 유지한다. 이 구조로 전 세계적 불균형이 관리된다. 브레튼 우즈 체제에서 서구와 미국 간에 이루어졌던 관계가 중심부와 주변부 간의 관계로 "지구화"된 것이다.

이와 같은 신 브레튼 우즈 체제가 얼마나 지속될지 전망하는 것은 쉽지 않지만, 이 체제가 유지되는 한 주변부 개발도상국가들의 성장이 지속될 수 있다고 평가된다. 이렇게 본다면, 중국이나 인도와 같이 새롭게 부상하고 있는 경제대국들과 신흥경제들, 그리고 개도국 일반, 특히 동아시아 지역으로의 힘의 이동이 지속될 것으로 예측할 수 있다.

2) 제도적 권력의 변화

세계정치경제질서에 작용하는 힘의 또 다른 차원은 제도적 권력이다. 세계정치경제질서의 각 영역은 다양한 공식적 · 비공식적 국제제도들에 의해 관리되는데, 이 국제제도들에서 행사되는 각 행위자들의 의사결정 능력이 바로 제도적 권력이다. 이 제도적 권력의 변화와 연관하여 다음 두 가지 측면에 주목해야 한다.

우선, 다양한 공식적 국제기구들에서 행사하는 각국의 의사결정 능력의 변화를 살펴보자. 이 측면의 제도적 권력은 각국의 물리적 능력을 반영하며 물리적 능력의 변화에 따라 변동할 수 있다. 마치 UN 안전보장이사회의 상임이사국이 설립 당시의 5개 강대국으로 구성되었고 이 국가들이 거부권이라는 비대칭적 의사결정 능력을 보유하고 있는 것과 같다. 또 중국이 UN에 가입하면서 상임이사국이 된 것도 물리적 능력을 반영하여 제도적 권력이 변화한 예가 된다. 세계정치경제질서에서는 2008년 금융위기를 해소하기 위해 기존의 G7 대신 신흥국들이 대거 포함되는 G20가 결성된 것이 대표적인 예이다. 반면 제도적 권력의 변화가 반드시 물리적 능력의 변화를 반영하지 않을 수도 있다. 기득권에 따른 진입장벽과 지체(lag) 등 다양한 요인에 의해 제도적 권력의 변화가 억제될 수 있는 것이다. 경제대국으로 가장 많은 분담금을 내는 일본의 상임위 진출이 오랫동안 좌절되고 있는 것이 한 가지 예가 될 수 있다.

세계정치경제질서를 관리하는 대표적인 국제기구인 IMF를 통해 제도적 권력의 변화를 살펴보자. 국제금융과 외환 영역을 관리하는 IMF에 대해서는 1980년대 개도국의 외채위기와 1990년대 말 동아시아 외환위기를 거치면서 개혁에 대한 요구가 계속되었는데, IMF의 대표성과 공정성을 높이기 위해 특히 각국이 행사하는 의결권의 공평성 문제가 지적되어왔다.[3] 회원국들 대부분의 불만이 쌓이면서 IMF는 2008년 4월에 의결권을 조정했는데, 〈표 1-1〉과 같다.

〈표 1-1〉에서 뚜렷이 드러나듯이, IMF의 의결권 배분은 설립 당시 출연국가들에 크게 편향되어 있고, 특히 미국에 압도적인 영향력을 부여하고 있다. 싱가포르에서의 의결권 조정을 거치면서 중국, BRICs, 신흥경제 및 동아시아 국가들의 의결권이 어느 정도 제고되었으나, 아직까지 경제규모와 출연금 비중에 크게 못 미치고 있다. 일본의 의결권이 미국의 40퍼센트에 미치지 못하고 있고, 중국이 일본의 절반 정도이며, 한국은 유럽의 소국들보다 작은 실정이다. 더욱이 러시아의 경우 의결권 조정 과정에서 오히려 의결권이 감축되었다. 2008년 금융위기 이후 G20 회의에서 BRICs 국가들의 출연을 조건으로 이들의 의결권을 5퍼센트 상향조정한다는 타협이 이루어지기도 했다. 이렇게 볼 때, 국제제도들에 대한 각국의 제도적 권력은 각국의 경제력을 제대로 반영

3) Ngaire Woods, 2010: 51-63. 이 외에 재정적 독립성 문제와 인적구성의 다양성 역시 개혁 의제이다. 재정적으로 대여국들에 의존적이어서 이들의 영향력에 편향되어 있고, IMF의 인력이 주로 미국과 영국 출신이기 때문이다.

〈표 1-1〉 IMF 의결권 조정 (2008년 4월)

중국	3.81	+0.88	영국	4.29	−0.64
한국	1.36	+0.61	프랑스	4.29	−0.64
인도	2.34	+0.42	사우디 아라비아	2.80	−0.41
브라질	1.72	+0.31	캐나다	2.56	−0.37
멕시코	1.47	+0.31	러시아	2.39	−0.35
스페인	1.61	+0.22	네덜란드	2.08	−0.30
싱가포르	0.59	+0.18	미국	16.73	−0.29
터키	0.61	+0.13	벨기에	1.86	−0.26
아일랜드	0.53	+0.13	스위스	1.40	−0.19
일본	6.23	+0.12	호주	1.31	−0.18

하지 않으며, 경제력의 변화에 따른 조정이 이루어진다 해도 상당히 지체되고 있다고 볼 수 있다.

둘째, 세계정치경제질서의 제도적 권력 배분과 연관하여 중시해야 하는 또 다른 측면은 공식적 · 비공식적 제도들 자체의 영향력이 증가하고 있다는 점이다. 우선 지난 10여년간 각종 국제제도들이 수적으로 크게 증가하고 있다(Slaughter and Hale, 2010: 48-62). 예컨대 동아시아 지역에 국한하면, ASEAN과에 ARF, EAS, ASEAN+3 외에도 치앙마이 이니셔티브에 의해 AMF(Asian Monetary Fund)가 출범했고 동아시아와 환태평양 및 인도를 포함하는 자유무역지대(APFTA)가 본격적으로 논의되기 시작했다. 또한 신흥경제대국으로 부상하고 있는 국가들 간에 다양한 네트워크도 수립되고 있다. 인도와 브라질 및 남아프리카 공화국 간에 결성된 IBSA 포럼은 공인된 네트워크이며, 이 수준에는 이르지 않더라도 BRICs와 BRICSAM(BRICs + 남아프리카 공화국 및 멕시코)은 다양한 경제 문제에 대해 협의하고 공동 대처를 시도한다. 특히 IMF나 WTO와 같은 국제기구에서 공동의 이해관계를 확보하고 개도국들에 공정한 의사 결정을 위해 협의한다. 이와 같이 공식 · 비공식적 국제제도들의 증가는 일반적으로 강대국 중심의 위계적인 기존 국제제도들의 영향력을 일정 부분 삭감할 수 있다고 평가된다(Cooper, 2010: 63-81).

한편 국제제도들의 구성 범위도 확대되고 있다. 대표적인 것이 G-x 프로세스이다. 원래 G-x 프로세스는 IMF와 같은 기존의 공식 국제기구의 비효율성을 보완하기 위해 제한된 수의 강대국들로 구성되었다. 이들은 세계경제에 대해 유사한 관점과 이해관계를 지니고 있어서 이들 간의 협의를 통해 이루어진 해결책이 비 구성국들에 강제되곤 했다(Alexandroff and Cooper, 2010: 1-14). G-7/8이 대표적인 예이다. 그러나 2008년 금융위기의 해소가 G-7/8에 의해 이루어질 수 없는 상황이 되면서 G-7/8은 신흥국들을 대거 포함시킨 G-20으로 확대, 개편되었다. 다른 한편 BRICSAM과 같은 새로운 G-x 프로세스도 생겨나면서 강대국 중심의 G-7/8의 대안을 모색하려 하고 있다. 요컨대 기존의 G-x 프로세스가 신흥경제국들에게 문호를 개방하는 한편, 신흥국들을 중심으로 하는 새로운 G-x 프로세스도 이루어지고 있는 것이다. 이러한 현상은 세계정치경제질서에서 기존의 강대국들이 지녔던 제도적 권력을 일정 부분 위축시킬 것으로 판단된다.

3) 구성적 권력의 변화

세계정치경제질서에서 작동하는 또 다른 차원의 권력은 구성적 권력, 즉 기존 질서를 정당화하거나 기존 질서를 부인하고 대안적 질서를 제시할 수 있는 능력이다. 주지하듯이 세계화와 탈냉전 이후 세계정치경제질서는 자유주의 이데올로기에 의해 지배되었다. 이 자유주의 세계정치경제질서의 핵심은 개방과 상호의존, 그리고 시장중심성과 국가 및 주권의 약화이다.

우선 세계화의 불가역성과 세계화로의 편입은 의문의 여지가 없는 것으로 여겨졌다. 써니가 지적하듯이 20세기 후반 금융자유화와 WTO 체제의 등장 이래 세계정치경제질서뿐 아니라 각국의 국내 정치경제질서까지도 세계화의 정치경제로 변화되었다. 동일한 신자유주의 원칙을 동일한 속도로 적용하지 않을 선택권은 있으나 세계화에 편입된 모든 국가는 세계화 하에서 움직일 수밖에 없다(Cerny, 2003: 15-32).

더욱이 세계화는 중심부 국가들과 신흥국 및 주변부 국가들 간에 새로운 분업관계로 발전하고 있다. 중심부 국가들은 개방된 자본 및 상품 시장을 유지하고 통화가치를 안정적으로 유지하는 한편, 신흥경제국과 주변부의 고성장 국가들은 비교적 덜 개방된 시장을 지니고 수출경쟁력을 높이기 위해 환율을 관리하며 중심부 국가들의 채권을 준비 자산으로 축적한다. 이로써 중심부 국가들은 이자율을 낮게 유지하기 위한 긴축의 고통이 경감되고, 주변부 국가들은 수출 중심의 고성장을 지속할 수 있다. 1950~60년대에 미국과 서구 간에 이루어졌던 "눈물 없는 자유주의(liberalism without tears)"(Calleo and Rowland, 1973)가 21세기에 중심부와 주변부 간에 재현되고 있는 것이다. 이 '신 브레튼 우즈' 체제는 양측 모두에게 이익이다. 무엇보다도 신흥경제들은 이 체제하에서 고성장을 하고 있고, 기존의 성장방식을 유지할 수 있기 때문이다(Dooley, Folkerts-Landau and Garber, 2003). 요컨대 개방된 시장경제와 상호의존은 도전받지 않는 지배적인 원리가 되어 있는 것이다.

세계화된 자유주의 질서가 지닌 또 하나의 중요한 원리는 국가주권의 약화이다. 세계화로 인해 국가의 경제정책 능력이 후퇴한 것은 당연한 현상이지만, 국가 주권 개념 자체가 변하고 있는 것이다. 아이켄

베리에 따르면, 19세기의 자유주의 질서나 2차대전 이후의 자유주의 질서와는 달리 세계화, 탈냉전 시대의 세계질서는 "자유주의적 국제주의 3.0 버전"(liberal internationalism 3.0)으로 볼 수 있는데(Ikenberry, 2009: 71-87), 이전 버전과의 중대한 차이 중 하나는 대내외적 국가주권의 약화이다. 즉, 한편으로는 이라크전쟁에서 드러나듯이 베스트팔렌 이후 신성시되던 내정불간섭의 주권 개념이 크게 약화되었고, 다른 한편으로는 경제정책에서 환경과 보건정책에 이르기까지 국제 공공제와 연관된 문제들에 대한 각국의 독자적 정책결정도 의문시되고 있는 것이다.

이와 같은 자유주의의 원리들의 정당성은 2008년 금융위기 이후 크게 훼손되었다고 평가된다. 규제가 약화된 상태에서 시장이 빠질 수 있는 도덕적 해이와 불안정성은 신자유주의적 세계화 질서의 문제점을 드러내었다. 뒤이어 케인즈주의의 부활이 논의되고 규제의 필요성이 부각되고 있다. 아직 세계정치경제질서에서 어떠한 근본적인 개혁이 진척되고 있지는 않으나, 자유주의 이념의 정당성이 크게 훼손되었다고 평가된다.

관건이 되는 것은, 자유주의 세계정치경제질서에 대한 대안이 대두되고 있는가이다. 지금까지 유일한 대안의 가능성이 제시된 것은 "베이징 컨센서스"이다. 주지하듯이, 베이징 컨센서스는 신자유주의 모델의 세계화를 이루었던 워싱턴 컨센서스에 비유하여 명명된 것으로, 중국이 주도하여 미국 주도의 신자유주의적 합의에 대한 대안으로 논의되어왔다.

베이징 컨센서스의 핵심적인 원칙은 다음 세 가지로 압축된다(Ramos, 2004). 첫째는 혁신과 독창적 지식 개발에 의한 발전을 강조하는 것이다. 곧 신자유주의와 같은 획일적 경제전략의 보편적 타당성을 부인하고 각국의 조건에 따라 혁신적으로 새로운 개발전략에 의해 발전할 수 있다는 것이다. 둘째는 경제개발 과정에서 형평성과 지속가능성에 대한 강조이다. 혁신과 성장의 기회가 최대한 널리 확산되어야 하며, 사회적 통합이 유지되는 개발전략이어야 한다는 것이다, 셋째는 자결(self-determination)의 원칙으로, 다른 국가들에 대한 내정간섭을 부정하고 세계화에 대한 자율적인 전략을 보장하며 미국 주도의 획일적인 세계정치경제질서에 반대하는 것이다.

베이징 컨센서스, 혹은 중국형 개발 모델은 특히 개도국들에서 지난 수년간 신자유주의적 모델의 대안으로 호응을 받아왔다. 자유민주주의와 시장경제의 획일적 보편성에 근거를 둔 것이 아니라 차별성과 공통성을 동시에 인정하는 발전모델로 평가받았기 때문이다. 예컨대 2005년 경제위기에 처했던 앙골라는 강력한 규제와 감시를 조건으로 했던 IMF의 구제금융을 거부하고 중국에서 50억 달러에 달하는 무조건적 원조를 받음으로써, 베이징 컨센서스의 원칙을 확인시켜준 바 있다.

그러나 베이징 컨센서스가 자유주의의 대안적 이념이 되어 구성적 권력의 변동이 따를 것인지에 대해서는 회의적이다. 우선 베이징 컨센서스의 핵심 원칙들은 자유주의 원리와 근본적으로 배치된다. 앞에서 논의한 개방과 상호의존, 시장 중심과 국가 주권의 약화라는 자유주의의 원리와 베이징 컨센서스의 자유과 주권의 원칙은 양립할 수 없는 것이다. 더욱이 중국을 비롯한 신흥경제의 고속성장이 자유주의 세계경제질서 내에서 이루어진 것이고 이들의 발전전략이 자유주의적 처방과 크게 다르지 않았다는 것도 부인하기 힘들다. 나아가 다른 개도국들에게 중국형 모델이 적용가능한지도 회의적이다.

이렇게 볼 때 구성적 권력의 차원에 있어서 힘의 이동이 뚜렷하게 일어나고 있다고 보기 어렵다. 2008년 금융위기를 위시한 빈번한 경제위기와 불안정성이 자유주의 세계정치경제질서의 정당성을 훼손시키고 있는 것은 사실이지만, 이에 대한 대안적 질서와 대안적 이념이 부각되고 있지는 않기 때문이다.

4. 세계정치경제질서에 대한 함의

지금까지 살펴본 바와 같이 세계정치경제에서 힘의 이동은 힘의 차원에 따라 상이하게 진행되고 있다. 물리적 능력에 있어서는 상당한 수준의 힘의 분산과 이동이 일어나고 있어서, 중국, BRICs, 동아시아 지역의 경제력이 부상하고 있다. 그러나 이러한 경제력의 이동은 제도적 권력으로 바로 이전되지 않고 있다. 부분적으로 신흥경제들의 의사결정 능력이 강화되고 있으나 대부분의 기존 국제제도들에 대한 미국과 서구의 영향력은 크게 약화되지 않았다. 새로운 공식 · 비공식적 국제제도들과 이들의 네트워크가 다수 출현하고 있으나, 그 문제해결 능력과 조정 능력에는 아직 의문의 여지가 많다. 자유주의의 구성적 권력은 경제위기와 충격이 빈발하면서 상당히 훼손되었으나, 사회주의 몰락 이후 대안적 이념과 체제가 대두되지 않고 있다는 점에서 힘의 대폭적인 이동을 기대하기 어렵다.

이러한 힘 분포의 변화가 세계정치경제질서에 어떠한 결과를 가져올 것으로 전망할 수 있는가? 향후 힘의 이동이 지속된다면, 이에 따른 세계정치경제질서의 변화의 내용과 방향을 전망하기 위해 힘의 이동과 체제 변화의 상관성에 대해 이론적으로 개념화할 필요가 있다.

국제체계에서 힘의 변화에 따른 체계 변화는 길핀(Gilpin, 1981)에 의해 이론화되었다. 전형적인 현실주의자와 달리 길핀은 국제체계를 단순한 "무정부(anarchy)"가 아닌 "위계적 무정부(anarchy with hierarchy)"로 본다. 이 체계에는 중앙정부는 없으나 힘(power)과 지위(prestige)와 규칙과 권리(rules and rights)가 위계적으로 분포되어 있다는 것이다. 이러한 위계적 무정부 체계에서 각국은 불균등 발전(uneven development)을 하기 때문에 시간이 흐름에 따라 힘의 분포가 변화하고, 그 결과 힘과 지위와 규칙 사이에 부조화가 일어나서 체계의 안정성이 깨지게 된다. 길핀의 모

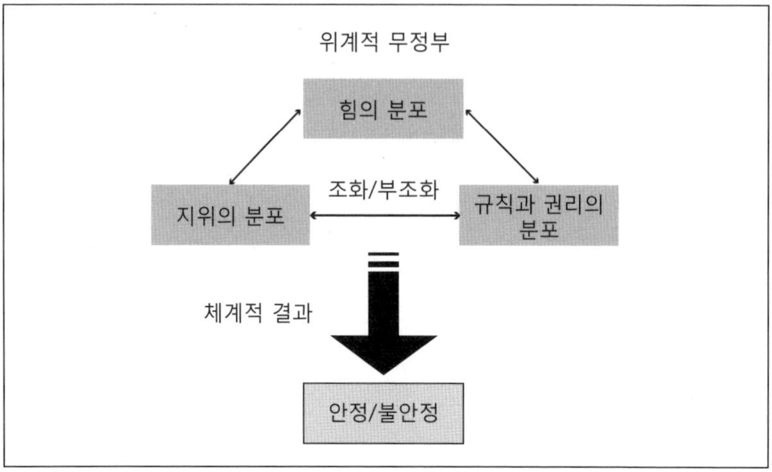

〈그림 1-10〉 길핀(R. Gilpin)의 힘의 변화에 따른 체계 변화 모델

델에서 독립변수는 위계구조의 변화, 특히 물리적 능력, 힘의 변화이고, 종속변수는 체계의 안정성이다. 체계변화를 물리적 능력의 분포의 변화로 설명하고 있는 것이다.

희소성과 경제성(parsimoniousness)에 있어 탁월하지만 길핀의 이론에는 두 가지 중대한 문제가 있다. 첫째, 길핀에게 국제체계에서 힘은 물리적 능력이다. 불균등 발전으로 인해 축적되는 물리적 힘만이 체계의 위계구조의 부조화를 가져오고 궁극적으로 체계 변화를 야기한다. 앞에서 논의했듯이, 정치학과 국제정치학 전반에서 논의되고 있는 힘의 다면성, 다차원성을 간과하고 있는 것이다.

더 중요한 것은 길핀 모델이 체계의 변화를 설명하지만, 안정의 붕괴만을 설명할 뿐 변화의 성격을 설명하지는 않는다는 점이다. 변화는 곧 기존 위계구조가 다른 위계구조로 바뀌는 것이지만, 어떠한 성격의 위계구조로 바뀌는지를 설명하지 않는다. 다만 기존 위계구조의 붕괴일 뿐이다. 이것은 단선적이고 궁극적/목적론적이다. 국제체제가 궁극적으로 안정될 것인지 불안정할 것인지만을 설명할 뿐, 궁극적 상태에 도달하는 과정을 설명하지 않는다. 길핀은 오직 국제체제의 안정성만을 염두에 두었을 뿐, 동일한 위계적 무정부 하에서도 다른 형태의 국제체제가 존재할 수 있음을 인정하지 않는다. 예컨대, 경제력의 분포가 유사했던 1860년대와 1950년대, 그리고 1990년대의 세계무역질서는 성격이 다르다. 모두 안정적인 자유무역질서였으나, 각각 고전적(classical), 내장형(embedded), 신자유주의(neo-liberal) 무역질서라는 상이성이 있었다. 이는 세계무역질서의 성격과 각국의 무역구조에 중대한 영향을 미쳤다. 따라서 길핀 모델의 종속변수는 체계의 안정성뿐 아니라, 다른 중대한 속성을 반영하는 것으로 수정될 필요가 있다. 이렇게 볼 때, 길핀이 위계구조의 미시적 구성요소로 설정했던 "규칙과 권리"는 오히려 세계정치경제질서의 성격을 드러내주는 종속변수에 가깝다. 기존 질서에서 혜택과 비용이 구체적으로 어떻게 배분되는지를 결정하고 있는 것이다. 예컨대 19세기 금본위제와 자유무역질서하의 규칙들은 상대적으로 취약한 행위자들에게 자유무역질서의 안정을 유지하기 위한 비용을 부담시켰었다. 또, WTO의 TRIPS 규정들은 후발 산업국가들에 일방적으로 불리한 새로운 규칙들이었다.

이러한 맥락에서 세계정치경제질서의 변화를 두 차원에서 조작화할 필요가 있다. 하나는 체계의 안정을 결정하는 것으로, 세계정치경제질서가 얼마나 준수되고 있는지, 곧 집합행동의 문제를 얼마나 해결할 수 있는지 여부로 체계의 규제(regulation) 정도이다. 다른 하나는 국제체계에서 혜택과 비용이 어떻게 배분되고 있는지, 곧 세계정치경제질서의 분배(distribution)적 성격이다. 경험적으로 양자 간에는 역의 상관관계가 있고 〈그림 1-11〉처럼 묘사할 수 있다. 힘의 분포가 비대칭적일수록 규제력이 강하고, 규제력이 강할수록 분배는 무시된다(A). 반대로 분배적일수록 약한 행위자들의 요구가 강해지고 규제가 힘들게 된다(B).

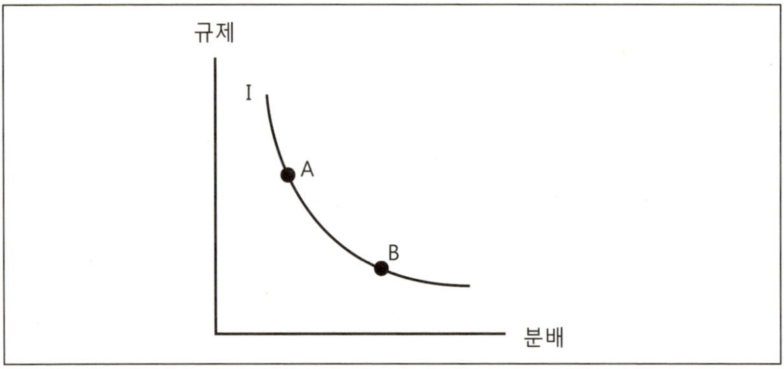

〈그림 1-11〉 세계정치경제질서의 성격

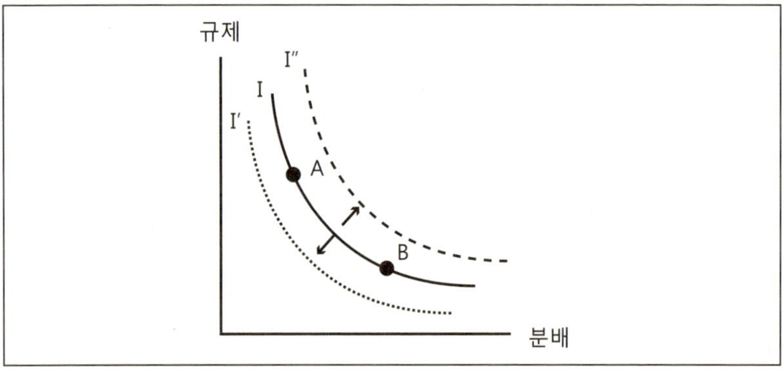

〈그림 1-12〉 세계정치경제질서의 변동

이렇게 보면, 세계정치경제질서는 세 가지 이념형적 변화를 지닐 수 있다. 첫째는 기존 선상에서의 변화이다. 즉, 하위 행위자들의 힘이 증대되어 보다 분배적 성격의 질서가 이루어지면서 안정성은 약해지거나(A → B), 역으로 힘의 분포가 보다 위계화되면서 분배가 악화되고 규제가 강해지는 경우이다(B → A). 둘째는 곡선 자체가 상승하는 경우이다. 안정성을 유지하면서 보다 분배적인 질서가 되거나, 같은 분배구조이면서 안정성이 증대되는 경우로 세계정치경제질서의 바람직한 개혁

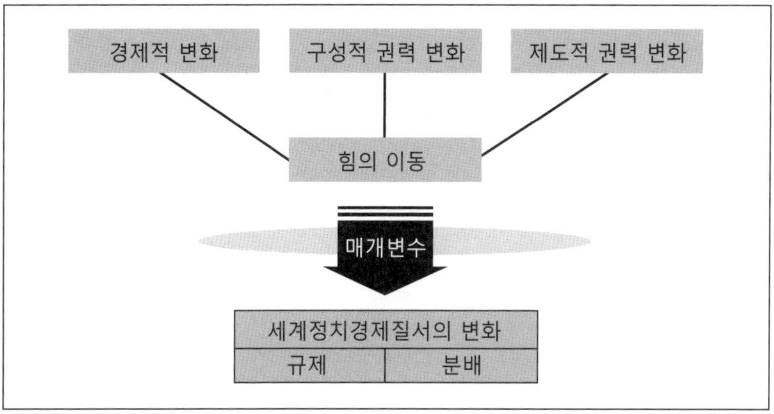

〈그림 1-13〉 힘의 이동과 세계정치경제질서의 변화

이라고 평가할 수 있다. 셋째는 곡선이 하강하는 경우로, 분배의 요구를 해소하지 않은 채 규제가 약화되거나, 동일한 규제력 속에서 분배가 악화되는 경우이다. 이 글은 세계정치경제질서의 이러한 변화를 앞에서 제시한 세 가지 차원의 힘의 변화가 추동한다고 설정한다.

그렇지만, 힘의 이동과 세계정치경제질서의 변화 사이에 단선적인 인과관계를 설정할 수는 없다. 동일한 힘의 이동에도 불구하고 앞의 세 가지 변화가 초래될 가능성이 있으며, 시간적 지체(lag)가 발생할 수도 있기 때문이다. 가령 물리적 힘의 작용에 있어서도 경제력 외에 과학기술이나 안보관계 등 다른 차원의 변수들이 중요한 영향을 미칠 수 있다. 또한 다양한 비국가 행위자들의 복잡한 다자주의(complex multilateralism)의 역할에 대한 고려가 필요할 수도 있고, 경제위기와 같은 우발적 변수들도 중대한 결과를 가져올 수 있다. 따라서 힘의 이동이 반영되어 체계 변화가 이루어지는 과정에서 작동하는 여러 가지 매개변수와 조건들을 상정해야 한다. 그리고 이러한 매개변수들은 세계정치경제질서의 각 영역에서 다르게 작동할 가능성도 있다. 〈그림

1-13〉과 같은 분석틀로 현재 진행되고 있는 힘의 이동, 즉 경제력과 제도적 권력과 구성적 권력의 이동 과정과 방향을 분석하고 이에 따라 어떠한 조건 하에서 세계정치경제질서의 규제적 성격과 분배적 성격이 어떠한 방향으로 변화될 것인지 가늠해야 한다.

▶▶▶ 참고문헌

Alexandroff, Alan S. and Andrew F. Cooper, 2010, "Introduction," in Alexandroff and Cooper(eds.), Rising States, Rising Institutions, 1-14.

Brooks, Stephen G. and William C. Wohlforth, 2009, "American Primacy in Perspective," *Foreign Affairs* (July/August 2002): 20-33.

Calleo, David P. and Benjamin M. Rowland, 1973, *America and the World Political Economy: Atlantic Dreams and National Relations*, Indiana University Press.

Cerny, Philip G., 2003, "Globalization as Politics," in James Busumtwi-Sam and Laurent Dobuzinskis (eds.), *Turbulence and New Directions in Global Political Economy*, Palgrave, 15-32.

Cooper, Andrew F., 2010, "Labels Matter: Interpreting Rising States through Acronyms," in Alexandroff and Cooper (eds.), Rising States, Rising Institutions, 63-81.

Dooley, Michael P., David Folkerts-Landau and Peter Garber, 2003, "An Essay on the Revised Bretton Woods System," NBER Working Paper.

Eichengreen, Barry, 2006, *Global Imbalances and the Lessons of Bretton Woods*, MIT Press.

Ferguson, Niall, 2008, *The Ascent of Money*, Penguine.

Ferguson, Niall, 2009, "The End of Chimerica," Harvard Business School Working Paper, no. 10-037.

Gilpin, Robert, 2001, *The Global Political Economy*, Princeton University Press.

Gilpin, Robert, 1987, *The Political Economy of International Relations*, Princeton University Press.

Gilpin, Robert, 1981, *War and Change in World Politics*, Cambridge University Press.

Gourevitch, Peter, 1986, *Politics in Hard Times: Comparative Responses to International Economic Crises*, Cornell University Press.

Ikenberry, G. John, 2009, "Liberal Internationalism 3.0: America and the Dilemmas of Liberal World Order," *Perspectives on Politics*, 7(1): 71-87.

Joffe, Josef, "The Default Power: The False Prophecy of America's Decline, *Foreign Affairs* (Sep./Oct.): 21-35.

Mabhubani, K., *The New Asian Hemisphere: The Irresistible Shift of Global Power to the East*, Public Affairs.

Keohane, Robert O., 2009, "The Old IPE and the New," *Review of International Political Economy*, 16(1): 34-46.

Kennedy, Paul, 1989, *The Rise and Fall of Great Powers*, Vintage.

National Intelligence Council, 2008, *Global Trends 2025*, USGPO.

Nau, Henry, 1992, *The Myth of America's Decline*, Oxford University Press.

Ramos, Joshua C., 2004, *The Beijing Consensus: The New Physics of Chinese Power*, Foreign Policy Center.

Slaughter, Anne-Marie and Thomas Hale, 2010, "Transgovernmental Networks and Emerging Powers," in Alan S. Alexandroff and Andrew F. Cooper(eds.), Rising States, Rising Institutions: Challenges for Global Governance, Brookins Institution, 48-62.

Strange, Susan, 1987, "The Persistent Myth of Lost Hegemony," *International Organization*, 41(4): 551-574.

Subacchi, Paola, 2008, "New Power Centers and New Power Brokers: Are They Shaping a New Economic Order?" *International Affairs,* 84(3): 483-498.

Vogel, Ezra, 1989, *Japan as No. 1: Lessons for America*, Harvard University Press, 1979.

Waltz, Kenneth, 1979, *Theory of International Politics*, Random House.

Woods, Ngaire, 2010, "Global Governance after the Financial Crisis: A New Multilateralism or the Last Gasp of the Great Powers?" *Global Policy*, 1(issue1): 51-63.

Zakaria, Fareed, 2008, *The Post American World*, W. W. Norton.

제2장

동아시아 전략 환경의 변화와 한국: 양자와 다자의 상호작용

신욱희

1. 서론

우리가 보통 탈냉전기라고 통칭하는 시기, 즉 1989년 베를린 장벽 붕괴 이후의 세계는 사실상 단일한 특성이라기보다는 대략 10년을 주기로 차별적인 특성이 드러나고 있다. 통상적인 의미의 탈냉전기는 1989년에서 2001년의 시기로 이 기간 동안은 냉전 이후의 체제가 불안정할 것인가, 안정적일 것인가의 논쟁이 벌어졌고,[1] 이에 대한 지역적인 차별성이 지적되기도 하였다.[2] 하지만 2001년의 9.11 사태 이후의 세계는 미 중심의 일극체제 혹은 그를 넘어서는 미 제국의 시대로 묘사되기도 하였다.[3] 하지만 글로벌 금융위기가 발생한 2008년, 혹은 중국이 상대적으로 적극적인 세계전략을 구사하기 시작한 2010년 이후의 세계는 G2(혹은 G2 in G20)라는 새로운 양극체제의 등장을 그 특징으로 하고 있다.[4] 즉 냉전의 종언 이후의 국제체제는 다극, 일극, 양극으로의 구조적 변화를 겪고 있는 것이다.

21세기의 또 하나의 차별성은 20세기가 "미국의 세기"로 불렸던 것에 비해 "아시아의 세기"로 불릴 가능성이 있다는 점이다. 필니(Pilny)는 "지중해는 과거의 바다이고, 대서양은 현재의 바다이며, 태평양은 미래의 바다이다"라는 20세기 초반 헤이(Hay)의 말을 인용하면서, 21세기는 중국이 세계의 초강대국 역할을 맡는 복잡하고 다극화된 세기가 될 것

* 이 글은 2012년 12월 30일에 최종 수정되었다. 초고 발표 시 유익한 조언을 해주신 박인휘 교수께 감사드린다.

1) 대표적인 논문인 J. Mearsheimer, 1990과 S. Van Evera, 1990/1991을 비교해볼 것.

2) A. Firedberg, 1993/1994를 참조할 것.

3) 탈냉전기 미국의 일극체제 전략에 관해서는 M. Mastanduno, 1997을, 제국에 대한 논의를 위해서는 서울대학교 국제문제연구소 편, 2005, 『세계정치 3: 세계정치와 제국』 중 미국 관련 논문을 볼 것.

4) G. Garrett, 2010을 참조할 것.

이라고 예견하였다(카를 필니, 2006: 5, 357). 마부바니(Mahbubani)도 서구의 부상이 세계를 전환시켰듯이 아시아의 부상도 이와 세계의 의미 있는 전환을 가져올 것이라고 주장한다(K. Mahbubani, 2008: 1). 이와 같은 전환이 새로운 세계의 등장인지, 아니면 이전의 아시아 우위 세계의 귀환인지는 해석의 차이가 있을 수 있으며, 이러한 변화를 문명권 사이의 갈등을 증대시키는 것으로 평가할 것인지,[5] 아니면 복수의 권역이 공존하는 다원적인 세계의 재등장으로 볼 것인지도 논의의 대상이다.[6]

위에서 서술한 양상은 우리에게는 세계적/지역적 수준에서 모두 커다란 대외적 환경의 전환을 의미하며, 이에 대응하는 국가전략의 모색 노력은 어쩌면 당연한 일인지도 모른다. 하지만 이를 단순하게 반응국가(reactive state)의 입장에서 추진하는 것과 주체-구조의 문제(agent-structure problem)의 맥락에서 고려하는 것 사이에는 큰 차이가 있다. 켈더(Calder)가 일본정치경제를 설명하면서 사용한 반응국가의 개념은 한 국가가 자신의 주요정책을 독립적으로 수행하는 것이 아니라 외부적 환경의 변화에 대한 수동적인 대응으로 시행하는 것으로 본다.[7] 하지만 웬트(Wendt)가 제기한 주체-구조의 문제의식은 한 국가의 대외정책이 그 국가가 처한 구조적 제약의 일방적인 결과물이 아니라 그 나름의 주체성(agency)이 발휘되는 영역인 것으로 간주한다. 따라서 개별 국가는 일정한 자율성의 범위에서 구조적 변화에 상응하는 전략적 모색을 하게 되며, 더 나아가 특정한 규범이나 규칙의 창출을 통해서 구조적 특

5) 잘 알려진 바와 같이 헌팅턴(S. Huntington, 1993)의 논문이 그 주장의 전형이다.

6) 이 논의를 위해서는 이용희, 1962; 1994를 참조할 것. 이용희는 근대 이전의 세계를 기독교권, 이슬람권, 유교권의 세 권역이 병존했던 체제로 묘사하고 있으며, 21세기에 이르러 다시 한번 지역이 국가를 대체하는 공동체의 단위로 등장할 것으로 예측하였다.

7) K. Calder, 1988을 볼 것.

성을 제도화하거나 전환시키는 역할을 할 수가 있는 것이다.[8] 이 글은 전자보다는 후자의 견지에서 변화하는 동아시아의 전략적 환경 하에서 한국의 전략적 선택 문제를 고려함에 의해, 구조적 변화의 과정에서 한국이 갖는 주체성의 가능성과 그 범위를 생각해본다.

여기서는 환경적 요인을 양자관계와 다자주의로 대별하되 양자의 연관성을 중시하고자 한다. 먼저 동아시아 전략환경을 구성하는 미중관계, 미일관계, 중일관계의 세 양자관계의 변화의 특성을 고찰하고, ASEAN Way, 아시아/태평양 협력, 한중일 삼자주의라는 동아시아 다자주의의 세 가지 제도적 형태의 전개 양상을 분석한다. 마지막으로는 양자와 다자관계의 복합적인 상호작용 아래서 한국이 취할 수 있는 정책적 범주를 검토하게 될 것이다.

2. 양자관계

1) 미중관계의 역동성

미국과 중국의 양자관계는 이제 동아시아 전략환경의 변수라기보다는 냉전기의 미소관계가 그랬던 것처럼 세계적 수준의 체제변수라고 해야 할 것이다. 이는 미국과 중국 사이에서의 세력전이(power transition)가 일어나고 있는 현재의 상황에서 그 중요성을 더하고 있다. 미국의 쇠퇴와 중국의 부상이 얼마나 객관적인 사실인가에 대해서는 다양한 주장과 논의가 있다. 하지만 냉전 말기 미국의 쇠퇴와 일본의 부상에

---

8) A. Wendt, 1987을 참조할 것.

〈표 2-1〉 미국과 중국의 국방비 지출, 1989~2010 (단위: 백만 달러)

	1989	1994	1999	2004	2009	2010
미국	526,271	415,106	361,885	527,799	668,604	687,105
중국	15,900	19,400	29,800	55,200	110,100	114,300

자료: 2010년을 제외하고는 2009년 환산가격 및 환율 기준임.

대한 논쟁과 비교해보면,[9] 이 사례는 그 추세의 면에 있어서 좀 더 분명한 경향을 보여주고 있다고 할 것이다.

〈표 2-1〉에 보면 미국의 국방비는 1989년 5,262억 달러에서 2010년 6,871억 달러로 약 30% 증가한 것에 비해, 중국의 국방비는 1989년 159억 달러에서 2010년 1,143억 달러로 약 700% 증가하였다. 더욱이 미 국방부는 중국의 국방비가 이 자료의 수치보다 1.5배에서 2배 정도인 것으로 추정하고 있다(US Department of Defence, 2010). 〈표 2-2〉에서 나타나는 국민총생산의 경우 미국은 1989년 5조 4,396억 달러에서 2009년 14조 1,190억 달러로 약 2.5배 증가한 것에 비해, 중국은 1989년 3,439억 달러에서 2009년 4조 9,854억 달러로 약 14배 증가한 것을 알 수 있다. 골드만 삭스는 2007년 보고서에서 2030년이 되면 중국이 미국의 GDP를 추월할 것으로 보았으나, 최근 IMF는 그 시기가 2016년으로 앞당겨질 것으로 예측하였다.[10] 따라서 최소한 경제력 면에서 중국과 미국 사이의 세력전이의 양상은 가속되고 있는 것으로 생각된다.[11]

9) 케네디(Kennedy)가 패권 이전에 대해 빗나간 예측을 했다면, 러셋(Russett)은 당시 제기되었던 미국쇠퇴론에 대해 의문을 표시한 바 있었다. P. Kennedy, 1987과 B. Russett, 1985를 볼 것.

10) 『매일경제』 2011. 4. 27.

11) 물론 중국경제의 지속적인 성장 여부는 인플레이션, 빈부/도농격차, 정치적 문제

〈**표 2-2**〉 미국과 중국의 GDP (단위: 백만 달러)

	1989	1994	1999	2004	2009
미국	5,439,600	7,030,500	9,301,000	11,812,300	14,119,000
중국	343,973	559,224	1,083,277	1,931,643	4,985,461

자료: World Bank Database (http://data.worldbank.org).

군사비나 국민총생산과 같은 경성권력의 변수와 함께 고려해야 할 점은 연성권력이다. 권력을 구성하는 요소의 다양성에 대한 논의는 나이(Nye)와 같은 학자들에 의해 시작되어,[12] 관념(idea)을 중시하는 구성주의자들에 의해서 활성화되었다. 즉 단순한 물리적 능력의 분포에 의한 구조만이 아니라 관념적 구조, 그리고 그에 기반한 제도가 수행하는 역할에 대한 검토가 요구된다는 것이다. 그러한 점에서 볼 때 2차대전 후의 세계질서를 유지해온 미국 중심의 관념과 제도, 즉 워싱턴 컨센서스(Washington consensus)가 현재 여러 비판에 직면해 있다는 사실은 세력전이의 또 다른 단면을 보여준다고 할 수 있다(Serra and Stiglitz, 2008). 이러한 양상은 특히 2008년 글로벌 금융위기의 영향으로 더욱 심화되었다.

물론 워싱턴 컨센서스를 대체할 베이징 컨센서스가 명확하게 존재하는 것은 아니다. 하지만 많은 전문가들은 중국이 주도하는 관념과 제도의 등장과 확산에 대해 조심스럽게 언급하고 있다. 대표적인 인물인

등 여러 요인을 고려해서 논의되어야 할 것이며, 글로벌 경제위기의 진행 여부도 주요한 변수가 될 것으로 보인다.

12) J. Nye, 2004를 볼 것. 그런데 흥미로운 것은 최근 나이(Nye)가 다시 군사력의 중요성을 강조하기 시작했다는 점이다. 나이는 다음과 같이 말하고 있다. "경제발전은 군사력에 달려 있다. 국력은 규범, 제도, 국제관계 등 소프트파워에서만 나오지 않는다. 오히려 군사력을 비롯한 하드파워가 국제정치 무대에서 큰 힘을 발휘한다. 정치적으로 안정된 나라일수록 군사력이 적법한 절차에 따라 사용되고 이를 바탕으로 내수시장을 활성화시킨다."『매일경제』2011. 7. 12.

홀퍼(Halper)는 다음과 같이 이야기한다.

> 베이징의 전 지구적 부상은 평화롭게 이루어질 수도 있으며, 이는 중국의 통상관계의 세계적인 확산과 함께 진행된다. 따라서 워싱턴과 브뤼셀은 그들이 상대적인 빈국과 맺은 조건적 관여를 통해 전통적으로 향유해온 레버리지와 1989년 이후 "세계화"될 것으로 기대했던 시장-민주 모델의 두 핵심적 영역에서 그 토대를 상실하고 있다. 이와 같은 전개는 함께 연계되어서 내가 마땅한 용어가 없어 중국효과(China effect)라고 부르는 현상을 만들어내게 된다. 이는 워싱턴 컨센서스가 개발도상국에서 성공을 거두지 못함에 따라 베이징이 단순히 비즈니스를 통해서 워싱턴과 서구의 레버리지와 자유주의적 의제를 잠식하게 되는 전 지구적 경제관계의 네트워크를 구축한다는 것을 의미한다.(Halper, 2010: 38-39)

홀퍼는 그 결과 중국이 선호하는 권위주의 모델, 즉 국가주도적 자본주의가 새로운 컨센서스로 등장할 가능성을 제시한다.[13)]

이와 같은 세력관계의 전환에 대한 예측보다 더욱 중요한 것은 그 과정에 있어서 두 세력의 관계가 협력적일 것인가, 아니면 갈등적일 것인가에 대한 판단이라고 할 수 있다. 하지만 이 또한 서로 다른 입장이 대립하고 있는 문제 중의 하나이다. 즉 한편에서는 미국과 중국이 전략적 동반자 혹은 이익상관자(stake-holder)인 것으로 파악하고 상대적으로 유화적인 관계를 전망하며, 다른 한편에서는 두 국가를 잠재적 적국 혹은 패권경쟁자로 인식하며 대립적인 관계를 전망하고 있는 것이다. 이

---

13) 하지만 이전에 아시아 개도국의 성공신화의 기반이 되었던 유사한 강성국가 모델이 궁극적으로는 내재적인 문제를 드러냈다는 사실은 이와 같은 논의에 대한 좀 더 엄밀한 검토가 필요함을 보여준다고 하겠다.

러한 논쟁은 또 의제에 따라 그 답이 상이하기도 하는데, 예를 들자면 북핵 문제에 있어서 양국은 협력적인 관계를 유지하고 있고, 양안관계에 있어서는 지속적으로 갈등적인 관계를 보여준다고 할 수 있다.

미중 군사관계 전문가인 로스(Ross)는 1999년 논문에서 세력균형론에 입각하여 동아시아에서 미중 간 전략적 균형의 가능성을 언급하였다. 그는 탈냉전기의 아시아를 기본적으로 양극체제로 규정하고, 해양국가/해군 중심의 미국과 대륙국가/육군 중심의 중국이 병립하는 지정학적 안정성이 도래할 수도 있음을 분석하고 있다. 그의 잠정적 결론은 아래와 같았다.

> 지리와 극성의 결합은 지역적 평화와 질서에 공헌하게 될 것이다. 하지만 그들 중 어느 하나, 혹은 둘 모두 평화와 질서의 충분한 요인이 되지 않을 수 있다. 즉 국가의 정책이 불안정할 수 있는 것이다. 미국이 지역의 세력균형에 지속적인 공헌을 유지할 것, 중국이 제한된 야심을 추구할 것, 또는 미국과 중국이 대만 문제를 평화롭게 관리할 것이라는 어떠한 보장도 없다. 지리와 극성의 긍정적인 효과에도 불구하고 TMD와 같은 21세기형 무기체계가 안보 딜레마를 확대시키고 군비경쟁을 유발하며 양자적, 혹은 다자적인 긴장을 증대시킬 수 있는 것이다. 말할 수 있는 최선의 것은 구조와 지리는 정책결정자들에게 상대적으로 안정적이고 평화로운 질서, 그리고 그에 따른 강대국 협력의 기회의 가능성에 대한 더욱 더 큰 확신을 제공한다는 점이다.(Ross, 2009: 68-69)

그러나 중국의 부상에 따른 최근의 논의는 이와 같은 상대적 낙관론을 약화시키고 있다고 할 수 있다. 많은 학자들이 중국의 해양대국화에 의한 미중 간 갈등의 확대 가능성을 지적하고 있다. 한국의 학자들도 예외는 아닌데 한 예로 서정경은 중국의 해양대국화의 사례를 신현실주의와 신자유주의의 이론적 논의를 통해 각각 살펴보고 아래와 같은 결론을 내리고 있다.

> 국방 현대화와 함께 적극 추진되고 있는 중국 해군력의 강화, 지정학적 요충지인 대만에 대한 방위능력 제고는 기존 동아시아 지역의 해양세력구조를 일정하게 동요시키는 것이며, 따라서 미국의 전통적인 해양패권에 대한 도전으로 해석될 수 있다. … 이에 대해 미국은 미일동맹을 통한 대만견제세력을 강화하고 냉전종식 이후 느슨해졌던 동남아 각국과의 군사협력관계를 재강화하고 있다. … (중국이) 평화발전론을 전파하고, 동남아 국가들 간의 영토문제를 위한 다자협의체에 적극 참여함으로써 중국위협론을 불식시키고 지역리더로서의 이미지를 제고시키는 이면에는 전통적으로 자신의 세력권으로 여겨왔던 동남아 지역에서의 우위를 확보하려는 전략적 의도가 자리하고 있는 것으로 보인다. 이에 대해 중국의 해양대국화를 자국에 대한 상당한 위협으로 간주하고 있는 미국은 동아시아 이니셔티브를 적극 제창하면서 자신의 전통적인 해양패권을 공고히 하려는 움직임이다. … 본 연구의 최종결론은 중화민족의 대부흥을 지향하는 중국이 해양대국화를 위한 해군력의 물리적 증강(하드파워)과 지역리더로서의 이미지(소프트파워)를 동시에 구축하고 있는데, 이는 탈냉전시기 미국의 동아시아 해양패권 유지라는 의도와 근원적으로 긴장관계를 빚고 있으며, 동아시아 지역을 둘러싼 미중관계의 요체는 '중국의 해양대국화 추진에 따른 미국의 적극적인 견제'에 있다는 것이다.(서정경, 2010: 109-110)

미중관계의 미래에 대한 예측은 협력과 갈등의 어느 극단이라기보다는 역동적인 관계로서 어느 한쪽으로의 경향이 보인다거나 양자의 유형이 혼합되어 있다고 보는 것이 더 적절할 수 있다. 탈냉전기 동아시아 국제관계에 대해 비관적인 입장을 견지해온 프리드버그(Friedberg)

는 미중관계에 있어 협력을 유도하는 요인과 갈등을 유발하는 요인을 함께 지적하고 "실질적인 문제는 그러한 여러 메커니즘의 상대적 강도와 혼합된 영향에 관련된 것이다"고 주장하였다(Friedberg, 2005: 39). 하지만 최근에 이르러 세력균형론보다는 세력전이론의 예측, 즉 양 국가의 세력이 비슷해질수록 갈등의 가능성이 커진다는 전망이 우세해지고 있다. 이러한 추세에서 일부 학자들은 2010년이 갖는 전환적 의미에 대한 논의를 제기하고 있다. 즉 이 해를 계기로 중국이 한층 더 적극적인(assertive) 대외정책을 전개하였으며, "도광양회"보다는 "유소작위"의 전략을 구사하고 있다는 것이다.[14] 2011년에 열린 제3차 미중전략경제대화도 미국은 중국의 인권문제를 집중적으로 거론하고, 중국은 미국의 채무한도 증액에 대해 언급하는 등 대립의 각을 노출하였다.[15]

이러한 미중관계의 분석에서 중요한 의미를 갖는 또 하나의 요인은 인식의 문제이다. 이미 미국과 중국은 한국전쟁에서의 군사적 충돌을 통하여 서로에 대한 오식(misperception)의 결과를 경험한 바 있다.[16] 하지만 인식과 오식의 변수는 중국위협론에 대한 논쟁을 통하여 재등장하였고,[17] 이는 중국이 과연 현상변경/공격적 현실주의 국가인가라는 문

14) 하지만 구성주의적 입장에서 중국 문제를 연구하는 존스톤(Johnston)은 한 세미나에서 얼마나 적극적이어야 "적극적"이라고 할 수 있는가라는 의문을 제시하며, 중국은 주권과 영토 문제에 관해서는 항상 적극적이었기 때문에 2010년이 특별한 의미를 갖는 것이 아니라고 지적하였다. A. Johnston, 2011 참조.

15) 2012년의 제4차 대화에서도 미국은 중국의 인권 문제를 언급하고 위안화 절상을 요구하였다.

16) 미중 간의 오식과 그에 의한 억제의 실패 사례는 C. Twomey, 2010을 볼 것.

17) 영국학자인 램프턴(Lampton)은 1998년의 논문에서 중국위협론에 대한 11가지 명제를 검토한 후 이에 대해 유보적인 입장을 표명하였다. D. Lampton, 1998. 2012년의 현실에 있어서 우리가 이 11가지 명제에 대해 어떠한 답을 줄 것인가를 비교해보는 것도 흥미로울 것이다.

제를 통해서 정책적 · 학문적 토의의 대상이 되었다.[18] 미중관계의 전환 과정에서 세력의 균형과 함께 "위협의 균형"이 중요한 요인이라고 한다면, 이는 미국과 중국이 서로의 의도에 대해 정확한 이해를 하고 있는가, 그리고 그에 따른 전략적 이익에 관한 간주관성을 확보해 나가는가의 여부가 협력과 갈등의 관건이 된다고 할 수 있는 것이다.[19]

2) 미일관계의 연속성

탈냉전기 미중관계의 특징을 역동성으로 규정한다면 미일관계는 초기의 변화 과정을 거쳐 이제는 연속성의 측면을 보여주고 있다고 할 수 있다. 냉전 후반기에 미국과 일본은 심각한 통상마찰을 경험하며, 심지어 미국 내에서 "임박한 일본과의 전쟁(coming war with Japan)"의 논의가 나올 정도의 긴장이 대두되기도 하였다.[20] 하지만 냉전의 종언 이후 두 나라는 양자적 동맹의 새로운 방식을 모색하였으며, 이는 공동안보선언과 방위협력지침 개정으로 구체화되었다. 이와 같이 국제체제의 전환기에서 두 나라 사이의 갈등이 협력으로 전환된 사례는 이전 식민주의 시기와 냉전 시기의 동아시아에서도 관찰된다. 즉 세 시기의 초반기는 모두 미국의 동아시아 정책이 중국에 대한 기대에서 갈등으로, 그리고 일본에 대한 견제에서 협력으로 변화되는 유사한 유형을 보여주

18) A. Johnston, 2003; H. Feng, 2005; Y. Wang, 2004를 참조할 것.

19) 미중일 관계에서 세력과 위협의 균형과 전이가 가져오는 결과에 대한 포괄적인 이론적 고려를 위해서는 신욱희, 2012를 볼 것. 이 논문이 주목하는 것은 위협의 전이가 특정한 국가의 "투사(projection)"에 의해 이루어질 가능성과 그 과정에서 각 국가의 국내정치가 연계되는 이른바 "양면 안보딜레마(two-level security dilemma)"의 상황이다.

20) G. Friedman and M. Lebard, 1991을 참조할 것.

고 있는 것이다.[21]

물론 21세기의 미일동맹이 단순히 지역적인 차원에 머물러 있는 것은 아니다. 미국은 9.11 이후 세계안보적인 차원에서 군사적 변환을 모색해왔으며, 이는 동아시아에서의 군사 재배치와 전략적 유연성의 모색으로 이어졌다. 이와 같은 미국의 전략에 가장 적극적으로 호응한 국가는 일본이었으며, 신방위대강이 그 하나의 예라고 할 수 있다. 박영준은 21세기 미일안보협력의 모색과 그 결과를 다음과 같이 설명한다.

> 위협인식의 측면에서 미일 양국은 9.11 테러 이후 새롭게 변화된 국제 안보정세와 그 위협요인에 대한 인식의 측면에서 상당한 일치를 보이고 있다. 그리고 그러한 일치는 2005년 2월에 발표된 "공통전략목표"를 통해 명문화되었다. 공동의 군사적 대응태세를 보면 새롭게 부상되는 위협요소들에 대응한 일본 내 기지재편이 합의되었고, 육해공 각 군별로 주일미군과 자위대 간 연합작전 태세가 갖추어졌다. 미사일 방위체제 등 새로운 무기체계의 공동개발이 추진되고 있고, 유사시 양국군의 효과적인 역할분담과 전쟁 수행을 위한 연합작전계획 5055 등이 책정되었다. 나아가 자위대와 미군 간에 아프가니스탄과 이라크 등지로 활동범위를 확대해가면서 국제질서를 공동 관리하는 협력실험이 진행되고 있다. 이 같은 점들을 고려한다면 미일동맹은 군사적으로 이전에 비해 현저한 실효성을 가진 동맹으로 강화, 혹은 "변혁"되고 있다고 할 수 있다.(박영준, 2007: 52)

미일관계의 또 다른 특징은 그것이 갖는 관념적 측면에 대한 강조이다.[22] 즉 공동의 이익을 넘어서는 공동의 가치를 기반으로 하는 양자

21) 자세한 내용은 신욱희, 1999를 볼 것.
22) M. Mochizuki and M. O'Hanlon, 1998을 볼 것.

관계를 확립하고 그를 바탕으로 지역적 · 세계적인 공동안보를 모색한다는 것이다. 이러한 점에서 미일동맹은 미영동맹과 같이 "특수한" 관계로 간주되기도 한다. 그러나 영국 학자인 휴즈(Hughes)는 일본을 "극동의 영국"이라고 하기에는 무리가 따른다고 지적하면서 다음과 같이 이야기한다.

> 일본에게 있어 "테러와의 전쟁"은 미국의 반테러 의제와는 단지 부분적으로 연결되어 있는 자신의 군사안보정책의 장기적인 변화를 정당화하는 정치적 구실로서 기능한다. 대신 일본은 테러 위협의 명분을 북한과 중국으로부터의 지역적이고 전통적인 안보위협에 대한 대응 수단으로 사용하는 것에 좀 더 집중하면서, 이 두 가지를 "새로운 안보위협" 혹은 반테러전의 요소와 연결된 것으로 묘사하려고 한다.(Hughes, 2007: 325)

여기서 등장하는 쟁점은 이와 같은 미일동맹의 강화가 동아시아에서 새로운 안보 딜레마를 만들어내고 있다는 점이다. 대표적인 사례가 바로 미국의 TMD 구상과 일본의 이에 대한 참여의 영향이다. 이 문제에 관한 미 · 일과 중국의 상호작용을 분석하면서 최종건 · 박창건은 아래와 같이 주장한다.

> 일본은 최첨단 TMD 관련기술을 미국으로부터 이전받고 미사일 방어를 체계적으로 구축해나갔다. TMD의 도입 논의로 인해 중국과 일본 양국에 잠재해 있던 위협인식이 안보딜레마로 촉발하는 계기가 되었고, 결국 도입 논의 자체가 양국 간 위협인식이 시작되는 발화점이 되었던 것이다. … 일본의 요격미사일 기술의 향상은 중국의 우려를 자아내기에 충분했고, 이들의 반응 역시 적대적으로 표출되었다. 특히 미국의 MD 구상에 직접적으로 영향을 받는 중국은 불편한 심기를 드러냈다. 미국이 전 지

구적인 MD 구상을 본격화하고 일본의 TMD 배치를 고려하던 도입 초기에는 미국의 전반적인 정책에 반대하는 모습을 보였고, 그중 하나가 MD였다. 하지만 일본에 TMD 배치가 확정되자 상황은 달라졌고, 중국의 반응은 보다 직접적이며 적극적으로 나타났다. 중국의 경우 일본의 TMD가 대만에 미치는 영향력을 생각할 때, 자국이 보유한 탄도미사일의 공격력이 상대적으로 약해질 것을 우려했다. 중국은 이를 극복하기 위해 탄도미사일의 능력 향상에 주목했으며, 특히 사정거리 확장을 통해 근본적인 위협국가인 미국을 미사일 사거리 내에 포함시켰다. 이러한 미사일 개발을 위한 재정적 지원 역시 엄청난 액수로 증가했다. 결국 이러한 중국의 행위는 다시 일본에게 위협으로 인식되었다. 이러한 작용과 반작용의 과정이 중일 간 안보딜레마를 심화시킨 요인이 되었던 것이다.(최종건 · 박창원, 2010: 58-59)

이와 같은 딜레마의 핵심에는 여전히 상호신뢰의 부재와 그에 따르는 위협인식의 문제가 존재한다. 미중관계를 역사적으로 고찰하는 학자인 크리스텐센(Christensen)은 일찍이 중국의 일본에 대한 불신을 지적하면서 미국은 미일동맹 내에서 일본의 새로운 지역적 역할을 설정하는 데 있어 신중할 필요가 있음을 강조한 바 있다.[23] 현재의 전략적 · 관념적 구도에서 미국과 일본이 상대적으로 중국위협론을 공유하고 있는 것에 반해, 중국은 중국포위론의 입장에서 이를 해석하고 있는 것이다. 중국학자인 우(Wu)는 미일동맹에 대한 중국의 시각에 기반하여 아래와 같이 삼자협력의 가능성을 제시한다.

"정상"국가가 되어 2차대전의 공격자와 패전국의 그늘에서 벗어나고

23) T. Christensen, 1999를 참조할 것.

> 자 하는 일본의 열망은 이해할 수 있다. 그러나 일본의 "정상성"이 반드시 좀 더 강력한 군사력을 기르고, 좀 더 적극적인 군사적 태세를 취하면서 중국을 숙적으로 삼을 필요는 없다. 미국이 냉전기 이래 미일동맹에 대해 이 지역에서의 핵심적인 안보적 자산으로 중요성을 부여하는 것 또한 이해할 만하다. 하지만 튼튼한 미일동맹이 안정적인 미중일 관계를 해치는 것이 되어서는 곤란하다. 실제로 그 물리력과 영향력이 증대될수록 중국은 지역문제에서 좀 더 중요한 역할을 하게 될 것이다. 결국 베이징과 도쿄, 그리고 워싱턴 사이의 건전한 삼자관계가 지역의 평화와 번영에 가장 부합하는 것이다.(Wu, 2005: 129)

하지만 역사적으로 볼 때 이와 같은 미중일 사이의 협력적 삼각관계의 구조는 존재한 적이 없으며, 현재에도 구축의 전망은 밝지 않다.[24] 그러한 과정에 있어서는 일본의 상대적 쇠퇴의 문제와 더불어 중일 간의 양자적 관계의 향방이 핵심적인 변수가 될 것으로 보인다.

3) 중일관계의 모호성

중국과 일본은 냉전기 미소 간 이념적 대립구도 속에서도 실리적인 관계를 유지해왔다. 즉 군사적 · 정치적인 거리에도 불구하고 통상을

---

24) 협력적 관계의 기반이 되는 것은 세 나라 사이의 전략적 삼각관계의 존재이다. 디트머(Dittmer)는 어느 세 나라 사이에서 전략적 삼각관계가 성립하려면 각 국가가 그들의 게임에서 다른 두 국가를 중요한 행위자로 간주하여야 하며, 동일한 권력을 소유할 필요는 없지만 모든 국가가 자율성을 갖고 있어야 한다는 두 조건이 필요하다고 지적한다. L. Dittmer, 1981. 미중일 관계를 전략적 삼각관계로 보기 어려운 것은 국력의 차이라기보다는 일본의 미국에 대한 의존성에 기인한다고 할 수 있다.

중심으로 한 경제적 연계는 지속되었던 것이다.[25] 냉전의 종언은 중일 양자관계에도 새로운 협력의 전기를 마련해주는 것처럼 보였다. 1992년 일본 천황은 중국을 방문하여 중국에 대한 대규모 경제적 지원을 언급하였다. 하지만 위에서 언급된 바와 같이 탈냉전기 동아시아의 세력전이는 중국의 부상과 일본의 침체로 특징지어졌고, 미중 간의 변화보다 좀 더 명확하고 지역적 영향이 큰 요인으로 작용하였다.[26]

중국의 군사력 증강과 더불어 진행되는 급속한 경제적 성장은 일본으로 하여금 경제적 능력의 군사적 능력으로의 전환가능성(fungibility)에 대한 우려를 증대시켰고, 이는 신현실주의에서 주장하는 상대적 이득(relative gain)의 차이에 대한 고려를 낳게 되어 두 나라 사이의 협력을 어렵게 만들고 있다. 일본의 상대적 약화를 가져온 또 하나의 변수는 2011년의 지진과 쓰나미 사태이다. 이 사건은 지역경제에의 부정적인 영향과 함께 향후 약 10년 동안은 일본 경제를 약화시킬 것으로 예측되었으며(World Bank, 2011), 일본의 미국에 대한 의존도와 편승 가능성을 크게 만들 것으로 지적되었다.

지역패권을 두고 경쟁해온 중일 간의 세력전이는 연성권력의 측면에서도 나타나는데, 북핵 문제나 경제위기의 대처에 있어서 중국이 상대적인 리더십을 발휘해온 반면 일본은 그에 상응한 역할을 수행하고 있지 못한 것이 사실이다. 이근은 6자회담의 사례 분석을 통해 다음과 같이 주장한다.

> 6자회담에서 일본의 연성권력 전략은 내가 "연성권력 딜레마"라고 부

25) 2차대전 후 중일 간의 경제적 관계의 연속성과 확대의 측면을 위해서는 A. Iriye, 1992, part III를 볼 것.

26) 중국은 2004년에 군사비 지출이 일본을 넘어섰으며, 2011년 국민총생산이 일본을 초과하여 세계 2위의 경제대국이 되었다.

르는 결과를 초래하였다. 논의된 바와 같이 연성권력 딜레마는 국내적 청중에게는 어필하고 매력적으로 보이는 연성권력이 대외적으로는 위협적이고 부정적인 이미지를 창출하여 외부적인 안보환경을 악화시키는 상황을 지칭한다. 최근 일본의 보수주의적 전환은 일본 교과서 문제를 부각시키고, 정치인들을 야스쿠니 신사에 참배토록 하고, 중국에 대해 강한 입장을 취하면서 미국과의 협력을 밀접하게 하고, 일본 자위대의 국제적 역할을 확대시킴으로써 일본 대중에게는 어필하였을 수도 있다. 그러나 그와 같은 보수주의적 전환은 일본의 이웃, 특히 한국과 중국과의 관계를 불안정하게 만들었던 것이다. … 다른 한편으로 중국의 연성권력 전략은 내가 "연성권력 시너지"라고 부르는 결과를 가져왔다. 국제무대에서 중국의 증진된 위상과 국제사회—특히 미국—에 의한 책임 있는 이익공유자로의 중국에 대한 점진적인 인정은 중국의 안보환경을 개선시켰을 뿐만 아니라, (비록 그 관계에 대한 객관적인 여론조사는 존재하지 않지만) 중국 국민의 자긍심도 증대시켰다.(Lee, 2010)

중일관계를 부정적으로 보게 되는 다른 이유는 전통적인 상위정치의 문제, 즉 영토와 자원문제에 있어서의 양국 간의 갈등인데, 이는 남중국해와 희토류 사례에서 잘 드러난 바 있다.[27] 영토분쟁과 그에 따른 중일 간의 대립은 최근 센카쿠열도/댜오위다오 문제에서 다시 등장하였다. 일본 정부가 센카쿠열도를 국유화하자 중국 정부는 댜오위다오를 영해기선으로 선포하고 해양감시선을 파견하였고, 이는 중국 내의 강렬한 반일시위로 이어졌다.[28] 그런데 미중, 미일관계에서보다 중

27) 중일 간의 안보적 대립의 가능성에 대한 분석을 위해서는 박인휘, 2006을 볼 것.
28) 이러한 문제는 미국의 개입과 연결되어 미중일 관계의 심각한 갈등으로 확산될 가능성도 대두될 수 있을 것으로 보인다.

일관계에서 더 중요한 비중을 차지하는 갈등의 근본 원인은 바로 역사, 정체성, 그리고 민족주의의 문제와 연결된 인식의 문제이다. 중일관계 전문가인 허(He)는 아래와 같이 지적한다.

> 점차적으로 자유화되고 있지만 종종 편견을 가진 중국의 미디어와 민족주의적인 준엘리트 계층, 그리고 정부의 방조는 양자적인 경제적 상호의존으로 경감될 수 없는 반일 민족주의를 강화시키게 된다. 양자관계에서 부정적인 역사적 유산을 제거하려면 두 나라는 초국가적인 역사가들의 대화에 있어서의 상호비판과 자기성찰을 통해 민족주의적 신화를 깨뜨리고 공유된 역사를 만들어내려는 이상과 결단력을 필요로 한다.(He, 2007: 1)

> 양자적인 역사분쟁의 빈번한 출현은 엘리트 사이의 상호위협인식을 악화시키고, 다른 국가에 대한 정부의 강경정책을 지지하는 대중들의 감정적 압력을 생성시킨다. 중일협력의 미래는 부정적인 역사적 유산을 해결하려는 두 나라의 노력에 의해 크게 좌우될 것이다.(He, 2008: 162)[29)]

역사의 해석과 민족주의의 역할에 대해 미국, 중국, 일본의 견해는 서로 다르다. 예를 들어서 2차대전이 진주만에서 시작되어 히로시마/나가사키로 끝났다고 보는 일본의 견해는 1931년의 만주사변을 2차대전의 시작으로 보는 중국의 시각과 양립할 수 없는 것이다. 이러한 점에서 중일 간의 역사 해석과 그에 연관된 중국 민족주의의 논의에 대한 미국의 입장은 중요한 의미를 갖는다(신욱희, 2012: 20). 하지만 동아시

29) 과거사 문제는 비단 중일관계만이 아니라 한일관계와 한중관계에서도 핵심적인 갈등요인이다. 그러나 식민주의 시기에 관해 한국이 갖는 가해자로서의 대일인식은 중국의 그것과 유사한데, 이는 이 시기 한반도에서 청일 간의 현실주의적인 각축에 대한 보다 적절한 이해를 통해 부분적으로 보완할 필요가 있다.

아 근대사의 해석에 있어 가해자와 피해자 논의의 열쇠를 쥐고 있는 국가는 결국 일본이라고 할 수 있는데, 이는 태평양전쟁에 대한 미일의 인식 차이와 결부되어 다소 복잡한 양상을 띠고 있다. 이러한 복잡성은 주체(agent)로서 일본이 갖는 전략적 선택의 문제로 연결된다. 손열은 일본이 미국의 상대적 쇠퇴, 중국의 부상, 그리고 일본경제의 쇠퇴라는 세 가지의 전략적 도전에 직면하여 미일동맹과 동아시아 공동체 사이의 재균형과 미일동맹 내에서의 재균형이라는 이중의 재균형 전략을 추진하고 있다고 해석한다.[30] 하지만 실질적으로 볼 때 현재 일본의 전략은 여전히 후자의 재균형에 치중하고 있는 것으로 생각된다.

3. 다자주의

1) ASEAN Way

이 연구의 전제는 동아시아 지역체제에 있어 양자관계와 다자주의 사이에 밀접한 연관성이 존재한다는 것이다. 한 연구는 동아시아 지역주의의 특징을 중층성, 이중성, 지역성으로서의 안보와 경제, 그리고 상황적 지역주의라는 네 용어로 표현하였다. 이는 지역의 범위가 이슈와 상황에 따라 중층적이며, 지역통합의 정도와 구성 국가들의 주권의 강도에 있어 이중적이고, 경제적 요인에 의해 지역주의가 촉발되었으나 안보적 요인도 마찬가지로 중요하게 작용하고 있으며, 구성 국가들이 상황적 맥락에 따라 지역주의를 전략적으로 추진하고 있다는 것을 의미한다(손열 편, 2006: 22-27). 이와 같은 동아시아의 복합적인 특성은

30) 손열, 2010을 참조할 것.

아래에서 논의되는 동아시아 다자주의의 세 유형의 동시다발적인 전개 과정에서 잘 드러나고 있다.[31]

아차야(Acharya)와 존스톤(Johnston)은 지역적 제도의 비교 문제를 다룬 자신들의 저서에서 제도적 다자인을 "제도를 구성하면서 행위자의 선택이나 주체들이 상호작용하는 사회적 환경의 기초 중 어떤 것, 혹은 모두에 대한 제약으로 기능하는 공식적 · 비공식적 규칙이나 조직적 특성"으로 정의하였다(Acharya and Johnston, 2008: 15-16). 그리고 이러한 제도적 디자인과 연관된 변수들로서 협력 문제의 성격, 행위자의 수, 이념과 정체성, 체제/하부체제적인 권력의 분포, 국내정치, 비지역적 제도와 비국가 행위자, 그리고 역사의 요인을 들고 있다(Acharya and Johnston, 2008: 16-26). 동아시아 다자주의의 제도적 디자인의 유형을 비교하는데 있어서도 이와 같은 정의와 변수가 적용될 수 있을 것이다. 하지만 여기에서 특징적인 것은 위에서 언급한 것처럼 동아시아라는 동일한 지역을 포괄하는 서로 다른 지리적 경계의 다자주의의 형태가 존재한다는 점일 것이다. 여기서 다루는 첫번째의 유형은 동남아시아를 중심으로 하는 ASEAN Way의 사례이다.

아차야는 ASEAN Way를 설명하면서 (1) 무력의 불사용과 분쟁의 평화적 해결, (2) 지역적 자율성과 집합적 자기의존, (3) 국가의 국내 문제에 대한 불간섭의 원칙, (4) ASEAN 군사협정의 배제와 쌍무적 방위 협력의 선호의 네 가지를 그 특징으로 들고 있다(Acharya, 2000: 47-48). 그는 싱가포르 외상의 말을 인용하여 ASEAN Way는 "비공식성, 조직적 최소주의, 포괄성, 합의와 평화적 해결에 이르는 심층적 논의"를 강조한다고 지적하고, 이와 같은 "합의적 접근"은 중재와 협의에 대한 공유된 약속에 의해 유도되는 비폭력적인 다자적 구도를 중시한다고 이

31) 신욱희, 2010을 참조할 것.

야기한다(Acharya, 2000: 63, 70). 즉 빈번하게 언급된 것처럼 ASEAN의 사례는 EU와는 달리 주권의 원칙을 유지하면서 낮은 수준의 제도화를 지향하는 연성 다자주의(soft multilateralism)의 전형인 것이다.

아차야는 이 방식이 ASEAN 국가들이 갖는 규범과 정체성에 의해 크게 규정되고 있다고 보면서, 이를 아시아/태평양의 안보 논의에 확대 적용할 경우 동남아시아 국가들의 규범이 확대된 지역에 적용될 수 있는가의 여부와 그런 경우 ASEAN 국가들이 추가적으로 갖게 되는 부담의 문제를 제기한다(Acharya, 2000: 166-177). 또한 ASEAN에 +3(한·중·일), 그리고 태평양 국가들이 포함될 경우는 권력의 불균형과 패권적 대립의 요인이 규범과 제도의 변수와 연결될 수밖에 없는 것이다. 이와 같은 대표적인 사례가 ASEAN Regional Forum(ARF)이라 할 수 있다. 1994년에 출범한 ARF는 아시아/태평양의 핵심 국가들이 공통적인 안보 관심사를 논의하기 위해 회동하는 유일한 포럼의 형태이며, 전략적인 불확실성의 시기에 기존의 쌍무적인 안보동맹 관계를 보완하는 핵심적인 다자적 기능을 할 수 있을 것으로 기대되었다.[32] 하지만 근래의 지역안보 논의에 있어 ARF가 갖는 역할의 제한적 측면은 ASEAN Way의 가능성보다는 한계를 보여주고 있다고 할 수 있다.[33]

동남아시아는 사실상 명확한 지역적 자율성을 보유했다기보다는 강대국들의 영향력이 교차한 곳이었으며, 냉전 이후에도 중국과 일본이 서로 자국 중심의 질서를 형성시키려는 노력을 하고 있는 지역이었다.[34] 동남아의 지역주의가 반식민주의적 요소를 갖고 있고, 부분

32) 콩(Khong)과 네사두레(Nesadurai)는 자신들의 논문에서 멤버십, 리더십, 위임의 정도, 이념, 공식적인 규칙과 규범, 행위자의 독립성, 영역의 면에서 ARF의 특징을 설명하고 있다. Y. F. Khong and H. Nesadurai, 2008을 볼 것.

33) ARF의 적실성과 한계에 대한 논의를 위해서는 D. Heller, 2005를 참조할 것.

34) 고(Goh)는 이러한 상황을 전방위 연계(omni-enmeshment)와 영향력의 복합적인 균형

적으로는 미국의 일방주의에 대한 저항의 측면으로 생성되었다는 점에서 본다면,[35] 두 나라 중에서 장기적으로 일본보다는 중국의 영향력이 확대될 가능성이 더 많을 것으로 생각될 수 있다. 에반스(Evans)는 다자적 지역안보 협력에 있어서 중국의 활발한 참여를 중국이 단순하게 세계적인 규범을 수용하기보다는 국제안보의 규범을 적극적으로 "중국화(sinify)"해 나가면서 자신의 권역을 만들어가는 과정으로 보고 있다.[36] 이러한 점에서는 중국이 개입하면서 명백하게 위계적으로 변모할 ASEAN Way를 일본 혹은 미국이 용인할 것인가가 문제가 되는 것이다.

최근 남중국해를 둘러싼 영토분쟁에서 일부 동남아 국가들이 미국과의 협력을 통해 중국을 견제하려 하고 미국이 동아시아정상회의(East Asia Summit, EAS)에 가입함에 따라, ASEAN Way는 동남아 국가들의 균형(balanced), 혹은 양다리 걸치기(hedging) 전략의 무대가 되면서,[37] 중일간의 패권경쟁에서 미중 간의 패권경쟁의 장으로 면모하고 있다는 느낌을 주고 있다. 즉 ASEAN은 아태지역 내의 미중 간 상호견제관계를 이용해 강대국이 지역안보를 주도하는 것을 방지하는 동시에 자신의 영향력을 높이면서 중추적 역할의 여지를 넓히려 하고(김예경, 2008: 323), 오바마 행정부는 동남아에 대한 적극적인 관여 정책을 통해 경제적 이

(complex balance of influence)이라는 용어로 표현한다. E. Goh, 2007/08. 중국과 일본의 동아시아 지역주의 전략을 위해서는 한석희 · 강택구, 2009; 김기석, 2007을 참조할 것.

35) J. Ojendal, 2004를 볼 것.

36) 에반스(Evans)는 중화권(the Sinic zone)을 중국이 그를 통해 세계와 자신의 세계적 지위, 그리고 어떻게 정치가 수행되어야 하는가를 조망해왔고, 앞으로도 조망할 프리즘이라고 지적한다. T. Evans, 2003: 740. 중국의 다자주의 전략에 대한 다양한 분석을 위해서는 박병광, 2010을 참조할 것.

37) J. Ruland, 2011을 볼 것.

익의 증진과 중국에 대한 안보적 제어라는 두 가지 목표를 실현하려 하는 것이다.[38] 따라서 ASEAN Way는 점점 더 미중 간의 양자관계의 변화와 연동되어 진행될 것으로 보인다.

2) 아시아/태평양 협력

현실적으로 권력 분포의 불균형이 현저하고 정치적 · 군사적 신뢰가 충분하지 않은 동아시아 국가 간의 지역협력의 한계를 보완하기 위해서 고려되었던 것이 아시아/태평양의 광역 다자주의의 형태였다. 즉 다자적 협력의 대상을 확대함으로써 동아시아 지역이 갖는 패권적 성격의 대두를 견제하고 포괄적인 규칙의 제정을 용이하게 하며 다른 지역 국가의 협력 경험을 학습할 수 있는 효과를 예상했던 것이며, 열린 지역주의를 표방했던 APEC의 추진이 그 대표적인 예라고 할 수 있다. 하지만 동아시아에서 기능주의와 제도주의의 효율성을 보여줄 수 있는 사례로 간주되었던 APEC은 기대와는 달리 구체적인 성과를 보여주지 못하였다.[39]

광역 다자주의 협력체로서 APEC이 갖는 두 가지 한계는 "정체성"의 문제와 "신뢰성"의 문제라고 할 수 있다(Park and Lee, 2009: 105-107). 다양한 정치적 · 경제적 · 문화적 배경을 가진 국가들을 포괄하는 APEC

---

38) 최근의 미 동남아 정책과 미중관계 연관성에 대한 분석을 위해서는 백창재, 2011을 참조할 것.

39) 화인버그(Feinberg)는 APEC의 20년 역사를 고찰하면서 이 기구가 가치와 정보의 인지적 전파, 경제통합을 촉진하는 정책혁신, 그리고 시행착오적 학습과 지구적 충격에 대한 정책적 대응 등의 측면에서 어느 정도의 성과를 거둔 것으로 평가한다. R. Feinberg, 2007.

이 갖는 정체성의 문제는 출발부터 잠재되어 있었다고 할 수 있다.[40] 이러한 문제는 역내 자유화 과정의 차질과 더불어 표면화되었고,[41] 1997년 아시아 금융위기 이후 APEC에 대한 신뢰성의 문제가 제기됨에 따라 더욱 악화되었다. 특히 금융위기 당시의 APEC의 역할 부재는 많은 국가들이 동아시아 중심의 지역주의를 강조하도록 만드는 결과를 가져왔다.[42] 아시아/태평양 협력을 연구하는 호주 학자인 레이븐힐(Ravenhill)은 다음과 같이 지적한다.

> [동아시아 국가들이 가졌던] 1990년대의 주요한 생각은 국제체제의 다른 지역에서의 [제도적] 발전에 대한 우려, 그리고 1997~98년에 동아시아 경제가 직면했던 문제에 대한 미국의 무관심과 동아시아에 국한된 제도 형성에 대한 좀 더 일반적인 서구의 반대, 양자를 향한 분노였다고 할 것이다.(Ravenhill, 2009: 235)

---

40) 딜릭(Dirlik)의 주장대로 아시아/태평양이라는 개념은 만들어진 것이며 정치적 함의를 갖고 있다. 그는 무엇이 태평양인가라는 질문은 누구의 태평양인가라는 질문과 분리될 수 없다고 말한다. 그의 논의에 따르면 하나의 지역으로서의 태평양은 기본적으로 구미의 창안물이며, 태평양권의 통합이라는 발상은 이 지역의 약소국들에게는 태평양권을 통제하려는 강대국들의 시도로 여겨진다는 것이다. 아리프 딜릭, 1993: 309-310.

41) APEC은 1994년 보고르 선언을 통해 2010년의 선진국, 2020년 개발도상국의 2단계 조치를 통해 자발적이며 합의에 기반한 WTO 수준 이상의 무역자유화를 달성할 것을 천명한 바 있다. 2010년 11월 요코하마 정상회의는 "무역장벽 없는 공동체 지향"의 "요코하마 비전"을 선택하고 도하개발 어젠다(DDA) 협상의 진전을 지지한다고 밝혔지만, 보고르 선언의 구체적인 실현은 이루어지지 않고 있다고 할 수 있다.

42) 이 과정에서도 중국은 상대적으로 무역자유화를, 그리고 일본은 금융협력을 강조하는 차이를 보여준다고 지적된다. 김영철 · 박창건, 2005를 볼 것.

다자주의 포럼인 APEC은 2000년대에는 오히려 역설적으로 쌍무적인 자유무역협정이 체결되는 간접적인 장을 제공하였다. 일부 학자들은 APEC이 교착 상태를 벗어나 광역자유무역지대를 구축할 수 있는, 아니면 OECD 식의 제도 혹은 지역 안보협력체로 변모할 수 있는 가능성을 탐색하고 있다.[43] 하나의 예로 유현석은 미국이 통상 문제를 안보 문제에 연결시키거나 아니면 인간안보의 개념을 포괄함에 의해서 자신의 전략적 의도와 관념을 아시아/태평양 지역국가에 효과적으로 부과하고, 그 결과 APEC이 안보협력체로 기능적 확대를 해나가게 되는 과정을 검토한다.[44] 하지만 이러한 안보적 · 규범적 요소의 연계는 다른 한편으로 기존의 경제협력의 가능성조차도 축소시킬 수 있다는 점을 고려해야 한다.

이와 연관된 아시아/태평양 협력에 관한 정치적 쟁점은 미일, 혹은 한미일이 중심이 되는 동심원적 다자주의의 주장이다. 나우(Nau)는 중국의 부상과 민주국가들 간의 안보공동체 형성의 필요성 등장이라는 동아시아에서의 구조적 변화를 수용할 수 있는 새로운 전략이 미국에 요구되며, 이는 국내적인 정체성에 있어 좀 더 커다란 유사성을 공유한 핵심국가들에서 시작되어 상이한 정치문화 사이에서 안정된 세력의 균형을 이룰 수 있는 형태가 되어야 한다고 주장한다. 그에 따르면 이러한 다자주의 전략은 첫번째는 미국, 일본, 한국, 그리고 호주, 뉴질

---

43) 하지만 저자들은 아시아/태평양 광역무역지대(Free Trade Area of the Asia-Pacific) 안이 장기적으로 검토되고 있고 OECD 모델이나 안보협력체 안의 고려도 중기적으로 유용할 것이나, 가장 가능성 있는 단기적 시나리오는 현 상태의 유지일 것으로 예측한다. S. Park and J. Lee, 2009: 120-122를 볼 것.

44) H. Yu, 2008. 저자는 이러한 전환이 9.11과 그에 이은 반테러전의 수행에 의해 촉발되었다고 해석하면서 2003년 방콕회의를 통해 인간안보의 개념이 도입되고 안보협력의 제도화가 이루어졌다고 설명하고 있다.

랜드, 그리고 두 번째는 인도와 동남아시아 국가들, 그리고 마지막으로 중국의 순서로 안보관계를 다자화하는 동심원적인 성격을 갖는다(Nau, 2002, ch. 6).

비슷한 맥락에서 펨펠(Pempel)은 지정학적인 전환, 사적인 자본흐름의 역할 증대, 그리고 다자적 기구의 수와 중요성의 증대를 아시아/태평양 지역 변화의 세 동력으로 파악하고, 미국의 아태전략의 근간이던 미일동맹을 쌍무주의를 넘어서는 형태로, 즉 다자주의의 축으로 전환해야 한다고 지적하고 있다.[45] 즉 민주적이거나 정부 간 관계의 영역을 벗어나는 다양한 의제를 관리하기 위해서는 미일 간의 쌍무적 관계의 목표와 성격이 좀 더 포괄적인 것으로 변모해야 한다는 것이다(Krause and Pempel, 2004, ch. 1). 하지만 외환위기에 이어서 2008년의 금융위기 이후 미국의 영향력이나 자유화의 결과에 대해 또 다시 부정적인 입장을 표시하고 있는 동아시아 국가들 사이에서 이와 같은 민주평화론에 입각한 다자주의 모델이 얼마나 설득력을 가질 수 있는지는 확실하지 않다. 또한 미일 중심의 구도로의 재편이 중국의 지역 내지는 세계전략과 장기적으로 양립할 수 있는가의 문제도 제기될 수 있다.[46]

박재적은 미국과 그 동맹국이 동아시아에 갖고 있는 양자관계를 hub-and-spoke의 구조로 표현하면서, 이는 잠재적인 위협에 대항하는 것과 동시에 바람직하지 못한 다자주의적 안보질서에 대한 대응 수단

---

45) 스즈키(Suzuki)는 미일동맹을 조율하는 핵심 요소를 공동의 위협인식, 공유된 민주적 가치, 그리고 국제규범의 세 가지로 간주한다. M. Suzuki, 2010을 볼 것. 조혜란과 모종린은 한미일 삼자주의를 다루면서 삼자적인 협력구도가 동아시아에서의 안보, 경제, 그리고 인권협력의 세 분야에서 시너지 효과를 거둘 수 있다고 지적한다. H. Jo and J. Mo, 2010을 참조할 것. 하지만 이러한 모든 의제에 대한 다자주의적 협력에 중국(혹은 북한)이 참여하기에는 한계가 있는 것이다.

46) 최근 미국과 일본의 환태평양 경제동반자협정(Trans-Pacific Partnership, TPP) 중시전략과 중국의 역내 FTA 정책 사이의 마찰도 하나의 예일 것이다.

으로써 사용된다고 본다.[47] 허(He)와 펑(Feng)은 "왜 아시아에는 NATO가 존재하지 않는가"라는 질문을 전망이론(prospect theory)을 사용해서 재검토하면서, 높은 위협의 지역에서는 다자주의 전략이, 낮은 위협의 지역에서는 양자주의 전략이 채택된다고 분석하였다.[48] 이와 같은 연구에 따르면 21세기 동아시아에서 미국과 그 동맹국들이 중국의 위협을 어떻게 인식하는가에 따라 그들의 다자주의 전략의 방식과 강도가 결정될 것이라고 볼 수 있다. 하지만 여기서의 위험성은 중국 위협의 논의가 어떠한 면에서는 자기충족적인(self-fulfilling) 예언이 될 수 있다는 점일 것이다.[49]

3) 한중일 삼자주의

이 부분에서 검토될 동아시아 다자주의의 세 번째 제도적 디자인은 동북아시아의 세 나라, 즉 한국, 중국, 일본을 구성원으로 하는 삼자주의(trilateralism)의 형태이다. 물론 이 자체가 디트머가 이야기하는 전략적 삼각관계의 속성을 갖거나 이 지역 다자주의의 완결된 모델이 될 수는 없을 것이며, 나름대로의 자율성을 가지면서 지역의 다자적 협력의 중추(hub)로 기능하는 것을 상정해볼 수 있을 것이다. 삼국 간 협력논의의 역사적 원형은 안중근의 동양평화론에서 찾을 수 있다.[50] 옥중에서

47) J. Park, 2011을 볼 것.

48) K. He and H. Feng, 2011을 참조할 것. 이 질문은 원래 C. Hemmer and P. Katzenstein, 2002를 통해 제기되었다.

49) 그러한 면에서 결국 한 국가 혹은 다수의 국가에 의한 안보화(securitization)의 과정과 그 결과가 중요성을 갖는다고 할 수 있다.

50) 이는 근대한국이 모색했던 동맹론, 균세론, 중립론, 연대론, 정립론의 다양한 방향 중에서 연대 내지는 정립의 입장에 해당한다. 이와 같은 논의의 내용을 위해서는 손열, 2006, 제2장을 참조할 것.

집필한 동양평화론에서 안중근은 여순을 중립화하여 한국, 중국, 일본 3국이 운영하는 동양평화회의의 본부를 설치할 것을 제안하였고, 평화지역의 창설, 공동개발은행의 설립, 공동화폐 발행 등의 구체적인 안을 제시하였다. 이는 한 · 중 · 일 3국이 각각 독립을 유지하면서 서로 협력해서 서세동점에 대응할 것을 기본적인 주장으로 하고 있다.[51)]

이와 같은 삼자주의의 현대적인 형태는 한중일 정상회의라 할 수 있을 것이다. 삼국은 1999년 이후 매년 ASEAN+3에서 3국 정상회의를 개최하였으며, 2008년부터는 ASEAN+3와 별도로 이를 정례화하여 독자적인 포럼으로 발전시켰다. 2008년에는 후쿠오카에서, 2009년에는 북경에서 회의가 개최되었고, 2010년에는 한국에서 3차 정상회의가 열렸다. 내용 면에서는 초기에는 경제, 인적, 문화교류, 대 ASEAN 협력 등의 문제가 중심이 되었으나, 점차 비전통적 안보의 문제(재난관리, 해양구조)와 주요한 지역 및 국제 문제(북핵 문제, 기후변화) 등으로 그 범위가 확대되었다.[52)] 그리고 일본 지진과 쓰나미 사태 이후 동경에서 열린 제4차 정상회의에서는 당시의 상황에 맞게 재난관리 및 원전안전에 대한 협력방안이 집중적으로 논의되었다.[53)]

---

51) 강동국은 동양평화론이 민족주의와 지역주의를 결합하여 제국주의에 대항한 사상이었다는 점에서 독보적인 역사적 의의를 가지나, 제국에 의해 왜곡되어 있던 당시 동아시아의 지식과 정보 네트워크에 의해서 영향을 받은 결과 타 지역/세계와의 관계 설정과 지역통합의 이념에 있어서 한계를 드러내고 있다고 지적한다. 그는 그러한 한계 중에 대표적인 것이 닫힌 지역주의와 인종론의 문제라고 보고 있다. 강동국, 2009: 434.

52) 비전통적 안보의 문제 중 한중일 삼국의 협력이 가장 잘 제도화되고 있는 것은 환경안보의 영역이라고 할 것이다. 1999년 설립된 한중일 환경장관회의는 매년 정례화된 회담을 개최하고 있으며, 각국의 시민단체들 또한 다양한 다자협력기구를 상설화하고 있다. 최종건, 2009: 47-48.

53) 2012년 베이징에서의 제5차 정상회의에서는 역내 교역 및 투자 활성화를 논의하였으나, 영토문제의 대두로 말미암아 협력적인 분위기는 조성되지 못하였다.

2009년 10월 북경회의의 한중일 협력 10주년 공동성명에서 삼국은 다음과 같이 천명하였다.

> 우리는 상호존중, 평등, 공동이익, 개방성, 투명성 및 다양한 문화존중이 삼국협력의 근간이라고 믿는다. 이는 또한 향후 삼국협력이 준수해야 할 기본원칙이 될 것이다. 삼국은 역사를 직시하고 미래를 지향하는 정신으로 협력의 가능성을 모색하고 그 영역을 확대시켜나갈 것이다. 우리는 선린우호, 상호신뢰, 포괄적 협력, 상호이익 및 공동발전의 방향으로 삼국협력을 추진해나갈 것이다. 우리는 이러한 노력들이 세계평화와 안정 및 번영에 기여할 것으로 확신한다.[54]

그리고 이 성명은 정치적 상호신뢰 증진, 상호 유익한 협력 증진, 인적교류 확대, 아시아의 평화, 안정 및 번영 증진, 범지구적 문제에 대한 적극적인 대응의 사항에 대하여 동의하였다고 밝혔다.

삼국 정상회의를 통해 가장 기대가 되었던 것은 한중일 FTA의 의제였다. 즉 각각의 쌍무적 FTA의 체결에 있어 어려운 점을 삼자 간에 좀 더 유연한 방식으로 해결할 수 있는 가능성을 탐색하려는 것이다.[55] 삼국 FTA의 문제에 가장 관심을 갖고 있는 나라는 중국이다. 중국은 사실상 동북아를 지역협력의 우선순위에 두지 않고 있으며, 동아시아에서 한중일이 협력할 수 있는 부분은 제한적이라고 판단하면서도, 삼국 정상회의에 대해서는 가장 적극적이다. 그 이유 중의 하나가 바로

54) 외교통상부, 비공식번역문, p.2.

55) 한중일 FTA의 의미에 대해서는 강형욱, 2007을 볼 것. 일본학자들도 동아시아 국가들의 미국과 유럽 시장에 대한 의존성을 지적하며 글로벌 금융위기 이후 한중일 삼국이 통상구조의 불균형을 해소하기 위해 협력해야 한다고 주장한다. I. Kuroiwa and H. Ozeki, 2010을 참조할 것.

한중일 FTA에 대한 기대인 것이며, 중국은 궁극적으로는 3+ASEAN 형태의 광역자유무역지대 구축을 구상하고 있는 것이다.[56] 하지만 글로벌 금융위기 이후 삼국 간의 금융/통화협력의 의제가 더 큰 관심의 대상이 되었고, 삼국 FTA의 추진은 잠정적으로 유보된 바 있었다.[57] 그러나 최근 협상 개시가 선언되면서 각국의 손익계산과 국내적 협의가 뒤따를 것으로 예상되며, 삼국 FTA는 다시 이른바 "원 아시아(One Asia)"의 구심점으로 주목을 받게 되었다.

한중일 삼자주의의 제한점 중의 하나는 북한 문제를 비롯한 동북아 안보 문제에 있어서의 이견의 존재이다. 3차 정상회의 시 천안함 사태에 대한 삼국의 이견 노출은 아직도 안보 문제에 대한 인식이 서로 다르다는 점을 보여주었고, 이러한 위협인식의 차이는 한편으로는 중국, 북한, 러시아 그리고 다른 한편으로는 일본, 한국, 미국의 대립이라는 또 다른 냉전적 대립구도로의 회귀를 초래할 수도 있다. 하지만 가장 근본적이고 장기적인 한계는 한반도의 통일, 하나의 중국, 일본의 보통국가화라는 동북아의 "정상화의 역동성"을 과연 이 삼자주의가 포용해 나갈 수 있는가의 문제라 할 수 있다. 또한 세 나라 사이의 권력 분포의 불균형이 다원적인 합의를 제약하는 구조적 조건으로 실재하는 것도 부인할 수 없다.[58]

그렇지만 이러한 비대칭성이 한국에게 나름대로의 역할을 제공하게 되는 측면을 고려해볼 수도 있다. 한국의 한중일 정상회의 협력사무국 유치의 사례에서 보는 것처럼 중국과 일본이 서로 유보적인 문제에

56) 장윈링, 2010을 볼 것.

57) NEAR재단 편, 2011, part 6를 참조할 것.

58) 이와 같은 맥락에서 삼국보다는 베이징-서울-도쿄를 연결하는 소위 베세토 라인의 초국가적 도시 네트워크를 구축하는 것이 더 효과적인 협력 통로가 될 수 있다는 주장도 가능하다.

대해서 한국이 균형적, 혹은 중재적인 역할을 행사할 수 있는 가능성이 열릴 수도 있는 것이다. 노무현 행정부 시기 한국은 자신이 동북아의 평화와 번영을 위한 균형자 역할을 할 것이라고 주장한 바 있었다. 그러나 이 "동북아 균형자론"은 과연 한국이 지역의 균형자로서 적절한 능력을 갖고 있는가, 그리고 이러한 역할이 한미동맹의 존재와 양립할 수 있는가라는 점에서 비판의 대상이 되었다.[59] 그러나 중일 사이에서의 삼자적 역할 모색은 미중 사이에서의 그것보다는 상대적으로 현실적일 수 있다는 점에서 한중일 삼자주의가 갖는 효용성을 검토할 수 있을 것이다.[60]

그럼에도 불구하고 한중일 삼자주의의 장래는 중일 당사자 간의 양자적 협력 여부에 달려 있다. 중국 중앙당학교의 교수인 먼(Men)은 다음과 같이 이야기한다.

> 통찰력은 우리에게 중일관계가 동아시아 질서의 미래에 있어 핵심적임을 말해준다. 중국과 일본은 지역질서 형성에 점점 더 준비되어 있는 것으로 보이지만, 그들은 자신의 심각한 경쟁이 그들의 전략적 이익을 제한하고 있음을 깨닫고 있다. 양국의 공동이익을 바탕으로 한 양자적인 협력

59) 배종윤은 이러한 요인 외에도 논의에 대한 개념적 · 이론적 고찰이 부족했던 점, 노무현 정부 자체가 자신감을 결여하고 있었다는 점, 정치적 성격이 강했던 점, 대내외적인 정책적 신뢰를 얻는 데 실패했던 점 등을 지적하면서 외교정책상의 딜레마를 해결하기 위한 선택이 오히려 신중함에 대한 평가를 훼손시키고 딜레마를 더욱 심화시키는 결과를 가져왔다고 비판한다. 배종윤, 2008: 109-111.

60) 송백석은 동북아의 지역체제를 양극적 다극체제로 분석하고 한국이 자신의 역할을 동북아에서의 중재적인 것으로 한정할 경우 의미 있는 균형적 역할을 수행할 수 있을 것이라고 전망한다. 그는 이를 위한 실천적 정책방향으로 첫째, 미국과의 동맹 유지라는 큰 틀을 손상시키지 않으면서 대외 자율성을 유지하고, 둘째, 지속적인 대북포용정책을 유지하면서 북한과 신뢰를 쌓는 두 가지를 제시한다. 송백석, 2006.

적 구도를 구축하는 것이 유일하게 가능한 통로이다. 현존하는 전략적 상호관계는 주로 양자적인 관계, 특히 그 관계를 어떻게 안정화하는가에 관련되어 있다. 그 다음 단계는 이러한 양자적인 전략적 상호관계를 어떻게 다른 지역전략들에 연결시켜서 동아시아를 위한 전반적인 공동이해의 구도를 형성하는가 하는 것이다. 이와 같은 방향으로의 움직임은 동아시아 질서 형성에 있어 진전을 의미하게 된다.

중국과 일본에게 이러한 이상은 커다란 도전일 뿐만 아니라 공전의 기회이기도 하다. 위대한 국가들은 그들이 행동하기 전에 사고해야 한다. 지금이 중국과 일본이 그들의 이익과 책임에 대해 국가적 · 지역적, 그리고 전 지구적으로 좀 더 분명하게 생각하기 시작하고, 그들의 국민과 아시아, 그리고 전 세계를 이롭게 할 전략적 선택에 따라 움직여야 할 시점이다.(Men, 2010: 82)

4. 결론: 한국의 전략

동아시아 전략환경을 구성하는 양자관계와 다자주의의 분석은 두 메커니즘 사이의 밀접한 상호작용을 보여주고 있다. 즉 ASEAN Way는 미중관계의 역동성의 장이 되고 있고, 아시아/태평양 협력은 미일관계의 연속성을 반영하며, 한중일 삼자주의는 중일관계의 모호성의 영향을 받고 있다. 전 지구적인 수준이나 다른 지역의 국제관계에 비교해볼 때 동아시아가 보여주는 특징은 양자관계가 다자주의를 상대적으로 압도하고 있다는 점이며, 이러한 이유에서 동아시아 국제관계는 여전히 자유주의나 구성주의보다는 현실주의 이론이 설명력을 갖는 분석 대상이라고 할 수 있다.

그러한 점에서 볼 때 지역적 수준의 집합적 행동보다는 개별 국가의 전략적 행태의 의미가 더 크다. 따라서 구조의 변화를 정확하게 이해하고 이에 알맞은 주체의 선택 여지를 확보해나가는 것이 필요하다고 할 수 있다. 이러한 과정에는 새로운 전략환경 아래서 어떻게 "위협인식(threat perception)"과 "역할구상(role conception)"을 적절하게 설정할 것인가의 문제가 중요하게 되며, 이는 고전적 현실주의가 강조하는 "신중성(prudence)"을 필요로 하는 것이다.[61]

한국의 장기적 전략의 수립을 위해서는 미중관계의 역동성을 면밀히 관찰하고, 미일관계의 연속성에 지나치게 함몰되지 않으면서, 중일관계의 모호성을 부분적으로 해결해나갈 수 있는 방법을 모색하는 것이 필요하다.[62] 이는 다자주의적인 면에 있어서 한중일 삼자주의를 적극적으로 활용하여 ASEAN Way나 아시아/태평양 협력에서 협력적인 전환을 이끌어내려는 시도를 의미한다. 즉 한국은 중국위협론과 중국포위론의 어느 한편에 치우치지 않는 위협인식과 이를 바탕으로 한 중일협력의 실질적인 촉진자/동북아 지역주의의 추진자라는 역할구상의 설정을 목표로 해야 할 것으로 생각된다.

그러나 이와 같은 규범적 주장은 분명한 현실적 제약을 갖는다. 즉 미국을 배제한 안보 논의의 한계와 위에서 언급된 한중일 협력이 갖는 구조적 제약의 문제가 존재하는 것이다. 따라서 중일협력의 촉진과 그를 통한 동북아 지역주의의 추진은 전통적인 상위정치와 하위정치를 넘어서서 환경, 자원, 기술, 원전안전, 문화, 학술, 교육, 관광 등의 다양한 의제를 발굴하고 협력 방법에 대한 구체적인 소프트웨어를 제시하는 지난한 노력이 수반되어야 한다. 또한 이와 같은 한중일 협력은

---

61) 각각의 개념을 위해서는 R. Baldwin, 1971; K. J. Hosti, 1970; 노재봉, 1985를 볼 것.

62) 이와 더불어 2012년에 이루어진 한국, 중국, 일본, 그리고 미국의 국내정치적 전환과 그 영향에 대한 분석 또한 필수적이라고 할 것이다.

중단기적으로는 그것이 어떻게 주한미군의 지속적인 주둔과 양립될 수 있으며, 북한 문제가 삼국 간의 갈등이 아닌 협력의 근원이 될 수 있는가라는 난제 또한 해결할 수 있어야 하는 것이다.

▶▶▶ 참고문헌

강동국, 2009, 「동아시아의 관점에서 본 안중근의 동양평화론」, 안중근의사기념사업회, 『안중근과 그 시대』, 경인문화사.

강형욱, 2007, 『한중일 FTA의 경제적 효과와 추진전략』, 삼인.

골드만 삭스, 2007, "BRICs and beyond."

김기석, 2007, 「일본의 동아시아 지역주의 전략: ASEAN+3, EAS 그리고 동아시아 공동체」, 『국가전략』, 13(1).

김영철 · 박창건, 2005, 「외환위기 이후 동아시아 지역주의: 한 · 중 · 일 3국을 중심으로」, 『한국과 국제정치』, 21(3).

김예경, 2008, 「중미 간의 세력경쟁과 아세안의 균형전략(balanced strategy): 약소국의 중추적 역할(pivotal role) 찾기」, 『한국정치학회보』, 42(1).

노재봉, 1985, 「Prudence에 대한 소고」, 『사상과 실천』, 녹두.

딜릭, 아리프, 1993, 「아시아, 태평양이라는 개념: 지역구조 창설에 있어서 현실과 표상의 문제」, 김영희 역, 『창작과 비평』, 73.

박병광, 2010, 「중국의 다자안보협력에 대한 이론과 실천」, 제주평화연구원 편, 『동아시아 다자협력의 제도화: 이론적 논의와 추진방안』,

박영준, 2007, 「21세기 미일동맹의 변환과 일본 방위체제 변화」, 『국가전략』, 13(2).

박인휘, 2006, 「세계정치와 동북아 안보: 중일 갈등을 통해 본 균형과 간극」, 『세계정치』, 5.

배종윤, 2008, 「동북아시아 지역질서의 변화와 한국의 전략적 선택: '동북아 균형자론'을 둘러싼 논쟁의 한계와 새력균형론의 이론적 대안」, 『국제정치논총』,

48(3).
백창재, 2011,「미중관계와 미국의 동남아 정책」, 서울대 아시아연구소 편,『동남아 지역에서의 미중관계의 현황과 전망, 그리고 한국의 대응전략』.
서울대학교 국제문제연구소 편, 2005,『세계정치 3: 세계정치와 제국』.
서정경, 2010,「동아시아지역을 둘러싼 미중관계: 중국의 해양대국화를 중심으로」,『국제정치논총』, 50(2).
손열, 2010,「동맹과 공동체 사이의 일본: 21세기 권력이동과 재균형의 모색」,『일본연구논총』, 31.
손열 편, 2006,『동아시아의 지역주의: 지역의 인식, 구상, 전략』, 지식마당.
송백석, 2006,「동북아체제구조 측면에서 본 한국의 '동북아 중재자' 역할」,『한국과 국제정치』, 22(2).
신욱희, 1999,「미국 동아시아 정책의 역사적 고찰: 식민주의, 냉전, 탈냉전」,『미국학』, 22.
신욱희, 2010,「동아시아 다자주의의 제도적 디자인: 세 유형의 비교」, 제주평화연구원 편,『동아시아 다자협력의 제도화: 이론적 논의와 추진방안』.
신욱희, 2012,「미중일 관계의 전망에 대한 이론적 검토: 통합적 이론으로서 위협균형/위협전이론」,『아시아리뷰』, 2(1).
이용희, 1962,『일반국제정치학(상)』, 박영사.
이용희, 1994,『미래의 세계정치』, 민음사.
장원링, 2010,「중국의 대전략과 아시아 지역주의」, 문정인,『중국의 내일을 묻다』, 삼성경제연구소.
최종건 · 박창원, 2010,「방패와 창의 안보딜레마: 일본의 TMD 구축과 중국의 대응 역학관계를 중심으로」,『한국과 국제정치』, 26(3).
최종건, 2009,「패권국 지위 변화와 동북아 질서 재편: 동북아 다자협력질서의 특징을 중심으로」,『한국과 국제정치』, 25(4).
필니, 카를 , 2006,『아시아의 세기』, 이미옥 역, 에코리브르.
한석희 · 강택구, 2009,「동아시아 공동체 형성과 중국의 인식: EAS에 대한 정책적 함의」,『한국정치학회보』, 43(1).
NEAR재단 편, 2011,『신삼국지, 중국화 파고 속의 한국』, 매일경제신문사.

Acharya, A. and A. Johnston(eds.), 2008, *Crafting Cooperation: Regional International Institutions in Comparative Perspective*, Cambridge University Press.

Acharya, A., 2000, *Constructing a Security Community in Southeast Asia: ASEAN and the Problem of Regional Order*, Routledge.

Baldwin, R., 1971, "Thinking about Threats," *Journal of Conflict Resolution*, 15(1).

Calder, K., 1988, "Japanese Foreign Economic Policy Formation: Explaining the Reactive State," *World Politics*, 40(4).

Christensen, T., 1999, "China, the U.S.-Japan Alliance, and the Security Dilemma in East Asia," *International Security*, 23(4).

Dittmer, L., 1981, "The Strategic Triangle: An Elementary Game-Theoretical Analysis," *World Politics*, 33(4).

Evans, T., 2003, "The PRC's Relationship with the ASEAN Regional Forum: Realpolitik, Regime Theory or a Continuance of the Sinic Zone of Influence System?" *Modern Asian Studies*, 37(3).

Feinberg, R., 2007, "Voluntary Multilateralism and Institutional Modification: The First Two Decades of Asia Pacific Economic Cooperation(APEC)," *The Review of International Organization*, 3(3).

Feng, H., 2005, "The Operational Code of Mao Zedong: Defensive or Offensive Realist?" *Security Studies*, 14(4).

Firiedberg, A., 1993/1994, "Ripe for Rivalry: Prospect for Peace in a Multipolar Asia," *International Security*, 18(3).

Friedberg, A., 2005, "The Future of U.S.-China Relations: Is Conflict Inevitable?" *International Security*, 30(2): 39.

Friedman, G. and M. Lebard, 1991, *The Coming War with Japan*, St. Martin's Press.

Garrett, G., 2010, "G2 in G20: China, the United States, and the World after the Global Financial Crisis," *Global Policy*, 1(1).

Goh, E., 2007, "Great Powers and Hierarchical Order in Southeast Asia: Analyzing Regional Security Strategies," *International Security*, 32(3).

Halper, S., 2010, *The Beijing Consensus: How China's Authoritarian Model Will*

Dominate the Twenty-first Century, Basic Books.

He, K., and H. Feng, 2011, "'Why Is There No NATO in Asia?' Revisited: Prospect Theory, Balance of Threat, and US Alliance Strategies," *European Journal of International Relations*.

He, Y., 2007, "History, Chinese Nationalism and the Emerging Sino-Japanese Conflict," *Journal of Contemporary China*, 16.

He, Y., 2008, "Ripe for Cooperation or Rivalry? Commerce, Realpolitik, and War Memory in Contemporary Sino-Japanese Relations," *Asian Security*, 4(2).

Heller, D., 2005, "The Relevance of the ASEAN Regional Forum(ARF) for Regional Security in the Asia-Pacific," *Comtemporary Southeast Asia*, 27(1).

Hemmer, C. and P. Katzenstein, 2002, "Why Is There No NATO in Asia: Collective Identity, Regionalism, and the Origins of Multilateralism," *International Organization*, 56(3).

Hosti, K. J., 1970, "National Role Conceptions in the Study of Foreign Policy," *International Studies Quarterly*, 14(3).

Hughes, C., 2007, "Not Quite the 'Great Britain of the Far East': Japan's Security, the US-Japan Alliance and the 'War on Terror' in East Asia," *Cambridge Review of International Affairs*, 20(2).

Huntington, S., 1993, "The Clash of Civilizations?" *Foreign Affairs*, Summer.

Iriye, A., 1992, *China and Japan in Global Setting*, Harvard University Press.

Jo, H. and J. Mo, 2010, "Does the United States Need a New East Asian Anchor?: A Case for US-Japan-Korea Trilateralism," *Asia Policy*, 9.

Johnston, A., 2003, "Is China a Status Quo Power?" *International Security*, 27(4).

Johnston, A., 2011, "Chinese Foreign Policy in 2010: How Assertive Is 'Assertive'?" MacArthur Seminar, Seoul National University.

Kennedy, P., 1987, *The Rise and Fall of the Great Powers: Economic Change and Military Conflict From 1500 to 2000*, Random House.

Khong, Y. F. and H. Nesadurai, 2008, "Hanging together, Institutional Design, and Cooperation in Southeast Asia: AFTA and the ARF," in A. Acharya and A.

Johnston(eds.), *Crafting Cooperation: Regional International Institutions in Comparative Perspective*, Cambridge University Press.

Krause, E. and T. J. Pempel(eds.), 2004, *Beyond Bilateralism: US-Japan Relations in the New Asia-Pacific*, Stanford University Press.

Kuroiwa, I., and H. Ozeki, 2010, "Intra-regional Trade between China, Japan, and Korea: Before and After the Financial Crisis," Institute of Developing Economies Discussion Paper No. 237.

Lampton, D., 1998, "China," *Foreign Policy*, 110, Spring.

Lee, G., 2010, "The Clash of Soft Powers between China Japan: Synergy and Dilemma at the Six-Party Talk," *Asian Perspective*, 34(2).

Mahbubani, K., 2008, *The New Asian Hemisphere: The Irresistible Shift of Global Power to the East*, PublicAffairs.

Mastanduno, M., 1997, "Preserving the Unipolar Moment: Realist Theories and U.S. Grand Strategy after the Cold War," *International Security*, 21(4).

Mearsheimer, J., 1990, "Back to the Future: Instability in Europe after the Cold War," *International Security*, 15(1).

Men, H., 2010, "East Asia Order Formation and Sino-Japanese Relations," *Indiana Journal of Global Legal Studies*, 17(12).

Mochizuki, M., and M. O'Hanlon, 1998, "A Liberal Vision for the US-Japan Alliance," *Survival*, 40(2).

Nau, H., 2002, *At Home Abroad: Identity and Power in American Foreign Policy*, Cornell University Press.

Nye, J., 2004, *Soft Power: The Means to Success in World Politics*, PublicAffairs.

Ojendal, J., 2004, "Back to the Future? Regionalism in South-east Asia under Unilateral Pressure," *International Affairs*, 80(3).

Park, J., 2011, "The US-led Alliances in the Asia-Pacific: Hedge against Potential Threat or an Undesirable Multilateral Security Order?" *The Pacific Review*, 24(2).

Park, S. and J. Lee, 2009, "APEC at a Crossroads: Challenges and Opportunities,"

Asian Perspective, 33(2).

Ravenhill, J., 2009, "East Asian Regionalism: Much Ado about Nothing?" *Review of International Studies*, 35.

Ross, R., 1999, "The Geography of the Peace: Great Power Stability in Twenty-first Century East Asia," *International Security*, 23(4).

Ross, R., 2009, *Chinese Security Policy: Structure, Power and Politics*, Routledge.

Ruland, J., 2011, "South Asian Regionalism and Global Governance: "Multilateral Utility" or "Hedging Utility?" *Contemporary Southeast Asia*, 33(1).

Russett, B., 1985, "The Mysterious Case of Vanishing Hegemony: Or Is Mark Twain Really Dear?" *International Organization*, 39(2).

Serra, N. and J. Stiglitz(eds.), 2008, *The Washington Consensus Reconsidered: Towards a New Global Governance*, Oxford University Press.

Suzuki, M., 2010, "The Politics of Coordination and Miscoordination in the Post-Cold War United States-Japan Alliance: From a Japanese Perspective," *International Relations of the Asia-Pacific*, 10.

Twomey, C., 2010, *The Military Lens: Doctrinal Difference and Deterrence Failure in Sino-American Relations*, Cornell University Press.

US Department of Defence, 2010, "Annual Report to Congress: Military Power of the People's Republic of China 2010."

Van Evera, S., 1990/1991, "Primed for Peace: Europe after the Cold War," *International Security*, 15(3).

Wang, Y., 2004, "Offensive Realism and the Rise of China," *Issues and Studies*, 40(1).

Wendt, A., 1987, "The Agent-Structure Problem in International Relations Theory," *International Organization*, 41(3).

World Bank, 2011, "The Recent Earthquake and Tsunami in Japan: Implications for East Asia," *East Asia and Pacific Economic Update*, vol. 1.

Wu, X., 2005, "The End of the Silver Lining: A Chinese View of the U.S.-Japanese Alliance," *The Washington Quarterly*, 29(1).

Yu, H., 2008, "Explaining the Functional Expansion of a Regional Organization: The Case of Security Cooperation within APEC," *Pacific Focus*, 23(3).

제3장

울릉도의 토속지명으로 본 자원과 경계

전경수

1. 서론: 문서와 기억*

하나의 바다를 가운데 두고 양자가 서로의 권리를 주장하는 현상, 니전투구의 판에 필자가 개입하고 싶은 생각은 없다. 그러나 현실적으로 한반도와 일본열도 사이에 있는 바다와 그 바다의 한가운데 있는 바위섬의 영유권을 놓고 공방이 벌어지고 있는 해역에 직접적으로 관련되는 문제에 관심을 피력함에 있어서는, 그 니전투구의 판에 개입할 수밖에 없는 것이 현재의 입장이다. 그러나 필자는 진실을 추구하는 학문의 입장에서 본고를 정리하는 것이지, 재판에 임하는 법률가의 견해나 권력을 수행하는 정치가의 견해가 아니라는 점을 분명히 하고자 한다. 현재 진행되고 있는 문제에 대해서 필자의 견해를 간략하게 정리하면 다음과 같다.

본래 바다, 그리고 바다를 무대로 하여 살아가는 사람들의 삶에 대하여 우리는 어떤 생각을 하고 있는가 하는 문제이다. 육지를 배경으로 살아가는 사람들의 세계관과는 다른 삶의 방식을 갖고 있음에 이론(異論)이 있을 수 없다. 바다를 배경으로 살아가는 사람들의 삶은 기본적으로 물고기의 유영을 따라다니는 것이고, 그 물고기를 포획하기 위한 여러 가지 방법을 삶에서 구현한다. 따라서 움직이지 않는 "지역(地域)"이라는 배경을 인식기반으로 하여 움직이고 있는 "해역(海域)"을 바라보

---

* 울릉도에서 수행된 자료수집에는 독도박물관의 이승진 관장과 강경혜 학예사, 그리고 울릉군 김기백 과장의 도움이 컸다. 오키노시마의 자료수집에는 국제일본문화연구소의 고마츠(小松) 부소장과 관서학원대학의 야마 요시유키(山 泰幸) 교수 그리고 오키노시마 노베(野邊) 씨의 도움이 컸음을 밝힌다. 오사카 덴노지동물원(天王寺動物園)에서는 가지의 박제품들을 관찰하는 것이 가능하였다. 이 과정에서는 나의 친구이며 고고학자인 오노 사치오(大野左千夫) 선생의 도움이 컸고, 동물원 관계자의 협조가 있었다. 여러분들의 자료수집 협조에 대해서 이 자리를 빌려 감사 말씀을 드린다.

는 관점은 최소한도 일정의 수정이 필요하다. 해역을 지역처럼 생각하여, 실효지배를 주장하는 점에 대해서 재고할 필요가 있다는 것을 역설하고자 한다. 즉 세상을 바라보는 세계관이라는 점에서 해역은 지역과는 다르다는 점을 먼저 인정하는 것이 순서이다. 그러한 세계관, 즉 삶의 방식이 현재 쟁점이 되고 있는 해역에 어떻게 반영되어 있는가 하는 점을 추구하는 것이 본고의 목적과 맞는다고 할 수 있다.

일본측에서는 "일본해(日本海)"라고 주장하고, 한국측에서는 "동해(東海)"라고 주장하는 해역, 그 해역에 존재하는 작은 바위섬의 명칭과 영유권에 대해서 진행되고 있는 공방은 무한에 가깝기도 하고 극도의 감정적 수준에 이르렀다는 점이 현실이다. 국가 수준에서 진행되는 공방의 종국은 전쟁(WAR)일 수 있다는 가능성도 배제할 수가 없다. 실제로 그러한 움직임이 전혀 없는 것도 아니라는 점에 전율을 느낀다. 서로 "우리가 옳다(We Are Right)"라는 주장은 평행선을 긋고 있고, 그 끝은 전쟁일 수밖에 없다. 외교분쟁이 군사분쟁으로 연장되는 것은 얼마든지 가능하기 때문이다. 이러한 문제는 좀 더 큰 맥락에서 다루어야 할 것이다. 예를 들면, 전후처리 문제라는 틀에서 생각해야 한다. 따라서 이 글은 단연코 국가 수준에서 진행되고 있는 논리와는 별개임을 분명하게 하고 있기 때문에, 본고의 본래의 의도와는 무관한 외교적 · 정치적 맥락에서 이 글의 전부 또는 일부가 재해석되는 것은 바람직한 일이 아니다.

외교분쟁은 기본적으로 문서에 기반하고 있다. 역사는 글자에 의한 것도 있지만, 바다를 배경으로 살아가는 사람들이 인식하는 역사라는 것은 몸에 의한 역사도 있고, 물건에 의한 역사도 있고, 기억에 의한 역사도 있고, 구전(말과 노래 등)에 의한 역사도 있다. 문서라는 단편에만 의존하는 역사란 바다를 배경으로 살아가는 사람들의 삶의 방식을 설명함에 있어서는 일부일 수는 있지만 전부일 수는 없다는 점을 인식하는 것이 타당하다. 즉 문서에만 의존하지 않는 해민들의 생활방식이 있고, 그것을 이 글에서 어떻게 취급할 것인가 하는 문제의식이 있을 수 있다. 문서로 나타나지 않는 것은 우리의 인생살이에 아무런 의미를 갖지 못하는 것인가? 국가권력을 배경으로 하는 문서, 국가가 권력의 행사를 위하여 이용하는 여러 종류의 문서가 있을 수 있는데, 이러한 문서와는 별개의 삶을 구성하는 영역을 우리는 기억이라는 장으로 다룰 수 있다. 소위 비문자사회의 역사를 어떻게 다룰 것인가 하는 문제의식이며, 이 영역은 주로 인류학자들이 배타적으로 다루어온 토속지(ethnography)의 장르로 이해할 수 있다. 문서류와 기억이 일치하는 때에는 별 문제가 없지만, 양자의 내용이 배치될 때에는 각각의 내용에 관해서 질적비판의 과정을 거치는 것이 당연하다. 문서류에 대해서는 일찍이 '사료비판'(베른하임이 지적한 것)이라는 이름으로 진행되어왔고, 기억에 대해서는 최근에 인류학자들이 제기한 문제이다.

기억의 내용에 대한 질적비판은 다음과 같이 진행될 수 있다. 첫째, 기억의 내용과 관련된 문서류와의 비교검토에 의해서 기억된 내용의 타당성과 사실성을 검증할 수 있다. 둘째, 문제가 된 기억의 내용이 동일한 진술자의 다른 기억 내용과의 비교검토가 있을 수 있다. 셋째, 기억의 내용을 진술자와 동시대를 살았던 다른 사람들이나 같은 경험을 했던 다른 사람들의 기억 내용과 비교검토하는 과정이 필수적이다. 일종의 크로스체크의 필요성을 강조하는 것이다. 이러한 과정을 거쳐서 정리된 기억의 내용은 문서류들이 가지는 가치 이상의 힘을 발휘할 수 있다. 왜냐하면, 문서는 사실을 전달하는 경우도 있지만, 그 문서가 만들어지는 배경과 관련된 여러 가지 상황을 포함하고 있는 경우가 적지 않고, 그러한 상황들이 사실의 내용을 애매하게 전달함으로써 후일 해석 과정에서 사실이 제대로 전달되지 않을 수 있다. 이러한 문제들을 상정한다면, 기억의 재생이라는 과정을 거쳐서 만들어진 내용의 신뢰도가 높을 수 있다는 점을 인정하지 않을 수 없다. 그러한 입장에서 토속지를 작성하는 사람들이 인류학자들이라고 말할 수 있다.

일본열도에 가까이 있는 오키노시마(隱岐島)를 중심으로 오키노시마 사람들의 삶을 기반으로 하여 작성된 문서들이 있고, 한반도에 가까이 있는 울릉도를 중심으로 울릉도 사람들의 삶을 기반으로 하여 작성된 문서들이 있다. 물고기를 따라다니는 어부들의 삶이 문서로만 남아 있는 것은 아니다. 그들의 삶은 글이 아닌 말로도 남아 있다. 현재까지 드러난 양측의 입장 정리는 모두 문서류에 기반하고 있고, 그 문서들이 국가 수준에서 투영된 결과들을 가지고 공방을 하고 있다. 이 글에서는 기억이라는 장르를 기본적인 방법론으로 하고 있기 때문에, 문서가 아닌 어부들의 말(문자가 아닌 구어를 말함)에 남아 있는 사실을 정리함으로써 본고의 문제의식을 피력하고자 한다. 따라서 본고에 동원되는 문서류들은 기억의 장르를 보완 가능한 수준에서만 이용하고 있기 때문에, 완벽하게 문서류에 기초한 정치적 입장과는 본질적으로 다르다는 점을 확실히 하고자 한다.

본고가 면접과 방문을 통해서 수집한 정보를 정리하여 만들어낸 중심적인 자료는 토속지명(ethnotoponym)이다. 일반적으로 지명이라는 것은 대부분 행정용어에 포함되어 있고, 법률적인 효력도 있는 고유명사들이다. 역사적으로 보면, 토속지명이라는 것은 그러한 지명들의 배경이 된 경우가 허다하고, 행정적으로 나타난 지명들보다도 더욱더 구체적이고 세밀한 경우가 적지않다. 왜냐하면, 한 지역에 살고 있는 사람들은 자신들의 생활과 밀접한 지역에 대해서 구체적인 지명을 붙이고, 그러한 지명들은 소위 방언이라는 범주에서 채록되기도 한다. 한 지역에 대한 토속지명을 정밀하게 정리할 경우, 그 단어 속에는 그 지역의 삶을 읽을 수 있는 정보들이 상당한 정도로 포함되어 있기 때문에, 토속지명에 내포되어 있는 정보들을 분석하는 것이 인류학자들의 작업에 유리할 수 있다.

필자는 기왕에 발간되어 있는 울릉도와 관련된 각종 지도류에 기록되어 있는 지명을 채록하여 동일 장소에 대해서 지명이 어떻게 변천되고 있는지에 대한 기본적인 도표를 작성함으로써(부록 1 참조), 기록류들이 제공하는 자료의 정리에 소홀하지 않았다. 이 지명들을 기초로 하여 울릉도의 주민들에게서 수집한 지명의 정보들을 대조하고, 지명들이 유래된 역사적 근원에 대해서 설명하려고 하였다. 그 결과 토속지명의 범주에 속하는 울릉도의 지명 중, 단어의 근간을 이루는 부분의 상당한 숫자가 전라남도 흥양지방(여수 및 고흥반도의 인근과 거문도를 비롯한 도서지역을 말함)의 방언에서 비롯되었음을 확인할 수 있었다. 울릉도의 토속지명이 흥양지방의 방언과 일치하는 현상은 우연한 것이 아니고 체계적인 세트로 확인되고 있음이 중요한 발견이며, 이것이 울릉도 토속지명의 특징이라고 할 수 있다.

이 글에서 추구하는 또 다른 문제는 토속지명에 등장하는 중요한 단어 중에서 울릉도의 특산이라고 생각되는 생물에 대한 분석이다. 현재는 절멸되어 사라지고 없는 '가지(可支)'의 명칭이 토속지명에 각인되어 있음을 근거로 하여, 가능한 자료들의 수집을 통하여 가지가 절멸되는 과정을 구체적으로 밝히는 작업은 이 해역을 배경으로 살아온 사람들(울릉도 사람들과 오키노시마 사람들)의 삶을 이해하는 데 중요하다고 생각한다. 가지의 절멸에 관련된 문제들을 엄밀하게 추적함으로써 자원과 관련된 환경문제의 생태학적 과제들을 생각하는 기회로 삼을 수 있다고 생각한다. 절멸된 가지의 복원은 가능한 것인가? 절멸된 가지의 복원이 필연적인 이유는 무엇인가 등의 문제들을 추가적으로 생각하는 기회를 제공하는 것이 본고의 부차적 임무라고 생각한다.

이 글을 작성하는 데 기본적인 자료들은 현지연구에 의해서 수집된 것들이다. 울릉도와 관련 해역을 방문하여, 주민들과의 인터뷰를 실시함으로써 문헌자료들과의 크로스체크가 가능한 방법을 구현할 수 있었다. 그리고 일본의 시마네 현에 있는 오키노시마를 방문하여 과거 오키노시마 어부들이 울릉도와 주변 해역에서 어로 활동을 한 경험과 관련된 자료를 수집하고, 관련자들과의 면접이 가능하였다.

2. 울릉도의 역지(歷地)

"역지"라는 단어는 역사와 지리를 결합한 것이다. 한 지역과 그 지역의 사람들에 대해서 생각할 때, 역사와 지리라는 두 주제는 결코 분리될 수 없는 하나의 덩어리다. 그런데 소위 학문이라는 틀 속에서 두 주제는 분리되어 진행되었다. 이것이 수입된 학문이라는 것을 받아들이는 측의 한계다. 하나의 문제를 이런 측면에서도 바라볼 수 있고, 저런 측면에서도 바라볼 수 있다는 것이 역사학이나 지리학의 출발일진대, 그것을 받아들인 측에서는 양자를 별개로 생각하는 경향이 만들어진 것이다. 관점의 문제에 관련된 것으로서, 근대화 과정에서 벌어진 비극들 중의 하나라고 할 수 있다.

울릉도에서 사람이 살아온 역사를 보는 관점은 기본적으로 바다라는 해양환경을 고려해야 한다. 바다를 외면하고 울릉도를 생각할 수 없다. 신라시대, 이사부의 공략(512AD)으로 우산국이 정복되는 과정에서도 바다에 관해 깊이 고려할 필요가 있다. 이사부라는 인물을 생각할 때도 그러하다. 요즈음 감각으로 말한다면, 이사부를 신라 해군의 제독으로 해석해야 할 이유가 여기에 있다. 따라서 이 땅의 최초 해군제독으로서 이사부를 생각해야 할 문제의 여지가 남아 있다. 울릉도와 관련된 문제는 처음부터 끝까지 바다와 관련된 맥락 속에서 재검토가 필요하다는 제안으로서 극단적인 사례를 보인 것뿐이다.

울릉도에는 남쪽으로부터 끊임없이 올라오고 있는 흑조난류(黑潮暖流)가 있다는 점을 고려할 필요가 있다. 흑조난류를 타면, 남쪽에서 울릉도로 항해하는 것은 예상외로 쉬울 수가 있다. 바다를 대상으로 살아가는 사람들은 계절과 해류에 관한 지식이 있음을 확인한다면, 거문도 사람들이 매년 한 차례씩 배를 타고 울릉도를 왕래하였다는 것은 그리 어려운 일이 아니다. 다만 우리가 모르고 있는 것은 언제부터 거문도와 인근의 흥양어민들이 울릉도와 울릉도의 해역으로 항해를 하였는지에 대한 시기적인 문제이다. 그 항해 시점을 추정할 수 있는 것은 거문도 사람들의 어선 제조 작업과 관련된 것이라고 생각한다. 거문도 일대에 더 이상 어선을 제조할 만한 거목이 없게 된 시점부터 거문도 사람들은 목재를 찾아 나섰을 것이라는 추정이 가능하다. 해류를 생각한다면, 울릉도 해역은 일찍부터 거문도 사람들의 주요 출어지역의 하나였다고 말할 수 있다.

일단 거문도 사람들의 어선 제조를 위한 목재의 필요에 의해서, 그 항해는 하나의 시스템으로서 시동되었고 역사로서 자리를 잡았다고 생각한다. 흑조난류를 생각한다면, 이것은 오히려 당연한 일일 수도 있다. 자연스럽게 생각한다면, 거문도와 울릉도 사이의 항로는 우리의 상상을 넘어가는 오래된 일일 수도 있다. 예를 들면 선사시대까지 거슬러올라갈 수 있다는 얘기다. 그것이 의도적 항해일 수도 있고, 의도와는 관계없는 표류일 수도 있다. 해양이라는 환경을 배경으로 역지(歷地)라는 틀을 울릉도에 적용할 경우에 이러한 얘기가 불가능한 것이 아니다. 흑조(구로시오)의 흐름을 정밀하게 들여다본다면, 배를 타고 다니던 사람들이 어떤 방향으로 어떻게 이동하였는지에 대한 보다 정확한 정보를 얻을 수 있을 것이라고 생각한다. 역지란 인식으로 해양세계를 조망하는 것이 억지가 아니라는 변언이다.

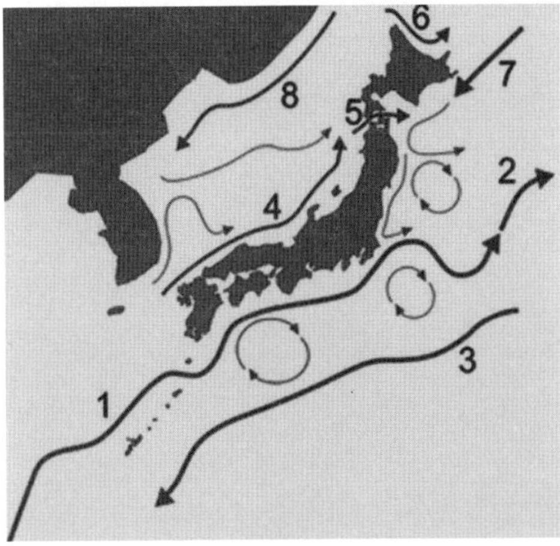

〈그림 3-1〉 1. 黑潮, 2. 黑潮續流, 3. 黑潮再循環流, 4. 對馬暖流, 5. 津輕暖流, 6. 宗谷暖流, 7. 親潮(Oyashio), 8. 리만(Liman)暖流(Wikipedia, the free encyclopedia)

위의 지도〈그림 3-1〉은 구로시오(黑潮)라고 불리는 해류의 흐름을 나타낸 것으로 흑조의 흐름을 대체적으로 파악할 수 있다. 해류는 좀체로 변하지 않는 것으로서 흑조라는 해류가 제공하는 환경에 적응하여 살아가는 사람들의 적응방식을 우리는 흑조문화(黑潮文化)라고 이해할 수 있다. 대마난류가 육지에 근접하여 일본열도를 타고 북상하는 것을 알 수 있고, 대마난류의 왼쪽에 흐린 곡선의 화살표가 표시되어 있음을 본다. 해류가 곡선으로 돌아가는 그 곡선의 안쪽에 울릉도가 위치한다. 북위 37도 30분경에서 울릉도를 향하여 방향이 바뀌는데 이를 동한난류(東韓暖流)라고 부른다. 동한난류의 경로는 변동이 매우 심하여 극단적인 경우는 1982년과 같이 동한난류가 전혀 나타나지 않는 수도 있다(포항공과대학 해양대학원장 김구 교수의 교시). 동한난류가 남하하여 오른쪽으로 굽어 돌아가는 그 위치에 일본의 오키노시마가 있다. 그렇게 되면, 동한난류는 대마난류와 합류되는 것이 당연하다.

환언하면, 해류를 타고 다니는 자연스러운 항해 방식을 상정하면,

거문도에서 동한난류를 타면 어렵지 않게 울릉도에 도착하게 된다. 거문도 사람들이 목선을 타고 울릉도를 왕래했던 것이 이 해류의 시스템에 근거한 것이라는 점을 이해할 수 있다. 울릉도에서 다시 동한난류를 탈 경우, 울릉도의 어부들은 오키노시마 방향으로 항해를 하는 것이 쉽게 된다. 역으로, 그 반대방향, 즉 오키노시마로부터 북상하여 울릉도 방향으로 항해하는 것은 상대적으로 어렵다는 것을 알 수 있다.

구로시오의 시스템과 이 해역의 구로시오 흐름을 고려할 때, 한 가지 결론이 가능한 것은 작은 목선으로 항해를 할 경우, 일본의 오키노시마로부터 북상하는 항해는 쉽지 않다는 것이다. 자연스러운 표류로도 그것은 어렵다는 점을 알 수 있다. 한반도에서 일본열도로 표류한 사례들이 그것을 증명할 수 있는 하나의 방법이다. 그 역방향은 사례가 극히 희소하다는 점도 흥미로운 일이다.

울릉도 해역이 자연스러운 해류를 기반으로 한 생활근거를 박탈당하는 시점이 19세기 후반이라고 생각한다. 즉 범선과 인력으로 항해를 하던 시대에서 증기와 기계에 의한 발동선의 출현 시대로 전환하는 항해술의 변화를 이 해역에 적용하면, 다음과 같은 가능성을 제기할 수 있다. 오키노시마의 어부들이 어로를 위해서 발동선에 의존하여 조직적으로 울릉도와 그 해역에 등장하게 된 것은 근대화 이후의 일이라는 가정이 가능하다. 근대화 이후, 일본제국주의의 발로로 인하여 한반도가 일본의 영향권에 놓이게 되고, 반도를 근거로 한 러시아와 일본 그리고 중국 사이에 전개되었던 외교군사적 각축이 만들어낸 침략적 구도의 음영이 울릉도에 나타난 극점이 러일전쟁이다. 그 과정의 문제들도 우리는 역지(歷地)라는 틀 속에서 이해해야 할 것이고, 현재 울릉도의 문제를 고려함에 있어서도 러일전쟁 당시의 구도에 대해서 심각하게 고려해야 할 것이라고 생각한다.

울릉도 해역의 역지에 대한 과제는 우리에게 남겨진 숙제이다. 여

태껏 전혀 이루어지지 않은 것이 이상하지 않은가. 그렇게 된 데에는 이유가 있다고 생각한다. 울릉도 쪽으로 생각을 뻗치는 순간 거의 자동적으로 "독도" 문제에 몰입하는 버릇이 생겨서, 정치권에서도 울릉도를 외면하고 독도로 직행하는 버릇이 자리잡은 것이다. 독도에 가린 울릉도라고나 할까. 지극히 자연스럽지 못한 현상이 아닌가. 울릉도의 일부로서 논의되어야 할 독도가 울릉도를 제치고 부각되는 것은 정상적인 사고의 과정이라고 할 수 없다. 대한제국칙령(大韓帝國勅令) 41호(1900년 10월 27일자)는 울릉도를 울도로 개칭하고 도감을 군수로 개정하는 내용을 골간으로 다음과 같은 조항을 담고 있다.

"제1조 울릉도를 울도로 개칭하고 강원도에 소속시켜 도감을 군수로 개정하고 관제에 편입하여, 郡等級은 5等으로 할 것. 제2조 군청은 台霞洞에 두고 구역은 울릉 全島와 竹島 石島를 관할할 것". 칙령에서 명시한 "석도(石島)"가 지금의 "독도(獨島)"임을 증명하면 더이상 왈가왈부할 필요가 없다. 그것을 위해서는 전라도 방언이 필요한 것이고, 울릉도에 거주하였던 전라도 흥양의 어부들이 불렀던 "독섬"이 한자화하면서 칙령의 "석도"가 되었고(한자 공유의 동아시아라는 구도를 고려한 번역어였음을 감안해야 한다), 그 칙령의 글자를 그대로 승계하지 않고, 토속지명인 "독섬"과 칙령의 "석도"를 반쪽씩 결합한 표현이 지금의 "독도"이다. "독도"는 흥양 어부들의 발음을 중심으로 적은 것으로 이해할 수 있다. 칙령의 "석도"는 흥양 어부들이 명명했던 "독섬"의 의미를 중심으로 명명한 것이다. 전라도 흥양 어부들의 일상이 우리의 기억 속에서 잊혀지는 것은 시간 문제이다. 오키노시마 주민들의 기억 속에서 "다케시마(竹島)"에 대한 기억이 생생하게 살아 있다는 사실과 비교하면, 흥양 어부들의 기억은 체계적으로 복원될 필요가 있다.

오키노시마의 고카손(五箇村) 쿠미(久見)에 거주하는 야하타쇼조(八幡昭三, 1928년생) 씨는 "다케시마"가 부친이 어로를 하던 곳이라고 설명한

〈그림 3-2〉 오키노시마 쿠미의 야하타 씨는 "竹島"의 모형을 만들어서 설명한다.

다. "다케시마"의 입체적 모형을 나무판자 조각으로 정성스럽게 만들어서 그 위에 그 섬에 관련된 설명을 깨알같이 적어넣었다(〈그림 3-2〉). 어릴 적, 부친께서 "다케시마"에서 포획해온 "아시카"(가지의 일본어)의 가죽을 본 적이 있을 뿐만 아니라, 쿠미의 해변에 살고 있던 아시카 새끼가 마을을 돌아다니는 것을 본 적이 있으며, 그 새끼가 자신을 따라다닌 적도 있다고 했다. 젊은 시절에 한국에서 표류해온 "朴"이라는 어부에 관한 기억도 간직하고 있다. "朴" 씨는 야하타 씨의 집에서 2개월 동안 지내면서 표류하는 동안에 상한 몸을 완쾌해 귀국하였다고 하였다.

아시카라는 바다 동물과 연결된 "竹島"에 대한 기억이 오키노시마 주민들의 일상생활 속에서 살아있다는 얘기다. "竹島"의 "아시카"는 오키노시마와 연결된다는 지명적인 주장도 제기된다. 오키노시마의 나카무라에 소속된 시라시마의 끝에는 "미치노나카(ミチの中)"라는 굴이 있다. "미치"란 아시카를 말하는 오키노시마의 방언이다. 이 굴은 바다를 향하고 있는데, 이곳이 아시카들의 서식지였던 것이다. 즉 오키노시마는 아시카에 의해서 "竹島"와 연결된다는 인식이 강하게 작동하고 있

다는 점을 무시할 수 없다. 이렇듯 오키노시마의 주민들은 아시카와 관련된 기억 그리고 아시카와 연결된 "竹島"의 기억을 일상생활의 차원에서 지금도 증언하고, 기록하려고 노력하고 있다.

기억전쟁(記憶戰爭)이 제대로 전개될 필요가 있다는 얘기다. 그렇게 하기 위해서는, 울릉도에 관해서 충분히 논의하고, 그 위에서 울릉도의 일부로서 독도에 관해 논의하는 것이 역지라는 틀을 염두에 두고 논의를 진행하는 내용일 뿐만 아니라 그렇게 하는 것이 일반적인 논의에 있어서도 자연스러울 것이다. 왜냐하면, 사람과 사람의 일상생활을 기반으로 하지 않는 기억이란 불가능한 것이기 때문이다. 바다에 대한 사람들의 기억을 재생하지 않으면, 이 작업은 불가능하다는 점도 전제되어야 할 것이라고 생각한다.

한반도가 일본의 식민지로 편입된 이후, 울릉도로 출가한 '오키어민의 출어 상황(1911년도)'을 보면, "도고(島後)에서는 85~86명, 도젠(島前)에서는 502명"(兒島俊平 2011: 78)이었고, 울릉도로의 도해기지는 "島後의 福浦港으로부터 島前의 宇賀村物井港으로 이전"(兒島俊平 2011: 77)하였다. 당시 "울릉도의 삼대산물은 오징어(スルメイカ), 콩(大豆), 누에고치(マユ玉)"(兒島俊平 2011: 92)였다. 울릉도에는 오키노시마 사람들만 도해한 것이 아니고, 시마네현 서쪽 해변의 어민들도 합류하였다. 특히 하마다를 중심으로 한 이와미(石見) 지방의 어민들이 울릉도에 상당한 정도로 기류지를 확보한 기록이 있다. 이와미 어민의 기류지는 도동(道洞)이 아니고, "台霞洞(ハンドギミ), 沙洞(アリクサ), 中嶺(チンザキ), 竹岩(テバヲ)의 집락이었는데, 이곳들은 원래 조선인 집락이었다."(兒島俊平 2011: 103) 태하동이 황토구미였는데, 이것을 일본인들이 "한도기미(ハンドギミ)"로 적은 것이다. 즉 오키노시마 사람들은 주로 도동에 자리를 잡았고, 후발주자인 이와미 어민들은 울릉도의 조선인 거주지에 자리를 잡았음을 알 수 있다.

3. 벌목(伐木)과 조선(造船)

1) 거문도에서 울릉도와 "독섬"까지

1787년 5월, 프랑스의 라페루즈 탐험대가 제주도 남쪽 해안, 한반도의 남해안, 대한해협을 거쳐 동해에 이르러 울릉도를 목격하는 경위에 관한 기록이 있다. 1787년(정조 11년) 5월 27일자 항해일지를 보면, 울릉도와 관련된 사건이 기록되어 있는 프랑스 군인 라페루즈(Jean-Francois de La Perouse, 1741~1788) 탐험대의 〈세계탐험기〉에 "우리는 이 작은 [포구]들에서 중국 배와 똑같은 모양으로 건조되고 있는 배들을 보았다. 포의 사정거리 정도에 있는 우리 함정이 배를 건조하는 일꾼들을 놀라게 한 듯했다. 그들은 작업장에서 50보 정도 떨어진 숲 속으로 달아났다. 그런데 우리가 본 것은 몇 채의 움막집뿐이고 촌락과 경작물이 없었다. 다줄레 섬(울릉도-필자 주)에서 불과 110킬로미터밖에 안 되는 육지에 사는 조선인 목수들이 식량을 가지고 와서 여름 동안 배를 건조한 뒤 육지에 가져다 파는 것으로 보였다. …우리가 섬의 서쪽 첨단부로 돌아왔을 때, 이 첨단부에 가려서 우리 선박이 오는 것을 보지 못했던 다른 한 작업장의 일꾼들 역시 선박 건조 작업을 하고 있는 중이었다."(이진명, 2000: 40-41) "작은 [포구]들에서… 건조되고 있는 배들"을 보았다는 것은 라페루즈 일행이 울릉도의 해안 여러 곳을 둘러보았고, 그들이 본 여러 곳에서는 모두 배를 건조하고 있었던 것을 알 수 있다. 서쪽 첨단부라는 것은 울릉도의 대풍감(待風坎) 즉 대풍구미를 말하는 것으로 보인다. 프랑스 배는 울릉도의 북쪽 해안을 따라서 관찰하면서 항해를 하였고, "서쪽 첨단부"를 돌아와서 처음 만나는 곳이 태하이기 때문에, 라페루즈의 배가 관찰한 대풍구미의 다음 곳은 태하라고 생각된다.

즉 라페루즈의 프랑스 함선은 대풍구미를 돌아서 태하로 향하면서 곳곳의 해안가에서 사람들이 배를 만들고 있는 광경을 목격하였음을 알 수 있다. 건조되고 있는 배들이 "중국 배와 똑같은 모양"이라고 한 것은 프랑스인들의 눈에 비친 배의 규모와 대체적인 모양새를 말하는 것이라고 생각된다. 작은 규모의 목선을 말하는 것으로 이해할 수 있다.

당시 울릉도의 상황을 이해하는 데 1854년 4월 14일 러시아 푸차친 제독(Admiral Yevfimy Putyatin)의 기함 팔라다 호가 거문도에 기항하였던 사건이 중요한 실마리를 풀어주기도 한다. 팔라다 호가 11일간 거문도에 체류한 적이 있었는데, 이때 러시아 문학의 거봉인 곤차로프(Ivan Alexandrovich Goncharov)가 쓴 기행문에서 흥미로운 내용이 발견된다(〈그림 3-3〉). 곤차로프는 프차친 제독의 비서직을 수행하기 위하여 1852년부터 1855년 사이 영국, 아프리카, 일본 등을 항해하였고 시베리아를 경유하여 러시아로 귀환하였다. 그후, 여행기 *The Frigate Pallada*(1858)를 저술하였다. 곤차로프는 1854년 4월 4일자 일기에 거문도(해밀턴 섬) 입항 시의 모습을 적고 있다.

"4월 2일 해밀턴 섬에 도착했다. 스쿠너 함은 옆에 있지만 상하이에 파견한 운송선은 아직 돌아오지 않았다. 배가 닻을 내리자마자 선미의 최상갑판에 나가서 해안을 바라보았다. … '저건 모두 동백이군요.' 스쿠너 호의 함장인 코르사코프가 말했다. …" 팔라다 호에서는 거문도 주민들을 군함으로 초대했다. 그 내용도 곤차로프는 소상하게 기록하고 있다. 러시아 함정의 거문도 입항이 한양의 조정으로 보고되었고, 이 보고를 듣고 내륙의 관리들이 섬에 달려왔지만 이미 러시아 함대는 없었다. 팔라다 호를 기함으로 한 러시아 함대는 1854년 4월 19일 일본의 나가사키로 떠난 후였다.

"섬 전체의 길이는 약 3마일, 바위가 많고 섬 자체도 바위 위에 있었으며 군데군데 숲과 나무가 있다. 우리는 밀과 보리를 심은 밭을 지

〈그림 3-3〉 곤차로프의 사진과 팔라다 호

나갔다. 군데군데 동백 숲이 보였다. 나머지는 벼랑과 바위 뿐"이라는 기록으로 보아 거문도에는 배를 건조할 나무가 없었음을 알 수 있다.

라페루즈가 1787년 울릉도에서 관찰했던 배는 거문도의 해안에서 1854년 러시아 문호 곤차로프가 관찰한 것, 그리고 1885년 영국군이 촬영한 것과 거의 대동소이한 형태라고 나는 생각한다. 영국군에 의해 촬영된 〈그림 3-4〉의 거문도의 배도 사실상 거문도 사람들이 울릉도에 가서 울릉도의 목재로 건조해서 가지고 온 배라고 생각된다. 그렇게 생각하는 이유는, 곤차로프의 일기에 나타난 것과 같이 거문도의 산에는 동백나무밖에 없었고 거의 민둥산이라는 진술에 초점을 맞추면, 거문도의 산에서 배를 건조할 수 있는 목재를 벌채하는 것은 불가능할 것이라는 심증에 이른다. 영국군이 거문도에서 촬영한 사진에는 거문도의 산들이 거의 민둥산으로 나타났다. 배를 건조하려면 상대적으로 거대한 목재들이 필요한데, 거문도에는 그만한 목재들이 생산될 수 있는 삼림이 없었음을 지적할 수 있다. 거문도 사람들이 인근의 다른 지역에서

〈그림 3-4〉 1885년 영국군이 촬영한 거문도의 배

선박 건조를 위한 목재를 구할 수 없었기 때문에, 그들은 목재를 구하기 위하여 수백 킬로미터 떨어진 울릉도까지 항해를 하였던 것이다. 가장 중요한 라페루즈의 증언은 "조선인 목수"의 부분이다. "조선인 목수"란 다름 아닌 거문도의 어부들이라고 나는 생각한다. 그들이 어부일 뿐만 아니라 배를 만드는 능력을 가진 목수들이었을 것이라고 생각된다.

〈그림 3-4〉의 사진에서 보는 것처럼, 영국군이 촬영한 배는 현호(舷弧)가 상당히 발달하였으며, 노의 크기가 컸다. 길이로 보아서 야거리(單帆船)라고 말할 수 있다. 짐을 실었기 때문에 돛을 설치하는 구조물이 보이지 않는다. 또 다른 한 가지 특징은 길이와 폭의 비례가 3대1을 넘지 않는 전형적인 해선(海船)이다. 사진에는 모두 네 사람이 타고 있다. 오른쪽 아래에 보이는 것이 지게이다. 배가 정박하고 있는 해안가의 모양새로 보아서 현재 배는 수심이 그리 깊지 않은 곳에 정박해 있음을 알 수 있다. 즉 배는 평저선이라는 얘기다. 양옆의 두 사람은 상투를 틀고 있는 것으로 보아서 비교적 나이가 든 사람들이고, 가운데 두 사람은 젊은이들이다. 두 사람은 지게에 볏단 같은 것을 지고 있다. 배의 우

현과 좌현에 Y자형으로 꽂혀 있는 시설물은 낚싯대나 그물을 걸어두는 것으로 어선의 기능도 있음을 알 수 있다. 같은 것이 이물에도 설치되어 있음을 알 수 있다. 고물의 밑부분에서 관찰되는 것처럼 이 배는 전형적인 조선식 평저선이다.

영국군이 거문도에서 촬영한 배는 조선정부의 검찰사(檢察使)가 울릉도를 방문하였던 시기와 거의 일치하는 시점이라는 점에서 흥미롭다. 거문도에서 촬영된 배가 울릉도로부터 항해해 온 것이라는 추측이 가능하기 때문이다. 검찰사 이규원(李奎遠)이 1882년(고종 19년) 4월 30일부터 5월 13일까지 울릉도를 방문한 뒤 작성한 〈검찰일기〉를 살펴보면, 삼도(三島)나 초도(草島) 사람들이 무리를 지어 울릉도에 들어가 배를 건조하거나 미역을 채취하는 일에 종사하는 체류자가 여러 차례 눈에 띈다. 〈검찰일기〉에 나오는 삼도(=거문도) 사람들의 체류 상황을 살펴보면 〈표 3-1〉과 같다.

삼산면은 당시에는 흥양군(興陽郡) 도화면(道化面)이었으며, 〈검찰일기〉의 낙양(樂陽)은 흥양(興陽)을 잘못 쓴 것이고, 초도(初島)도 초(草)자의 오기다. 어쨌든 당시 삼도나 초도 사람들이 울릉도에 적지 않게 체류하고 있었음은 사실이다. 그들이 울릉도에 체류한 첫째 목적은 배를 건조하기 위함이었다. 당시 거문도나 초도의 산에는 배를 건조할만한 나무

〈표 3-1〉 삼도 사람들의 울릉도 체류 상황

체류 장소	주소	인솔자	인원	체류목적
小黃土邱尾(鶴圃)	樂陽, 三島	金載謹	23	造船, 採藿
倭船艙(天府)	樂陽, 初島	金謹	19	造船
長斫支浦(沙洞)	樂陽, 初島	金乃彦	12	造船
道方廳浦口(道洞)	樂陽, 三島	卞敬化	13	採藿
桶邱尾	樂陽, 三島	金乃允	12	造船

〈그림 3-5〉 울릉도의 학포에 있는 검찰사 이규원 석각문

가 없었던 것 같다. 그들이 울릉도로 갔던 또 다른 목적은 미역 채취에 있다. 1896년 내부 시찰관(視察官) 우용정(禹用鼎)의 〈울릉도기(島記)〉에는 "울릉도의 과세는 주로 미역인바, 미역값 100원에 대하여 5원을 부과하며 전라도의 수성(水性)에 익숙한 사람에 의하여 채집되며 … 조선세(造船稅)는 1척 건조에 5냥씩 받았는데 라민(羅民)이 매년 10여 척 내외 건조하는 바"라고 적었다. "라민(羅民)"이란 전라도민의 줄인말이다. 삼도 사람들이 19세기 말에는 주로 미역을 채집하였음을 알 수 있고, 그들은 '춘삼월 동남풍을 이용하여 돛을 달고 울릉도에 가서 벌목하여 '새배'를 만들고 여름내 미역을 채집해 두었다가 가을철 북서풍이 불면 목재와 해조류 고기를 가득 싣고 하늬바람에 돛을 달고 남하하면서 지나온 포구에서 판매하거나 물물교환을 하면서 거문도로 귀향하였다'는 노인들의 구전에서도 입증되는 부분이다.

라페루즈의 〈관찰기〉(1787년 5월 말)와 이규원의 〈검찰일기〉(1882년 6월 초) 그리고 영국군의 거문도 촬영(1885년)은 시간상 약 1세기 사이에 나타난 사실들이다. 그 1세기 사이에 일어난 거문도와 울릉도 사이에 진행되었던 항해와 선박 건조의 상황은 거의 변함이 없었다고 생각된다. 즉 거문도에서 간 사람들이 울릉도의 나무를 벌목하여 배를 건조하고 있었다는 사실이다. 1882년 이규원이 울릉도에서 만났던 배를 건조하던 사람들이 전라도 흥양의 삼도(거문도)와 초도 사람들이었다는 사실은 일시적인 사건이 아니라 울릉도를 근거지로 한 오랜 동안 삶의 누적된 모습의 하나라고 생각할 수 있다. 전라도 흥양 사람들이 울릉도에 와서 배를 만들어 가는 삶의 모습을 프랑스의 루이 16세가 파견했던 해군 라페루즈가 1787년에 보았고, 조선의 고종이 파견했던 정부의 고위 관리인 검찰사 이규원이 1882년에 만나서 얘기를 나누었다는 것이다.

거문도에서 울릉도까지의 뱃길을 생활무대로 살아왔던 사람들의 모습에 관심을 갖는 것은 이제 우리들의 몫으로 남아 있다. 그 분명한 흔적이 〈거문도 술비소리〉라고 채록된 노래 두 곡에 전승되고 있다. 하나는 "에이야라 술비야"이고 다른 하나는 "에헤에 술비"이다. 영국군이 거문도에서 찍은 배의 사진에서도 약간 관찰되는 배의 밧줄이 "술"이다. 〈거문도 술비소리〉는 칡넝쿨이나 짚으로 밧줄을 꼬면서 부르는 노동요이다. '술'은 줄을 말하는 여수지방의 토속어이며, '비'는 꼰다는 말이다. 거문도 사람들이 출어를 준비하면서 칡밧줄을 꼴 때 불렀던 노래다(독도박물관 2009: 32-33). 거문도와 울릉도를 엮는 삶의 가닥들이 만들어낸 노래다.[1)]

---

1) "에이야라 술비야/ 너는 주고 나는 받고/ 까지 까지 돌려보세/ 이번 맞고 금 쳐 놓세/ 술비여어// 살살 비벼라 꼬시락 든다/ 중간 사람은 잘 봐 주소/ 여섯 가지를 고루 돌리소/ 이번 맞고 금 쳐 놓세/ 술비여어// 이 줄은 다려서 보름날 당구고/ 저 줄은 다려서 닷 줄을 하고/ 다음 줄 다려서 갓 버리 하세/ 이번 맞고 금 쳐 놓세/ 술비여어// 에이야라 술비야/ 어기여차 술비로세/ 술비 소리 잘 맞고 보면/ 팔십명 기생이 수청을 드네/ 님을 맞구서 감사로세/ 술비여어// 놀다 가소 놀다 가소/ 소녀 방에 놀다 가소/ 놀다 가면 득실인가/ 잠을 자야 득실이지/ 술비여어// 백구야 훨훨 나지말라/ 널 잡을 내 아니로다/ 성산이 바시리니/ 너를 좇아 여기 왔

거문도 사람들이 울릉도로 가서 울릉도의 나무로 배를 만들어온다는 것이 술비소리의 주된 내용이다. 배를 만들어온다는 것은 큰 재산을 마련한다는 얘기다. 표현을 좀 달리하면, 거문도 사람들의 울릉도에 대한 생각은 선박 건조를 위한 목재의 산출지며, 거문도 사람들은 울릉도를 일종의 자원 착취를 위한 식민지로 이용하고 있었던 점을 알 수 있다. 그것이 가능했던 것은 당시 조선 정부의 울릉도에 대한 오래된 공도정책(空島政策)에서 비롯된 것이라고 이해된다. 16세기 이래로 실시되었던 울릉도에 대한 정부의 공도정책은 울릉도에 정식으로 거주하는 주민들이 없음을 의미하는 것이며, 그렇게 하기 위해서 정부는 몇 년에 한 번씩 '수토관'을 파견하여 울릉도에 거주하고 있는 주민들을 체포해

다/ 술비여어// 간다 간다 나는 간다/ 울릉도로 나는 간다/ 오도록 만 기다리소/ 이번 맞고 금쳐 놓세/ 술비여어// 돛을 달고 노 저으며/ 울릉도로 향해보면/ 고향 생각 간절하네/ 이번 맞고 금쳐 놓세/ 술비여어// 옥천행도 불가사리/ 어떤 잡놈이 다 따먹고/ 앵두씨만 남았구나/ 이번 맞고 금쳐 놓세/ 술비여어// 고향산천 돌아오면/ 부모처자식 반가 와라/ 동네사람 반가 와라/ 이번 맞고 금쳐 놓세/ 술비여어".

"에헤에 술-비/ 어기 영차 배질이야/ 울고 간다 울릉도야/ 알고 간다 아릿역아/ 이물에 있는 이 사공사/ 꼬물에 있는 코 사공아/ 허리띠 밑에 있는 하장아야/ 돛을 달고 닻감아라/ 술렁술렁 배질이야/ 범배 중리 떠가세/ 이 돈 벌어 뭣 할거나/ 늙은 부모님 보양하고/ 어린 자식 길러 내고/ 먹고 쓰고 남은 돈은/ 인군 공공 하여보세// 에헤에 술-비/ 골골 마다 돈부 심어/ 앉은 돈부 느는 돈부/ 쓰러졌다 새 돈부야/ 돈부 잎에 연에 올라/ 연에 위에 담장 싸서/ 담장 위에 집을 지어/ 오손 도손 살잤더니/ 노름빚에 집을 잡혀/ 어여쁜 내 치리야/ 임에 동동 실려간다/ 월오 사님 삭탈하고/ 머리 깎고 송낙 쓰고/ 절에 올라 중 되러가자/ 이산 저산 다 비어서/ 근산 어디 비리 마라/ 어녕 비고 다녕 비고/ 이지 성녕 곱게 피어/ 선창 안에 물들어 오면/ 낙수 챙겨 후려들고/ 낚어내자 낚어내자/ 못 낚으면 상사되고/ 낚어내면 능사되고/ 이녀상사 보로 마지/ 그 보가 풀려나도록/ 너랑 나랑 살어 보세// 에헤에 술-비/ 충청도 충백석이는 주지가지가 열려 있고/ 강흥 남산 강대추는/ 아그장 아그장 달렸구나/ 산아 산아 수향산아/ 눈이 온다 백두산아/ 임아 임아 서방님아/ 요 내 가슴 만져 주소/ 동지섣달 진진 밤에/ 핏기 없이 몰라진 몸/ 임 생각에 한 숨이로다// 에헤에 술-비/ 술비야로 돌려보세/ 에이야라 술-비야/ 너랑 나랑 살어 보세"

서 육지로 데리고 나오는 일을 하였다. 거문도 사람들은 정부의 울릉도 공도정책을 잘 파악하고, "임자 없는" 울릉도로 항해를 하여 목재를 벌채하고 필요한 범선을 건조하였던 것이다.

울릉도에 대한 조선 정부의 공도정책이 공식적으로 폐기되는 시점은 칙령이 반포된 1890년이라고 생각할 수 있다. 그후 울릉도에서 목재를 벌채하는 작업에 징세를 하였고, 울릉도의 벌목권을 러시아에 파는 일도 일어났다. 따라서 거문도를 비롯한 흥양 사람들이 울릉도로 벌목하기 위해서 그들의 오래된 항해 전통을 포기하는 계기가 19세기 말의 국제정세 및 대한제국의 정책변화와 관련이 있을 것이라고 말할 수 있다. 현재 울릉도의 독도박물관에는 전라도 흥양 사람들이 울릉도를 왕래하였던 흔적들을 유물로 전시하고 있는데, 그중에서 관련되는 것들을 소개하면 다음과 같다.

교지(敎旨): 대한제국이 울릉도의 초대 도감으로 흥양 출신의 오성일을 임명한 증서이다. 오성일은 1854년 여수시 삼산면에서 태어나 1890년 울릉도 도감이 되는데, 현재 그의 묘소는 여수시 삼산면 서도리 뒷산에 있다.

홍두깨(여수시 삼산면 서도리 이귀순 기증): 울릉도 나무로 만든 홍두깨이며, 이귀순의 조부가 100여 년 전에 울릉도를 방문하였다가 나무를 가져와서 만든 것이다. 홍두깨는 둥글게 깎아 표면을 곱게 다듬은 나무막대이며, 푸새를 한 옷감이나 홑이불 같은 것을 감아 홍두깨틀 위에 올려놓고 다듬이 방망이로 두들겨 옷감의 구김살을 펴게 하는 도구이다.

향나무(여수시 삼산면 초도 출생, 여수시 거주 김충석 기증): 김충석의 조부가 100여 년 전에 울릉도에서 가져간 향나무의 조각이다. 제사 때가 되면 이것을 조금씩 잘라서 향을 피웠다. 30년 전까지 사용했다.

나무다듬잇돌: 여수시 삼산면 서도리 만회 김양록의 생가 터에서 발견된 나무다듬잇돌이다. 울릉도 나무로 만들었으며 돌처럼 단단하다

(독도박물관, 2009: 28-31).

2) 오키노시마의 쿠미에서 울릉도와 리앙코우(다케시마)까지

오키노시마의 쿠미에서는 20세기 초 하시오카 토모지로(橋岡友次郎)와 이케다 요시타로(池田吉太郎)가 리앙코르암 해역으로 출어한 적이 있다. 그후 하시오카의 후계자 하시오카 타다시게(橋岡忠重)가 백부 야하타 조시로(八幡長四郎)와 종형 이케다 코이치(池田幸一, 이케다 요시타로의 아들)와 함께 "다케시마"로 출어하였고, 1935년 출어에는 하시오카 타다시게가 "다케시마"에서 돌을 한 개 가지고 왔다. 그것을 그의 조카 와키다시게루(脇田 茂)에게 선물로 주었고, 그의 정원에 놓여 있던 "다케시마"의 돌이 지방정부에 기증되어, 현재 오키노시마의 향토자료관(郷土資料館)에 "다케시마의 돌(竹島の石)"로 명명되어 진열되어 있다. 이 향토자료관에는 독도에 관련된 사진들이 여러 장 전시되어 있는데, 그중 한 장에는 독도의 사진에 대해서 "리앙코우(リアンコウ)"라는 이름을 적었다. 즉 원래 오키노시마 섬 사람들은 독도를 "리앙코우"라는 이름으로 이해하고 있었으나, 1905년 1월 28일 일본 정부의 공식문서로 등록할 때, "竹島"라는 이름이 등장한 것이 확실하다. 일본 정부는 1905년 1월 28일 리앙코르암을 "竹島"로 명명하여 오키도사(隱岐島司) 소관으로 지정하였다.

오키노시마 사람들이 "竹島"라는 이름을 듣게 된 것은 일본 정부의 공식문서에서 시작한 것이지, 오키노시마 사람들의 일상생활에 기반한 지명의 인식에서 출발한 것이 아님을 알 수 있다. 오키노시마 사람들이 "리앙코우"라고 불렀다는 것은 이 섬의 지명 유래에 중요한 단서를 제공하는 것이다. 오키노시마 사람들이 인식했던 이 섬은 서양인들의 탐험에서 비롯된 것이라는 점을 재확인할 수 있고, 일본 정부는 러일전쟁이 진행되던 와중에 전략적으로 이 섬에 일본식의 "竹島"라는 명칭을 지었다는 점이 지적된다.

『산인신문(山陰新聞)』 1899년 12월 2일자에는 '韓國鬱陵島の狀況'이라는 제목의 기사가 있는데, 그 내용 중에는 "東本願寺建築用材로서 欅를 채취할 목적으로 간다"고 되어 있다(內藤正中, 2000: 140). 거(欅, 일본어로는 케야케)라는 나무의 학명은 *Zelkova serrata*로서 느티나무를 말한다. 즉 울릉도에는 건축자재용의 느티나무가 많았고, 히가시혼간지(東本願寺, JR 경도역의 북변에 위치함)의 건축용 목재를 벌채한다는 것은 소소한 목재가 아니라는 얘기이고, 구하기 힘든 대형 목재를 구하기 위해서 일본 본토에서 울릉도를 방문하였다는 얘기다. 더군다나 히가시혼간지의 건축용재라는 것은 보통 목재와는 성격이 다르다는 점을 충분히 암시하고도 남음이 있다. "울릉도 느티나무(ケヤキ)의 직경은 1.3~1.6미터였다."(兒島俊平, 2011: 91)

필자는 오키노시마 도고(島後)에서 울릉도의 목재로 지어진 것으로 알려져 있는 신사 한 채와 민가 한 채를 확인할 수 있었다. 신사는 후쿠우라만 부속도서의 작은 섬에 있기 때문에, 멀리서 눈으로 볼 수밖에 없었고, 민가는 방문이 가능하였다. 민가는 약 150년 전 현재 가구주의 고조부가 울릉도에서 가지고 온 여러 종류의 목재로 지은 것이라고 하며, 보존 상태가 아주 양호하다. 또한 도젠(島前) 벳부(別府)의 마사키야 여관(正木屋旅館)을 지은 목재가 울릉도에서 가지고 온 것이며, 그 여관의 '도코노마'와 기둥의 백단과 귀목 등이 일품이라고 하였다. 이 여관의 목재에 관하여 "울릉도의 목재를 가지고 와서 1907년경 島前에 최초의 旅館을 건축하여 개업하였다"(兒島俊平, 2011: 87)는 기록이 확인되었다. "아라세 미츠요시(荒瀨光吉)가 울릉도에서 백단 묘목 7본을 가지고 왔다. 그중 하나를 20전에 분양하였고, 마루야마 히사요시(丸山久義)의 부친이 샀다. 그것이 현재 시마네현 오다시 니마초 니마(仁摩町仁万)에 5본이 있으며, 하치만구(八幡宮)와 세이오지(西往寺)의 경내에 있는 나무는 아라세가 죽도도해의 무사를 신불에 감사하여 심은 것"(兒島俊平, 2011: 105-106)이다. 즉 울릉도에서 반출되었던 관목류들은 오키노시마의 도젠과 도고를 비롯하여 시마네의 오다시에서도 자라고 있다. 19세기 말 울릉도를 방문했던 일본인들의 방문 목적에 대해서 추론이 가능한 대목이다.

이러한 상황을 증명할 수 있는 일본 정부 측의 공문서도 존재한다. 예를 들면, "1883년 9월 일본 정부는 조선 정부의 항의를 받아들여서 울릉도에 체재하는 일본인을 전원 귀국시키기 위하여 내무성 직원과 20여 명의 순사를 울릉도에 파견하였다. 울릉도에는 야마구치현변(山口県辺)으로부터 250여명의 일본인이 도항하여 수개월씩 체류하면서 목재를 벌채하였으나 울릉도민들과의 관계는 의외로 아주 좋았다"(「朝鮮国蔚陵島出張檜垣内務少書記官復命ノ件」, p.5)는 보고서가 있으며,[2] 동경의 외교사료관에 보관된 '日本公使館記錄'은 그 이후에 일본 정부 측에서 조직적으로 울릉도의 삼림에 대해서 조사를 하고 울릉도의 산림에 대한 대책을 강구하였음을 증언하는 문서이다. 그것은 '機密京第一七號'라는 제목의 문서로 당시 부산의 일본 영사관에 근무하였던 일본 외교관이 작성하여 보고한 것이다. 그 외교관(領事官補)의 이름은 아카츠카마사스케(赤塚正助)이다(부록2 참조. 이 자료는 미공개 사료로, 外務省記録、3通商-5産業-3 木材の2,欝陵島に於ける伐木関係雑件으로 검색된다). 그 외교관은 1900년 5월 30일 부산을 출발하여 31일에 울릉도에 상륙하였다. 6월 1일부터 3일까지 '受命調査事項'을 조사하였다. '受命'이라 함은 영사관보가 개인적으로 조사하여 작성한 것이 아니라 외교라인의 상부로부터 조사명령을 받아서 조사하고 보고하였다는 얘기가 된다. 이 기밀문서의 내용을 간략하게 요약하면 다음과 같다.

---

2) http://www.kr-jp.net/meiji/koushikan/akatsuka1900letterA.pdf와 http://www.kr-jp.net/meiji/koushikan/akatsuka1900letterB.pdf).

"아카츠카가 1900년 5월 30일 경부(警部) 와타나베(渡邊鷹次郎, 통역)와 부산 영사관 소속 순사 다카쿠라(高倉純雙), 히로오카(肱岡登之進), 사토(佐藤潤象)를 대동하고 내부 순찰관(內部視察官) 우용정(禹用鼎)과 부산감리서 주사(釜山監理署主事) 김면수(金冕秀)와 함께 창룡호(蒼龍號)를 타고 울릉도로 향하여 31일에 상륙하였음. 그후 3일간 도감 배계주(裵季周)의 저택에서 수명 조사사항에 대하여 쌍방 입회하여 일본인과 도감에 대하여 취조하였음. 대체로 산림개황에 관한 사항들임. 1900년 6월 12일 보고. (이하는 부속문서) 산림은 침엽활엽 혼합천연림이고 활엽수의 대부분을 점하는 수종은 山毛欅(橅椈, 柏, 学名 : Fagus crenata; F. sieboldii, F. ferruginea, Japanese Beech), 단풍나무, 㭉木(楠의 일종), 椿栂, 欅(느티나무), 白檀(学名 : Santalum album, sandalwood), 黐木(学名 : Ilex integra, thunb), 樱, 가죽나무(一位, 櫟, 학명 : Taxus cuspidata, Japanese Yew), オンバク, 玄圃梨(学名 : Hovenia dulcis, Japanese raisin tree), 桑, 五葉松, 榎 등이 있는데, 그중에서도 느티나무는 아주 질이 좋은 것이고 매화는 좋지 못하고 일본 것과는 다른 종이다. 1887년 일본인 대목이 와서 본원사 건축용재로서 벌목을 하였는데, 당시 일본인 1천 명이 함께 왔었다. 1897년 저포에서 일본인 도감이 나무 한 그루를 벌채한 것을 샀는데, 2500새가 넘는 목재가 나와서 일본으로 수송하였으며, 韓人이 北浦 송곳산에서 벌채한 것은 삼천 새의 판목이 나와서 일본으로 수송하였다. 1899년에는 28명의 일본인이 벌채한 것이 모두 10만 새가 넘는 판재였고, 그것들을 모두 일본으로 수송하였다. 1900년에는 56본을 벌채하여 5만 새를 일본으로 수송하였다."

그 결과 울릉도의 산에는 나무들이 남아나지 않았다. 조선총독부의 촉탁으로서 도리이류조(鳥居龍藏, 동경제대 인류학강좌 조교수)가 1912년 울릉도를 방문하여 찍은 유리건판 사진(鳥居龍藏, 1917: 149)에서 확인할 수 있는 도동과 사동의 산들은 전형적인 민둥산이 되어 있었다. 남벌의 결과를 증언하는 자료다.

19세기에 울릉도를 왕래했던 사람들은 일본인과 거문도 사람들이라는 점이 확인되었다. 즉 울릉도를 식민지로 생각하고 울릉도의 자원을 착취하기 위해서 방문하였던 일본인(주로 오키노시마인과 야마구치인)들과 조선인(주로 흥양인)들은 울릉도의 목재로 배를 짓고, 울릉도의 목재로 지은 배를 운송수단으로 하여 울릉도의 목재와 수산물을 싣고 갔음을 알 수 있다. 19세기 말과 20세기 초 일본인의 벌채는 재래식 벌채가 아니라 산림업의 일환으로서 대규모 벌채를 시도하였음을 알 수 있고, 울릉도의 삼림은 일본인들의 산림업 대상지로서 점령당하였다고 말할 수 있다. 조선인들의 벌채가 수동적인 재래식이었다고 한다면, 일본인들의 벌채는 기계식이었다고 할 수 있다. 그 차이의 결과는 상상을 하고도 남음이 있다.

1897년경 러시아가 울릉도를 일시 점령하였을 때, 러시아는 요동반도의 여순항에 요새를 건축하기 위하여 울릉도의 느티나무를 반출하였다(兒島俊平, 2011: 94). 19세기 말과 20세기 초, 울릉도는 동아시아 최대의 벌채지로 눈독들인 장소였다는 점을 상기할 필요가 있다.

4. 자원: 음식, 진상품, 군수품, 상품

1) 보찰

거북손이라고 불리는 이 패류의 명칭은 사실상 영어인 turtle's hand의 역어이다. 일본에서도 영어의 역어가 주로 통용되기 때문에 보통 "카메노테(亀の手)"라는 말을 사용한다. 그런데 전라도 지방에서는 이 패류를 "보찰"이라는 이름을 붙이고 있고, 이 이름은 울릉도에서도 사용

되고 있다. 보찰은 남해안의 섬 지방에서는 별미로 취급되며, 생것으로 무침을 해서 먹거나 익혀서 반찬으로 먹기도 한다. 일본에서도 "최대 5cm에 이르는 대형의 미네후지츠보나 카메노테는 국내(일본-역자주)에서도 일부 지방에서는 게와 유사한 식감있는 기호품적 식재로서"(押野明夫, 2006: 306) 선호되고 있다. 보찰의 생물학적 특성에 대한 설명을 참고하기로 한다.

> "카메노테 *Capitulum mitella*(Linnaeus, 1778)(중생대쥐라기후기-현재): 황회색으로 몸체가 두상부(頭狀部)와 병부(柄部)로 구분되고, 전체가 석회질 각판(石灰質殼板)으로 둘러싸여 있다. 체장은 일반적으로 3~4cm인데 큰 것은 7cm에 달하는 것도 있다. 두상부는 8매의 길게 늘어진 삼각형의 각판과 그 밑바닥에는 20을 넘는 부수판(付隨板)이라고 불리는 소각판(小殼板)을 이루고 있다. 병부는 원통형으로서 석회질의 인편(鱗片)으로 둘러싸여 있다. 본주(本州, 일본열도의 혼슈를 말함) 이남의 조간대(潮間帶) 암초에 생식하고, 주로 바위가 갈라진 틈바구니에 군생한다. 이전에는 *Mitella mitella* 또는 *Pollicipes mitella*로 불리기도 했으나 최근에는 그러한 속(屬)과는 별도의 *Capitulum*속에 포함되는 것으로 판명되었다."(山口壽之 · 久恒義之, 2006: 371-372)

독도의 서도 옆에 붙어 있는 "보찰바우"라는 이름의 암초가 있는데, 울릉도 주민들은 오래 전부터 독도를 왕래하며 독도 해역에서 어로 활동을 해왔으며, 그 증거의 하나로 독도의 부속 암초들에 이름을 지어두었고, 그것이 하나의 토속지명으로 정착되어왔다. 따라서 이 암초의 이름에 대한 이해와 오해의 계보에 대해서 정리해봄으로써 이 섬과 관련된 토속지명에 대한 인식 여부를 판가름할 수 있는 하나의 힌트를 포착해보기로 한다.

〈그림 3-6〉 울릉도 보찰바우의 조간대에 밀식하는 보찰(왼쪽 위, 전충진 촬영), 완도군 소랑도 식탁의 보찰 회무침(오른쪽 위, 최원옥 씨댁), 일본 오키노시마의 된장국 속 카메노테(오른쪽 아래), 거문도의 보찰 반찬(왼쪽 아래, 거문도에서 김윤배 교수 촬영, 2011. 5)

보찰은 한국의 울릉도와 전라도 그리고 일본의 오키노시마에서 모두 음식으로 이용하고 있다. 한국의 교과서에서는 이 해양생물을 "거북손"이라고 하여 영어의 번역어라는 것을 알 수 있다. 자국어가 있음에도 영어의 번역어를 통용하고 있는 점은 반성해야 할 부분이다. 울릉도와 전라도에서는 보찰이라는 토속명을 갖고 있지만, 오키노시마 섬 주민들은 대부분이 "카메노테"라고 부른다. 즉 "카메노테"가 영어(turtle's hand) 명칭의 번역어임을 생각하면, 오키노시마 섬 사람 자신들도 대체로 토속명을 잃어버리고 있는 상황이다. 1931년 6월 민속조사차 야마가타현의 토비시마(飛島)를 방문하였던 시부사와 케이조(澁澤敬三)가 난생 처음 "카메노테"를 먹어본 경험을 기록하면서, 이 연체동물의 이름을 "카메노테"라고 적은 것(澁澤敬三, 1955: 24-25)은 당시 토비시마에서도 토속명이 사라진 상황이었을 가능성을 보여주고 있다. 이 부분에 대해

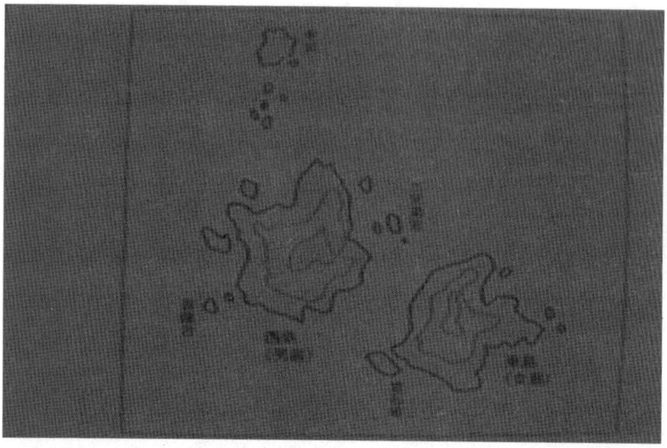

〈그림 3-7〉 보찰바우가 "菩薩岩"으로 적힌 지도(大西俊輝, 2003. 1. 31)

서 좀 더 정밀한 방언조사를 한다면, 오키노시마나 토비시마 주민들이 사용하였던 토속명의 발견이 가능할 것이다. 울릉도 주민들은 '거북손' 보다는 보찰이라는 단어를 더 친근하게 생각한다. 한 가지 동물의 명칭에 대해서 토속명을 유지하고 있는 울릉도와 그렇지 못한 오키노시마 사이의 차이를 느낄 수 있다.

독도 서도(西島)의 부속 암초로서 특이한 이름을 갖고 있는 두 경우에 대해서 논의를 해보고자 한다. 〈그림 3-7〉의 지도에는 "보찰바우"가 보살암(菩薩岩)으로 기록되어 있다. 토속명에 주안점을 두고 있는 본고의 논리전개 과정상 이 부분에 대한 심도있는 논의가 필요하다. 보살암의 "보살"을 일본어로 읽으면 "보사츠"가 되니, 울릉도 사람들이 "보찰바우"라고 읽는 것을 들은 일본인이 "보찰"="보사츠"와 "바우"="암"으로 이해한 것 같다. 결국 울릉도 주민들이 읽는 독도의 부속 암초인 보찰바우를 잘못 이해한 결과, 울릉도 주민들의 "보찰바우"는 일본식의 "菩薩岩"이 되어버린 것이다. 보찰이라는 바다의 연체동물에 대한 사전 지식이 없는 일본인 저자가 전혀 엉뚱한 방향으로 생각한 결과다.

뇌신경외과전문의(의학박사)인 저자의 임의적인 작명은 서도(西島)와 동도(東島) 사이에 있는 "삼형제암(三兄弟岩)"이라는 이름에 대해서도 마찬가지다. 이 책에서 처음 등장하는 이름이다. 1934년 이곳을 방문한 신문기자의 기록에는 이 암초에 대해서 "오덕도(五德島)"라는 이름을 붙인 경우는 있다. 그 옆의 암초에 대해서는 "관음암(觀音岩)"이라고 적었다(松浦直治, 1934. 6. 29). 동도에 부속되어 있는 "암석암(岩石岩)"이라는 작명도 오오니시(大西)의 서적에서 처음 등장한다. 어쩐지 어색한 작명이라는 생각이 든다.

독도의 부속 암초들에 매겨져 있는 토속명에 대한 관심은 주민들의 일상생활상과 관련된 섬과 암초들이 어떠한 역사적 경험을 담고 있는지에 대한 조그만 설명의 역할을 한다. 음식과 관련된 토속명이기 때문에, 그 토속명이 반영하는 일상성의 생명력에 대해서 깊은 통찰이 필요하다. 사람들이 일상생활에서 먹는 것에 대한 이름의 의미를 생각하게 하는 대목이다. 사람들이 지니는 이름 중에는 여러 차원이 있다고 생각한다. 자신의 몸과 관련된 이름, 일상적으로 먹고 입고 자는 것에 대한 이름들은 그 역사성이 지극히 오랜 것이라는 점을 이해한다면, 울릉도 사람들이 채용한 전라도 방언으로서의 보찰이란 토속명에 얽힌 암초의 의미를 새겨볼 필요가 있다. 그리고 보찰바우에 대한 울릉도 어민들의 토속명에 나타난 인식과 그 섬에 대한 일본인 저자의 작명이 어떠한 관계에 있는지를 파악한다면, 인식서차(認識序次)와 인식오류에 대한 논의가 가능할 것이라고 생각한다. 일본인 저자의 인식오류는 또 다른 오류를 지향할 가능성이 있다는 점에서 우려가 된다.

2) 가지와 강치

보찰을 설명하기 위해서 인용한 지도에는 또 다른 흥미로운 지명

〈그림 3-8〉 서도의 서북쪽에 위치한 가제바우: 멀리 보이는 것이 '큰가제바우'이고, 그 오른쪽에 있는 것이 '작은가제바우'이다(서도에서 전충진 촬영)

논의가 가능한 부분이 있다. 울릉도 주민들이 전라도 흥양 방언을 채용하여 지은 "가제바우"에 대해서 일본인 저자는 어떤 논의를 시도하고 있는지 의견을 피력하고자 한다. 〈그림 3-7〉의 지도에 "平岩"이라고 적은 것이 울릉도 주민들이 말하는 "가제바우"다. "가제바우"에는 "큰가제바우"와 "작은가제바우"가 있다. 가지(가제라고 발음하기도 함)들이 몸을 따뜻하게 하고 쉬기 위해서 올라가서 앉거나 누워있는 곳인 "가제바우"는 비교적 평평한 암초이다. "큰가제바우"를 "평암"이라고 적은 경우는 1908년 8월 4일과 5일 양일간 일본 해군이 군함 '마쓰에(松江)'를 파견하여 실측한 후, 해군 수로부가 제작된 지도에 등장한다(川上健三, 1966: 5). 이 지도를 근거로 오오니시토시키(大西俊輝)는 "平岩"이라는 이름도 적용하고, 서도와 동도에 대하여 각각 "男島"와 "女島"라는 이름도 괄호 속에 부기한 것으로 보인다. 그러나 이러한 지명들이 후일 등장하는 지도들에서는 전혀 답습되지 않고 있다.

1930년대와 1940년대 가지잡이(아시카료) 어로를 따라나섰던 신문기자들이 촬영한 사진들 중에, 가지들이 "가제바우" 위에서 엎드려 있는 사진들을 볼 수 있다.

이 바다 포유류에 대한 일본측의 자료를 인용하면, "아시카과 동물은 번식기에 얼음이 없는 해역에서 번식하고, 그곳이 결빙하는 계절에는 얼음이 없는 해역으로 이동한다. 그들은 해빙을 피하는 혐빙성(嫌氷性, pagohobic) 동물이다."(和田一雄/伊藤徹魯, 1999: 25) 바다사자(sea lion)로 번역되는 가지는 한자로는 해려(海驢)라고 한다. 이에 해당되는 중국 측의 지명으로는 산둥성 위해시(山東省 威海市)에 소속되어 있는 영성시 성산두(榮成市 成山頭) 해변에서 1.6킬로미터 떨어져 있고 면적은 약 1.3평방킬로미터가 되는 무인도의 해려도(海驢島, 山東省榮成市西霞口村龍眼港碼頭2海里處 264300)이다. 현재 이 섬은 괭이갈매기(海猫)의 서식지로서 지방의 자연보호구로 지정되어 있는 곳으로서 관광지로 유명하다. 최근에는 해려도가 "中國黑尾鷗之鄕"으로 지정되기도 하였고, 해묘도(海貓島)라는 명칭을 얻기도 하였다고 한다. 괭이갈매기로 유명하다는 점은 독도와도 지극히 유사하다.

해려도라는 동일한 한자의 지명은 일본의 북해도 레분초(北海道礼文郡礼文町)에도 있다. 이곳에서는 1974년에 아시카 새끼 한 마리가 포획된 뒤로, 아시카는 전혀 모습을 보이지 않기 때문에 세계자연보존연맹(IUCN)은 이 동물을 멸종위기 1급으로 지정한 상태다. 이곳 주민들은 해려를 "토도"라고 읽는다. 토도지마(とどじま, 海驢島)는 레분초(礼文町)의 선박촌(船泊村)에 있는 수코톤(スコトン)갑으로부터 북방 약 3킬로미터에 위치하고, 면적은 약 0.18평방킬로미터이며, 주위 약 2.8킬로미터의 무인도이다. 현재는 괭이갈매기가 주로 서식하고 있다. 이 섬에는 1959년에 설치한 항로 표식의 등대가 있으며, 여름에는 시라하마(白浜) 어항으로부터 전세편 배가 도항하고 있다.

왜 해려도나 독도가 괭이갈매기의 번식지로 유명하게 되었는가 하는 점도 생태사의 관점에서 생각해보아야 할 문제다. 산둥반도의 해려도는 그 명칭이 가리키는 바처럼 원래 이곳은 해려(즉 가지)의 서식지였다고 생각된다. 섬의 비탈진 경사면에 돋은 잡초의 사이에서만 괭이갈

〈그림 3-9〉 중국 산둥성 威海市成山頭 海驢島(위키피디아에서)

〈그림 3-10〉 강치(왼쪽)와 가지(오른쪽)(위키피디아에서)

매기가 번식하였을 것이고, 물가에 연접한 곳은 가지의 터전이었을텐데, 일찍부터 사람들이 접근하여 이용가치가 높은 가지가 멸종되면서, 이 섬은 괭이갈매기만이 독존하는 상황이 전개된 것으로 생각된다. 해려도나 독도는 모두 괭이갈매기와 가지가 함께 서식하던 곳으로, 상층부는 괭이갈매기, 하층부는 가지의 서식지였다고 생각한다. 가지가 번식한 섬이라면, 괭이갈매기의 서식은 그 섬 내에서도 제한적일 수밖에 없을텐데, 괭이갈매기의 알을 포식하는 천적이 없어졌기 때문에, 괭이갈매기만 이 섬에 남게 되었다고 생각한다. 중국 산둥성의 해려도, 한

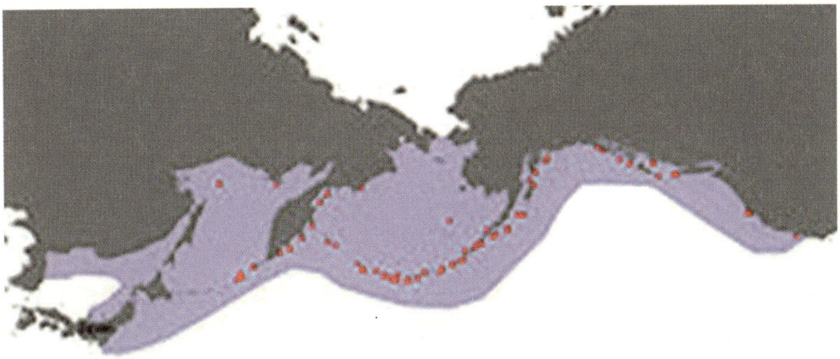

〈그림 3-11〉 강치의 분포도

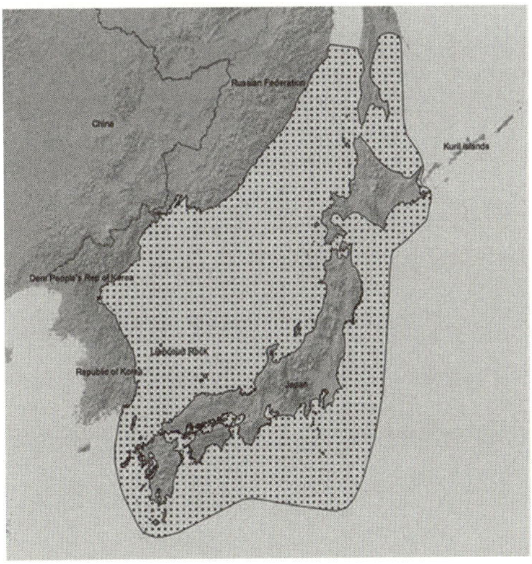

〈그림 3-12〉 가지의 분포도

국 울릉도의 독도, 일본 북해도의 해려도가 모두 동일한 생태사의 과정을 겪으면서 가지라는 바다 포유류가 동아시아의 해역에서 멸종의 길을 걷게 되었다고 생각한다.

〈그림 3-11〉은 강치(Steller sea lion)의 분포도이고, 〈그림 3-12〉는 가지(可支, Zapholus japonicus)의 분포도이다(둘 모두 인터넷 상에서 받아온 것임).

강치의 분포지역이 가지의 분포지역보다도 훨씬 넓게 나타나고 있음을 알 수 있다. 이러한 영역의 표시는 먹잇감이 되는 물고기들의 회유와 수온의 변화 등에 의해서 부분적으로 차이를 보일 수도 있다고 생각한다. 예를 들면, 가지의 분포가 황해 쪽으로 연장될 가능성이 있음도 상정할 수 있다. 간단하게 정리하면, 강치는 북태평양 연안의 아시아 측과 북미 측에 광범위하게 분포하고 있는 반면에(〈그림 3-11〉의 보라색으로 표시된 해역) 가지는 북태평양의 아시아 쪽에만 분포하고 있다(〈그림 3-12〉의 점선으로 표시된 해역). 두 번째의 지도는 IUCN(International Union for Conservation of Nature)이 제시한 멸종 동물 표시 지도인데, 가지의 경우에 해당하는 특별한 지도이다. 이 해역의 가지가 멸종되었다는 표시이다. 한 가지 첨가해서 지적해야 할 점은 두 지도가 동일하게 보여주는 가지의 분포해역이다. 중국 산둥성의 해려도(海驢島)라는 지명에서 보이는 것처럼, 이 동물의 과거 활동영역은 황해까지 연장되어 있었을 것이라는 추론이 가능하다.

한반도의 남해안에 있는 어민들이 가지에 대한 지식을 갖고 있을 뿐만 아니라 가지와의 관계 속에서 어로를 하였던 경험을 갖고 있다. 필자는 1968년도 여름, 황해의 남단에 있는 가거도의 패총에서 가지의 뼈를 발굴한 경험이 있다. 당시 필자의 발굴광경을 지켜보던 가거도 주민들이 출토되는 동물뼈를 "가제"라고 지적하였고, "요즈음도 가끔 한 마리씩 바위에 올라온다"고 말하였다. 가거도등대의 서측경사면에 위치한 가거도 패총의 유물포함층은 2미터 깊이로 1.5평방미터의 시굴갱을 시도하였으며, 전체적으로 동물뼈와 치아가 많이 출토되었다. "동물유골로는 가제(Zalophus lobatus Gray)(일명 아시까)"(김원룡 · 임효재, 1968: 57, 도판 46)가 출토되었으며, 가거도의 북쪽에 있는 하태도에서도 동일한 동물의 뼈와 치아가 출토(김원룡 · 임효재, 1968: 52, 도판 39)되었다. 따라서 원래 가지(Japanese sea lion)의 분포해역은 위의 두 지도에서 보여주는 활동

영역에 황해를 포함하는 것이 타당하다고 생각한다.

어떻든 간에 북태평양 연안의 아시아 지역에는 강치와 가지의 활동영역이 겹치고 있음을 지적할 수 있고, 이 부분에 대한 이해가 울릉도 해역에 출현했던 가지에 대한 이해의 선행조건이라고 생각된다. 그동안 나타난 많은 문헌에서는 이 부분에 대한 몰이해로 인하여 강치와 가지를 동일한 것으로 이해하였던 것으로 기록되는 경향이 많았다. 또한 한국에서 이 부분에 대한 관심을 보여왔던 대부분의 문헌들은 강치와 가지가 동일한 것이고, 강치에서 가지로 진화한 어원학적 논의를 제시하는 경우도 있었다. 필자는 강치와 가지가 별종의 해수(海獸)이며, 더 이상 혼동하지 말아야 한다고 생각한다. 즉 강치는 함경도 해안에서 나온 단어인 반면에, 가지는 전라도 해안에서 사용되어왔던 단어임이 명백하게 드러나고 있음에 주의하고자 한다. 분포상의 또 다른 특징을 지적한다면, 가지보다도 강치가 한냉한 곳에서 적응이 더 잘되어 있는 것 같다. 형태상의 특징으로는, 가지보다도 강치가 덩치가 더 크다. 아래에서는 과거 울릉도 해역에서 주로 관찰되던 가지를 중심으로 논의해 보고자 한다.

가지에 관한 조선 측의 기록은 일찍부터 등장한다. 1694년 조정에서 무신 장한상(張漢相, 1656~1724)을 파견하여 울릉도를 살피도록 하였는데, 그의 복명서인 『울릉도사적(鬱陵島事績)』(朴世堂의 『西渓雜録』, 1693~1703년간에 지어진 필사록에 수록됨) 6페이지 중 4회에 걸쳐서 가지어(可支魚)라는 단어가 등장한다. 그중에 "倭人殺得可支魚處取其油"(왜인들은 가지어를 잡아서 기름을 취한다)라는 기록과 "亦甚可怪是齋水族則只有可支魚而沿邊石堆處或十或百成群穴居大如駒犢小如犬豕"이 있다. 즉 가제의 큰 것은 작은 소나 말의 크기와 비슷하고 작은 것은 개와 돼지의 크기와 비슷하다는 증언이다.

장한상의 기록은 다시 1740년경 〈성호사설〉(星湖僿說) 제3권 천지문

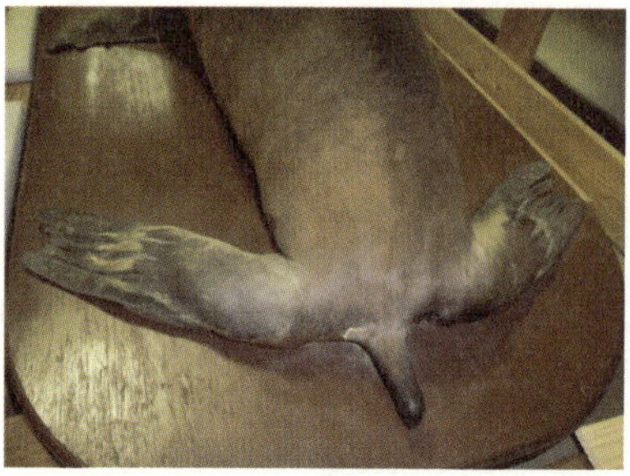

〈그림 3-13〉 오사카 덴노지동물원에 박제품으로 보관되어 있는 가지의 꼬리: 독도에서 포획되어 박제된 것임.

(天地門)에 재록되어 있다. 그중에서 울릉도에 대한 기록으로는 "남북은 70리요, 동서는 60리이며, …물고기는 가지어(可支魚)가 있는데, 바위틈에 서식하며 비늘은 없고 꼬리가 있습니다. 몸은 물고기와 같고 다리가 네 개 있는데, 뒷다리는 아주 짧으며, 육지에서는 빨리 달리지 못하나 물에서는 나는 듯이 빠르고 소리는 어린아이와 같으며 그 기름은 등불에 사용합니다." 강치와 가지가 모두 짧은 꼬리를 가진 특징이 있어서, 민간분류에서는 양자를 동일한 종류로 인식할 수도 있다. 개략적인 차이점은 덩치의 크기(강치가 가지보다 크다)에서 나타나며, 엄밀하게 관찰한다면, 털의 길고 짧음에서도 명확한 구분이 가능하다. 가지에 비해서 강치는 털이 조금 긴 편이다. 따라서 가죽으로 이용하기에는 가지가 더욱 선호되었다는 점을 이해할 필요가 있다. 강원도 지방의 진상품으로 가지의 가죽이 궁중으로 전달되었던 점이 이 부분을 설명하는 데 도움이 된다.

가지의 과학적 측정과 비교해보면, 이러한 진술의 정확성은 실물과 상당히 근사한 증언임을 알 수 있다. 필자는 장한상의 기록에서 나타난 큰 것과 작은 것은 종이 서로 다른 것을 말하는 것으로 해석하고자 한다. 즉 큰 것은 강치(Steller sea lion)이고, 작은 것은 가지(Japanese sea lion)로 이해할 수 있다. 두 종의 서식처가 겹치는 지역이 캄챠카 반도에서 한반도의 서남해안에 이르는 해역인 점을 감안할 때, 가지와 강치는 울릉도 해역에 공존하고 있었다고 생각할 수 있다. 두 종을 명확하게 구분하지 않았던 울릉도 주민들이 가지라는 표현을 하였다고 생각되고, 울릉도의 외부에서는 강치라는 표현을 한 것으로 이해되는데, 과학적 측정과 이 두 가지를 비교할 경우, 우리는 한 가지 종이 아닌 두 가지 다른 종이 울릉도 근해에 서식하고 있었다고 생각한다.

경상도 내륙(의성) 출신인 장한상이 가지에 대해서 "가지어(可支魚)"라고 기록한 것은 다음과 같이 풀이할 수 있다. 그가 울릉도를 방문하였을 당시, 그곳에 거주(임시 또는 장기)하고 있는 전라도 흥양 출신의 사람들을 만났을 가능성이 높다. "가제" 또는 "가지"가 전라도 방언에서 출발한 것이기 때문에 이러한 추측이 가능하다. 그는 왜인들을 만났을 가능성이 있거나 울릉도에 체류하였던 흥양사람들에게서 왜인들의 "아시카료"에 대한 정보를 수집하였던 것이 분명하다. "몸은 물고기와 같고"라는 표현을 보면, 울릉도의 바다 속에서 유영하고 있었던 가지의 모습을 보았던 그의 눈대중에 근거하여 기록한 것이라고 해석하는 것이 타당하다. 그가 그 동물의 명칭에 대해서 들은 것이 "가제" 또는 "가지"일 것이고, 그 단어에 고기"魚"를 붙여서 "可支魚"라고 표현하였던 것이다. 즉 울릉도의 가지는 17세기 말부터 이미 조선 정부에 알려져 있고, 그 동물의 용도에 대해서도 인지하고 있었음을 지적할 수 있다. 당시에는 울릉도에 가지(강치 포함)가 많이 서식하고 있었음도 알 수 있다. 그 증거들 중의 하나가 울릉도에 각인되어 있는 가두봉(可頭峰)이다. 가두봉 부근은 가지들의 서식지였던 것이다.

일제강점기까지 가두봉 아래에 가지들이 살고 있었다는 증언도 있다. 포획으로 인하여 가지의 서식처는 점점 울릉도에서 사라진 것 같고, 19세기 말에는 가지의 서식 중심지가 독도로 제한되는 운명을 맞았던 것 같다. 즉 울릉도를 중심으로 그 해역을 주 서식처로 하여 살았던 가지(강치 포함)는 사람들의 간섭으로 200년에 걸쳐서 서식지의 중심이

〈표 3-2〉 가지라는 명칭이 등장하는 조선의 기록

년월일	자료	저자	검색어	비고
1745. 6. 4	《承政院日記》		可支魚	영조 21
1786. 6. 4	《日省錄》		可支魚	정조 10
1794. 6. 3	《朝鮮王朝實錄》		可支魚	정조 18
19세기 중엽	《五洲衍文長箋散稿》	이규경	嘉支魚 /可之	내용 참조
1889. 7. 26	《江原道關草》		可支魚	
1891. 8. 16	《江原道關草》		可支魚	
1893. 9. 20	《江原道關草》		可支魚	
1906. 10. 25	《한국근현대잡지자료》	장지연	嘉支	嵩齋漫筆

독도라는 좁은 지역으로 제한되었던 것 같다. 일본 오사카에 있는 덴노지공원의 동물원에 보관 중인 어린 가지의 박제품은 독도가 가지의 소굴이었다는 점을 증언하고 있다. 따라서 사람의 간섭이 심각해지기 전, 가지의 활동영역은 울릉도 사동의 가두봉으로부터 독도 서도의 가제바우에 이르는 해역이라고 해석하는 것이 적절할 것이라고 생각한다. 이 해수는 포유류로서 반드시 민물이 있는 곳에서 새끼를 양육한다.

구체적인 사료를 동원하여 울릉도 해역에서 서식하던 가지의 근황을 파악하면, 〈표 3-2〉와 같다. 표의 기록들은 대부분 진상품 또는 특산물로서 가지의 가죽에 관한 내용이지만, 1786년 『일성록(日省錄)』의 "가지도구미(可支島仇味)에 나아가니, 산허리에 석굴 두 개가 있었는데 그 깊이를 헤아리기 어려웠고, 가지어가 놀라 뛰쳐나왔다"라는 기록과 1794년 『조선왕조실록』의 "26일에 가지도(可支島)로 가니, 네댓 마리의 가지어(可支魚)가 놀라서 뛰쳐나오는데, 모양은 무소와 같았(다)"라는 두 기록은 "가지도"라는 장소와 관련된 중요한 정보를 제공하고 있다. 현재 울릉도 해역에는 어느 곳에도 "可支島"라는 지명이 남아 있지 않다.

〈그림 3-15〉 일본 오사카 덴노지공원의 동물원에 보관되어 있는 가지의 박제품(왼쪽은 성체, 오른쪽은 유체)

『일성록』의 기록에서 보이는 "가지도구미"는 현재의 가두봉을 말하는 것이고 『조선왕조실록』의 "가지도"는 문맥상으로 볼 때, 가두봉을 얘기하는 것으로 생각된다. 일부에서는 『조선왕조실록』의 "가지도"를 독도로 해석하는 경우가 있으나, 선후관계 특히 이 기록의 뒤에 나오는 일자들을 면밀하게 검토해보면, 울릉도에서 독도까지 왕복할 시간적 여유가 나오지 않는다고 해석된다. 따라서 나는 이 두 기록의 "가지도"를 현재의 가두봉으로 판단하고자 하며, 18세기 말 현재의 가두봉은 가지의 소굴(巢窟)이었다고 생각한다.

일본 측의 울릉도에 대한 4가지의 기록(森須和男, 1992: 5-7)에도 가지가 주산물의 하나로 등장하고 있음을 알 수 있다. 예를 들면, 오카지마마사요시(岡嶋正義, 鳥取藩士, 1784~1859)가 1828년(文政 11년) 기록한 〈竹島考 上〉(鳥取縣立圖書館藏)에서는 울릉도의 물산으로 전복(鰒)과 가지(海鹿) 두 가지로 제시하고 있고, 가지에는 "미치"라고 카타카나의 토를 달았으며, 철포로 타살하여 포획하며, 기름은 등용(燈用)으로 사용한다고 하였다. 가지는 크기가 중견(中犬) 정도이고, 체모가 짧다고 하였다. 이에 대해서 해달(海獺, 강치를 말하는 것 같음)은 가지와 흡사하나 가지보다 크다고 하였다. 아주 정확한 기록이라고 생각되며, 19세기 초의 울릉도에는 가지와 강치가 모두 생존하고 있었음을 증언하는 기록이라고 말할 수 있다. 해표(海豹)는 물개(옷토세이)라고 적었으며, 이 세 종류를 오키(穩岐)에서는 모두 아시카(葦鹿)라고 부른다고 기록하였다. 그 기록의 정확성에 대해서 감탄하지 않을 수 없다.

1837년(天保 8年)에 작성된 『竹島渡海一件記 全』(東京大學總合圖書館藏)에는 호빈(胡贕) 1두를 타살하였다고 적고, 그 생김새가 소 같다고 하였다. 이 기록은 1833년 7월 21일부터 8월 9일까지 울릉도에 체류하면서 기록한 내용이다. 에조 탐험가 마쓰우라(松浦弘, 松浦竹四郎源弘)의 문서(聞書)로서 1854년(嘉永 7년)에 기록된 『竹島雜誌(多氣甂雜誌)』(國立國會圖書館藏)에는 가지를 "마레푸이(マレプイ)"라고 적었다. 아이누어로 가지가 마레푸이라는 점을 알 수 있고, 같은 해에 발간된 『竹島圖說』(內閣文庫藏)에는 해려(海驢)가 히젠히라토고도(肥前平戶五島) 부근에서는 "마레푸이"라고 불린다고 하였다. 기름이 많은 동물이라는 부기가 있다. 이 기록은 큐슈의 오도열도 부근에서도 가지의 서식지가 있었음을 증언하는 것이며, 오도열도의 언어가 아이누와 연관이 있음을 암시하는 자료로 이용될 수 있다. 오도열도에 가지가 서식하였다는 것은 한반도의 남해안, 즉 흥양과 가거도의 주민들이 "가지"라는 용어를 사용하는 이유를 지지하는 간접적인 자료가 된다.

일본인(주로 오키노시마 사람들)들의 리양코우 출어는 아시카 잡이가 주 목표였다. 그 결과 "1904년에 출어하여 암수 합해서 1,750두와 새끼 1천 두, 모두 2,760두를 포획하였고, 다음해(1905년)는 8조가 출어하여 1,800두를 포획하였다. 이때 나가이(中井)의 죽도어렵회사(竹島漁獵會社)가 잡은 것은 암수 합해서 874두와 새끼 130두를 포함하여 모두 1,004두였다. …1906년에는 1,318두, 1907년에는 2,094두, 1908년에는 1,680두를 포획하였고, 1909년에는 1,153두, 1910년에는 679두로

〈그림 3-16〉 왼쪽 사진은 "リヤンコウ島"라고 적은 것이 보이고, 그물로 잡은 가지를 상자에 담는 광경이다. 그물 속에 있는 가제의 크기로 보아서 성체임에 분명하다.

〈그림 3-17〉 오키노시마의 하수구 뚜껑에 새겨진 "아시카" 문양(왼쪽)과 오키노시마의 도고생태자료관에 전시된 가지 유품(가죽가방과 이빨로 만든 반지).

포획수가 점차로 감소"(内藤正中, 2000: 166)하였다. 단순한 계산에 의존하더라도, 1904년부터 1910년 사이에 독도의 가지는 모두 11,484두가 포획되었다. 더욱 안타까운 사실은 일본인들이 서커스단에 팔아넘기기 위한 아시카 새끼들을 무차별로 포획하였다는 점이다. 그 영향으로 독도와 울릉도 해역에는 가지가 절멸되고 말았다.

일본해군수로부(日本海軍水路部)의 보고에 따르면, "1904년경부터 본도민(울릉도재주자)이 포획하며, 포획기는 4월부터 9월까지 6개월간이고, 현금 본업에 종사하는 어선은 3조(1조에 평균 약 5두 포획)이다. 1904년 11

월 군함 쓰시마(對馬)의 차도(다케시마) 심사시, 동도에 어부용 소옥이 풍랑으로 파괴되었다. 매년 여름에 '토도'(아시카)잡이를 위하여 울릉도에서 건너오는 수는 수십 명이다. 섬의 도상에 소옥을 구축하여 매회 약 10일간 가거한다."(日本海軍水路部, 1907: 451, 内藤正中, 2000: 184 재인용) 서술 내용 중 "본도민"이라는 것은 오키노시마 주민을 말하며, 오키노시마 주민 중에서 울릉도에 거주하는 사람이 있었음으로 해석이 되고, 그 중의 일부가 독도로 건너가서 집중적으로 가지 포획작업을 하였던 것으로 해석된다. 가지만을 전문으로 잡는 기업을 설립하였다는 것은 개인적인 수렵 차원이 아니라 상업적으로 운영되었던 가지 포획의 실상을 웅변하고도 남음이 있다.

조선에서 왕실진상품으로서의 가지 가죽이 갖는 의미는 그것이 위세품이라는 것, 즉 일반인들이 사용하는 것은 허락되지 않는 것이라는 의미를 포함한다. 대중용이 아니기 때문에, 그것이 갖는 색다른 효과가 발휘되기도 한다. 따라서 진상품의 의미는 간접적 자원보호의 의미를 내포하는 것이라는 해석이 가능하다. 이에 비해서, 일본은 가지의 가죽은 염적하여 우피 대용으로 사용하였고, 신선한 지방에서 채취한 기름은 품질과 가격이 모두 고래기름보다 뒤지지 않는다고 하였다. 그 찌꺼기는 아교의 원료로 사용하였으며, 고기는 뼈와 함께 가루로 만들어서 농업용 비료로 사용하였다. 위세품 대상으로서의 아시카가 갖는 의미와 공업과 농업용의 상품으로서 아시카가 갖는 의미는 결과적으로 상당히 다른 방향으로 진행되었음을 보여준다. 위세품 대상이었던 조선과 상품 대상이었던 일본을 비교하면, 후자가 가지라는 종의 멸종을 촉발시킨 원인으로 지목할 수 있다.

1711년 조선 정부에서 파견한 수토관 박석창이 남긴 비석(독도박물관 진열 중)에 "왜선창(倭船倉)"이라는 항구의 지명이 남아 있다는 것은 이미 그 당시에 일본 측으로부터 일본인들이 울릉도(당시 일본인들은 竹島

라고 표기하였음)까지 항해하여 배가 닿을 수 있는 곳을 개척하였다는 증거로 볼 수 있다. 나아가서 수토관이라는 직함을 갖고 있는 조선 정부의 공직자가 후세를 감안하여 남긴 기록에 자신이 정착한 장소의 이름을 있는 그대로 "왜선창"이라고 적은 것에 대해서도 주의를 요한다. 그는 일본인들의 울릉도 행적에 대한 기록을 역사적인 차원에서 인정하고 있는 것이다. 동시에 수토사업을 원활하게 수행하기 위해서 그는 수행원으로서 "왜학한량박명일(倭學閑良朴命逸)"을 대동하였다. 왜학이라 함은 일본어통역원의 직책을 말하는 것으로 이해되고, 울릉도에 대한 수토사업 과정에서 반드시 일본어통역이 필요할 것이라는 전제가 있었다는 점에 주목할 수 있다. 울릉도에 대한 수토사업에서 일본어 통역이 필수적이라는 점은 울릉도에 일본인들이 거주하고 있다는 것을 알고 있었을 뿐만 아니라 인정하고 있었다는 흥미로운 평가가 가능하다. 물론 박석창이 남긴 석비에 그 이상의 내용이 없기 때문에, 그의 수토사업 과정에서 어느 정도의 일본인들을 확인할 수 있었는지 알 수 없지만, 수토사업 자체가 왜학을 대동하지 않으면 안 된다고 인식되어 있었다는 점에 의미를 부여할 수 있다. 즉 국가 차원의 영토 개념에서 진행되고 있는 수토와는 별개의 맥락에서 국가의 경계를 넘나드는 일상적인 삶의 모습이 각인되어 있다는 점에 주목하는 것이 삶을 살아가는 사람들의 행적에 관심을 갖고 있는 인류학도의 안목이다.

1694년 파견되었던 수토관 장한상의 기록과 1711년 파견되었던 박석창의 기록을 비교해보면, 울릉도의 일본인들은 왜선창을 거점으로 하여 가지잡이를 하였던 것으로 보인다. 즉 17세기 말과 18세기 초에 울릉도에서 일본인들에 의한 가지잡이가 이루어졌음을 알 수 있다. 울릉도를 배경으로 한 일본인들의 가지잡이는 그 역사가 상당히 거슬러 올라갈 수 있으며, 그것을 뒷받침하는 자료들이 존재한다.

"도해(渡海)의 기지, 후쿠우라(福浦)만 작은 섬에 벤자이텐(弁財天)이란 여신을 모시는 작은 사당이 있는데, 이것은 관영(寬永, 1624~43) 기간에 오야(大谷) 씨가 항해의 무사를 빌기 위해서 기증한 것이다. 울릉도에서 가지고 온 백단(白檀)의 좋은 목재로 지었다."(兒島俊平, 2011: 60) 오야 씨는 오야구우에몬(大谷九右衛門)을 말하며, 그는 에도성의 수축을 위한 목재 수집에 울릉도의 목재를 진상한 인물이고, 안용복과 박어둔이 1693년 요나고(米子)에서 묵었던 집주인이기도 하다. 즉 17세기 전반에 이미 일본인들이 울릉도에 벌목을 다녔다는 사실을 확인할 수 있다.

마쓰에(松江) 번사 사이토(齊藤豊宣)가 지었다고 하는 〈隱州視聽合記〉(1667)에도 울릉도에 관한 기록이 남아 있다. 이 문서는 울릉도를 "죽도(竹島)"라고 기록하였고, 속칭으로는 기죽도(磯竹島)라고 하였으며, 이 섬에는 대와 물고기 그리고 해록(海鹿)이 많이 있다(兒島俊平, 2011: 54)고 하였는데, 특이한 것은 해록이란 글자 위에 작은 글씨로 아시카(アシカ)라고 토를 달았다.

오야 씨가 돗토리한(鳥取藩)과 공모하여 도해를 공적으로 시도한 문서에는 다음과 같은 기록이 있다.

> 覺 竹島へ伯耆國より相渡り候人數船數左の通りに御座候, 一. 元祿五壬申年米子商人村川市兵衛.大谷九右衛門竹島へ船渡し候節, 船頭水主二一人, 鐵砲八挺, 二百石ばかり積み候船一艘にてまかりにし候, 一. 同癸酉年, 翌年も船頭水主數右の通りにてまかりにし候, 一. 鐵砲持參し候儀はミチ(アシカ)を取り申す儀, 鐵砲にて打ち候につき持參し候.(兒島俊平, 2011: 59-60)

여기서 겐로쿠(元祿) 5년은 1692년이다. 계유년은 1693년이고, 1694년의 일도 기록된 셈이다. 철포의 등장으로 볼 때, 당시부터 일본인들은 아시카잡이에 철포를 사용하였음을 알 수 있다. 미치라는 단어는 오키노시마 최북단의 해변 작은 동굴에 붙은 명칭이기도 하며, 주민들은 미치굴이 과거 아시카가 살던 곳이었다고 증언하였다. 당시 "마쓰에한이 본토와 오키간 연락용으로 사용한 공용선은 '觀音丸'(48丁櫓立, 長 3丈4尺, 肩巾 1丈4尺, 深 4尺1寸)이 180石積"(兒島俊平, 2011: 60)라고 하였다. 즉 길이 10미터, 폭 3미터, 깊이 1.2미터 정도의 배였는데, 오야구우에몬과 무라카와이치헤이가 울릉도로 항해하였던 배는 공용선보다 큰 200석적이었다는 점을 알 수 있다.

> 여름 동안 아시카 기름과 함께 호시아와비(串鮑, 전복 말린 것)의 어로를 하여, 가을에 후쿠우라(福浦) 항으로 돌아왔다. 아시카의 기름은 고래기름과 동일하여 등유나 논의 구충제로 중시되었다. 호시아와비는 1785년에 나가사키타와라모노(長崎俵物)로서 대중국무역의 결재수단인 귀중품이었다. 그러나 이러한 해산물 채집은 겉으로 드러난 것이었고, 본래의 목적은 삼림자원의 벌채에 있었다는 점이 명백하다.(兒島俊平, 2011: 60)

이상의 일본 측 기록으로 볼 때, 17~18세기 간 울릉도에 대한 조선의 공도정책은 상대적으로 일본인들의 어로 활동을 조장하는 형세로 나타났음을 알 수 있다.

5. 토속지명과 지도

울릉도와 부속도서에는 현재 상당히 많은 지명이 남아 있고, 그 대부분은 토속명과 깊은 관계를 맺고 있음도 알 수 있다. 여러 가지 기록과 지도를 수합하여 하나의 표를 제작함으로써 시대별로 동일한 지명이 어떻게 변화하는지, 어떠한 지명이 추가되는지를 한눈에 알아볼 수 있도록 하기 위하여 제작한 표를 부록으로 첨부하였다(부록 1). 중요한 몇 가지의 지도와 문서들에 나타난 지명을 정리해보기로 한다.

"영조대에 제작된 海東地圖에는 16곳에 지명이 기재되어 있다. … 만입부의 의미하는 –仇尾를 형태소로 취하고 있는 해안 지명으로는 주토구미, 천저구미, 도장구미 등 세 곳이 있다."(김기혁 · 윤용출, 2006: 47) 군현지도책의 하나인 해동지도는 채색필사본으로서 18세기 것이며, 47.0×30.5cm, 규장각 소장본이다. 해동지도의 울릉도의 부기 내용으로는 둘레 200여 리, 동서 80여 리, 남북 50여 리다. 바다에서 생산되는 물산으로는 甘藿, 生鰒, 可支魚, 大小雜魚 등의 이름이 보인다. "–仇尾"와 "可支魚" 즉 전라도 방언의 한자화된 표기를 담고 있는 해동지도에 기록된 전라도식의 지명은 전라도 사람들의 울릉도 생활시기를 앞당기는 자료가 될 수 있다. 프랑스 군인 라페루즈의 보고와 해동지도는 거의 비슷한 시기로서 이규원 〈검찰일기〉보다도 시기적으로 앞서는 것이다.

정조 18년(1794년) 6월 3일 무오의 기록(정조실록)에는 수토관으로 월송만호 한창국(越松萬戶 韓昌國)이 파견되었었고, 당시 도형에 나타난 지명으로 "黃土丘尾津 中峰 黃土丘尾窟 屛風石 香木亭 長斫地浦 楮田洞 防牌島 竹島 瓮島 可支島 丘尾津 竹巖 帿布巖 孔巖 錐山 桶丘尾" 등이 적혀 있다.

이규원이 보고하였던 〈검찰일기〉(檢察日記, 1882년)에서 다음의 지명들을 정리해낼 수 있다.

"小黃土邱尾 大黃土邱尾 黑斫地 倡優岩 燭臺岩 千年浦 錐峰 倭船艙 紅門街 羅里洞 中峰 聖人峰 小苧浦 大苧浦 鎗岩 長斫之浦 苧洞 黃土邱尾 桶邱尾 香木邱尾浦 待風浦 玄斫支 竹岩 船板邱尾 島項 竹島 臥達雄 竹岩 道方廳 竹浦 玄圃 華岩 谷浦 沙汰邱尾 蔘幕洞." 동 검찰일기와 동시에 제작되었던 鬱陵島外圖(1882년)의 지명으로는 "羅里洞(一名國洞) 石間朱穴 可

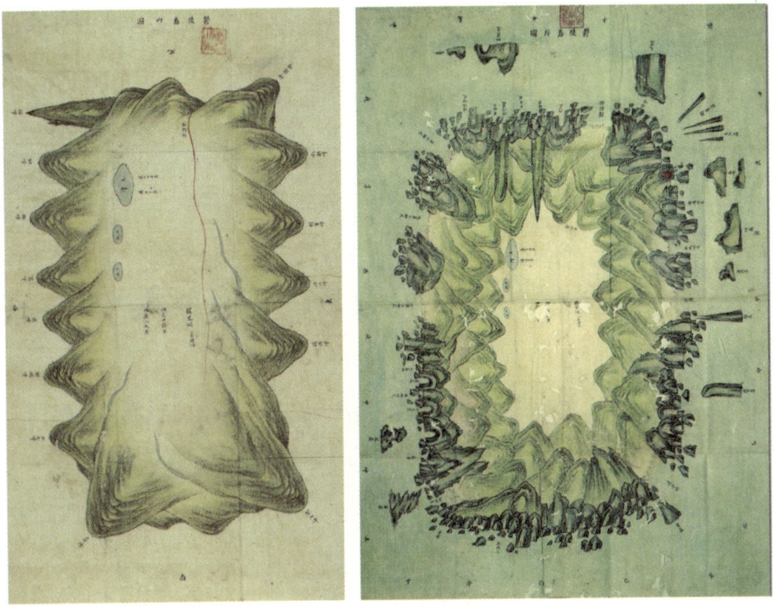

〈그림 3-18〉 울릉도 1882 내도(왼쪽), 울릉도 1882 외도(오른쪽)(서울대 규장각 소장)

支窟 竹島 山幕洞 船倉邱尾 香木邱尾 沙汰邱尾 大黃土邱尾 桶邱尾 雄痛邱尾 待風邱尾 蒜峰 錐峰 倡優岩 老姑巖 將軍巖 窟巖 大巖 燭大巖 門巖 鎗巖 兄弟巖 青巖 風巖 華巖 紅門街 長斫之 黑斫之 倭船艙 道方廳 谷浦 千年浦 苧浦 玄浦 島項"

이러한 자료들을 기반으로 17세기부터 나타나는 울릉도와 관련된 지도에서 수집한 울릉도의 토속지명을 정리해보면 두 종류로 나뉜다. 하나는 내륙에서 발견되는 지명들이고, 또 다른 하나는 해안 쪽의 지명들이다. 후자는 확실하게 거문도를 포함하는 흥양, 즉 전라남도 해안 지방의 지명 또는 용어가 기초를 이루는 토속지명들이다. 예를 들면, 여러 곳의 해안가에서 보이는 "-구미"(항구로 이용할 수 있는 좁고 깊숙하게 들어간 포구), "-작지"(자갈돌들이 널려 있는 해변가), "가제"(또는 가지)(바다사자), "보찰"(거북손), "와달"(작은 돌들이 널려 있는 긴 해안가), "걸"(물고기나 수초가 모여 있는 넓적하고 솟아오른 바닷속 바위. 비교적 넓은 지역을 말함), "독섬" 등이 있다. 이상의 7가지는 모두 한글로 된 글자들이고, 한자 영향의 한글(Sino-Korean)과는 관계가 없는 것으로 보아서 상당히 고형의 단어들임에 분명하다. 일곱 가지 용어의 특성에 대해서 한 가지씩 깊이 있게 살펴보기로 한다.

"-구미"라는 단어가 가장 먼저 등장하는 사례는『조선왕조실록』성종 7년(1476년) 9월 27일의 기사이다. 이 기사는 독도 및 가지와 관련된 내용을 담고 있는 최초의 기사라고 해서 잘 알려진 것이지만, 본고에서는 "-구미"의 설명을 위하여 인용한다.[3)]

함경북도 경성의 옹구미(瓮仇未)라는 지명에서 "-구미"의 용례가 보이는 사례이다. 또 다른 사례로는 조선의 지명에 대해서 심도있는 작업을 한 조선총독부의 자료집에서 인용한 것들이 있다. "九味 … 九味란 海岸의 출입부를 가리킨다. 九味浦(黃海道長淵郡). 加馬九味(全羅南道莞島郡). 靑魚口味. 望陽口味(共に咸鏡北道富寧郡連川面). 伐九未(全羅南道麗水郡華陽面). 礪石九味(全羅南道麗水郡華井面). 含九味(全羅南道麗水郡南面). 九美浦(黃海道長淵郡大救面九美里)가 있다."(善生永助, 1933: 121) "해안의 출입부"라기보다는 '해안의 만곡부, 즉 해안이 쑥 들어간 부분을 가리킨다'라고 하는 것이 좀 더 정확한 표현이다.

---

3) "兵曹啓 永興人金自周供云 本道觀察使 以三峯島尋覓事 遣自周及宋永老與前日往還金興 金漢京 李吾乙亡 等 十二人 給麻尙船五隻入送 去九月十六日於鏡城地瓮仇未發船向島 同日到宿富寧地靑巖 十七日到宿會寧地加隣串 十八日到宿慶源地末應大 二十五日西距島七八里許 到泊望見 則於島北有三石列立 次小島 次巖石列立 次中島 中島之西又有小島 皆海水通流 亦於海島之間 有如人形別立者三十 因疑懼不得直到 畫島形而來"

〈그림 3-19〉 대규모 토목공사를 위해 절단이 논의되는 가두봉(2011.10.30)

즉 "-구미"(-gumi: a narrow and small port)라는 단어는 전라도의 해안에 광범위하게 적용되는 용례인데, 15세기에의 함경도에서도 적용된 것으로 보아서 전라도 어민들의 활동 무대가 상당히 넓었다는 점을 반영하는 것이라고 생각된다. 그후 "(일제의 지명학적 특성으로), …해안지명의 형태소에 있어서 조선시대에는 여러 한자로 표기되던 -구미(龜尾)의 경우 일률적으로 구덩이의 뜻을 가진 -감(坎)으로 통일"(김기혁 · 윤용출, 2006: 57)되는 경우도 있었다.

"-작지"(-jakji: a beach with pebbles)는 울릉도에서도 여러 곳에서 보인다. 이 단어는 전라남도 신안군 흑산면 가거도의 대리 앞 해변의 둥근 자갈돌들로 형성된 해변을 가리키는 단어이다. 독립된 단어인 "작지"로 사용됨으로써 해변가를 이르는 말로 통용된다. 진도군 임회면 강계리의 해변에서는 약간의 자갈돌을 포함하고 있는 해변을 끼고 있는 마을의 일부를 "짝재"라고 부르는 경우가 있다. "-작지"를 어근으로 하여 이루어진 해변마을의 명칭이 울릉도의 여러 곳에 적용되어 있는 것은 일찍부터 전라도 흥양의 어부들이 울릉도에 와서 마을을 형성하여 장기간 또는 단기간 거주하였다는 증거이다. 일시적인 거주지에 대해서 적용되는 단어가 아님을 감안한다면, 울릉도와 전라도 흥양의 관계는 아주 깊은 것으로 이해할 수 있다.

독도의 서도에 북쪽으로 연장되어 있는 암초로 "큰가제바우"와 "작은가제바우"가 있다. "바우"는 암초를 말한다. "가제"는 "가지"(Zalophus calinornianus japonicus)의 다른 표현으로 이해되고, 큰가제바우와 작은가제바우에는 가지들이 많이 있었기 때문에 붙여진 단어라고 생각된다. 1934년도와 그후 일본의 사진가들이 찍은 큰가제바우 위에 앉아 있는 가지들의 모습이 사진으로 잘 남아 있다(松浦直治, 1934. 6. 28). 사진과 함께 게재된 마쓰우라(松浦)의 설명에는 "リヤンコウ島西島沖"이라고 적었다. 또 다른 사례로는 도동과 사동 사이의 가장 남쪽으로 돌출된 부분에 "가두봉(可頭峰)"이란 지명이 남아 있다. 울릉읍 사동의 끝에 있는 작은 봉우리이며, "섬 가에 海狗峯"(대한매일신보 1899. 10. 31)이라고 기록한 것이 이에 해당되는 것 같다. "가"는 가지의 어근으로 이해된다. 전남 신안군 흑산면 가거도(可居島)에서는 가지(可支)를 "갓" 또는 "가제"라고 표현하였다(1968년 필자의 경험). 가거도의 지명 유래는 '갓이 사는 섬'이라고 이해할 수도 있다. "가두"는 가지의 머리라는 뜻으로 이해되는 것이 바람직하다. "지형이 머리 같다 하여 지명 유래, 고시일이 1961년 4월 22일로 되어 있다"(대한지리학회, 2005: 58)는 대한지리학회의 "가두봉"에 대한 지명 해설은 토속지명에 근거하지 않았기 때문에, 설명이 잘못된 것 같다. "지형이 머리 같다"가 아니고 "지형이 가지의 머리 같다"라고 설명을 하든지, 아니면 "가제들이 살고 있는 곳의 봉우리"라고 설명하는 것이 나을 듯하다. 지명 해설을 전문으로 하는 대한지리학회에서는 앞으로 토속지명에 대한 심층적인 자료수집과 연구의 기초에 유의해야 할 것을 권하는 바이다.

울릉도에서 "보찰"이란 단어가 지명에 적용된 경우는 독도뿐이다. 서도의 남쪽으로 연장되어 있는 물위에 돌출되어 있는 삼각형의 암초로서 "보찰바우"(barnacle rocks, barnacle=Pollicipes mitella)이다. 이 바위에 "보찰"이 많이 있다고 해서 붙여진 이름이라고 생각된다. 보찰은 전라도 해안에서는 광범위하게 사용하는 단어이고, 해변가의 바위틈 사이에 많이 부착되어 살고 있는 조개류이다. 조간대에 집단으로 서식하는 연체동물이다.

나는 완도군 소랑도(최원옥 씨댁)에서 '보찰회덮밥'으로 이틀간 밥을 먹은 적이 있다. 달걀노른자와 보찰 생것을 주재료로 해서 만든 비빔밥이다. 오키노시마의 식당("アズマヤ")에서는 정식으로 준비한 밥상에 미역국이 나왔다. 미역국의 주재료는 보찰(오키노시마에서는 카메노테라고 부름)과 후지츠보(Omphalius rusticus, 제주도에서 '보말'이라고 부르는 것)이다. 어렵사리 청취한 오키노시마 섬사람들이 기억하고 있는 거북손의 지방명은 세 가지로 나뉜다. 고가(五箇)에서는 아사리(アサリ), 도만(都万)에서는 시오사레(シオサレ), 사이고(西鄕)에서는 시라사리(シラサリ)라고 한다. 그러나 이 명칭을 아는 주민들은 거의 없음이 확인됨으로써 토속명이 거의 사라진 상태라고 생각되며, 오키노시마에서는 보찰을 생것으로 먹지는 않는다.

"와달"(a long pebbly beach)이란 지명은 울릉도의 동쪽 해변에 있는 마을 이름에 남아 있다. 와달리이다. 지금은 아무도 거주하지 않고, 해변의 군용 초소마저 칡넝쿨로 덮여 있는 곳으로서 죽도의 건너편에 있다. "와달"이란 뜻은 거문도에서는 좁고 긴 해변을 이르는 말이다. 와달리의 해변 생김새를 중심으로 해서 마을 명칭이 지어진 것이라고 이해된다. 1968년 울릉도의 간첩단사건에 연루되어 마을이 송두리째로 소개된 이후, 와달리는 아무도 거주하지 않는 폐촌이 되었다. 지금은 와달리로 들어가는 도로마저 유실되었고, 와달리에 접근하기 위해서는 죽도에서 배로 들어가는 것이 가능하다고 생각된다.

"걸"(gol: under rocks with relatively flat and large for schools of fishes and plants)이라는 단어에 해당되는 경상도의 용어는 "뜸"이다. 경상북도의 해안에서 "뜸"이라는 용어가 있는 반면에 울릉도에서는 "걸"이 사용되고 있다는 점을 보아서도 울릉도의 어민 생활의 기저를 이루고 있는 관습은 전라도 흥양이라고 해석해도 무방한 것이다. 해저의 지명으로서 어류가 많이 서식하고 있는 자리이며, 어장을 형성할 수 있는 곳이기 때문에 울릉도의 어부들은 "걸"에 대해서 잘 알고 있다. 해저의 토속지명에 대해서 유의해야 할 이유가 여기에 있다.

"독도"라는 명칭이 최초로 등장하는 문건은 국사편찬위원회가 소장하고 있는 심흥택보고서(沈興澤報告書)이다(1906년 작성, 울릉군수가 강원도 관찰사에게 제출한 보고서를 기초로 한 문서)(김기혁 · 윤용출, 2006: 44). 그 이전의 용례는 독립신문(獨立新聞) 기사(1897. 4. 8)인데, 여기에는 "석도(石島)"로 기록되어 있다. 즉 독립신문 기사가 울릉도 주민들이 사용했던 그리고 전라도 흥양의 용어가 오랫동안 침잠되어 있는 "독섬"이라는 단어를 제대로 한자화한 것이라고 말할 수 있다. 울릉도 주민 중에서 노인들은 아직도 "독섬"이라고 부른다. 그들의 인지지도에는 국경분쟁의 가능성을 안고 있는 또는 국경분쟁으로 시끄러운 나날을 이어가고 있는 또는 경비대가 24시간 경비를 서야 하는 국경의 "독도"로서 존재하는 것이 아니라 "독섬" 즉 돌로 된 섬에서 어로작업을 하던 일상생활의 터전으로서 각인되어 있다.

울릉도에 전승되고 있는 토속지명으로서의 일곱 가지는 방언학에서뿐만 아니라 토속지의 작성과 지도 제작에 기초적인 정보를 제공하고 있다. 그리고 토속지명이 현재의 우리 삶에 제공하는 가치라는 것은 일상생활의 차원에서 증언된 지리적인 정보이다. 예를 들면, 독도에 각인된 전라도 방언에서 유래된 지명들은 울릉도의 어민들이 독도에서

〈그림 3-20〉 오키노시마 쿠미의 야하타(八幡伊三郎) 씨가 그리고 설명을 기입한 "竹島ノ圖"

어로작업을 해온 역사에 대해서 움직일 수 없는 증언으로 가치가 있다는 점도 부기해둔다. 이에 대해서 울릉도의 어민들과 마찬가지로 오랫동안 울릉도의 해역에서 어로작업을 해온 구전을 갖고 있는 오키노시마 쿠미의 어민들이 갖고 있는 지명정보는 어떤 것들이 남아 있는지에 대해서 비교적인 작업을 해보는 것도 의미가 있다고 생각된다.

오키노시마 쿠미의 주민이었고, 울릉도 해역인 독도로 가지잡이 어업을 나갔던 경험이 있는 야하타요자부로(八幡伊三郎) 씨가 자신의 기억을 기반으로 하여 작성한 "竹島ノ圖"(84세가 되었던 당시 1977년 3월 2일 제작)가 현재 오키향토관(隱岐鄕土館)에 소장되어 있다. 북변의 위에서 내려다본 것을 가정한 평면도이다. 수제의 흐릿한 지도이고(〈그림 3-20〉), 정확성은 떨어지지만, 자신의 어업 경험을 바탕으로 작성된 것이기 때문에, 어로 당시의 상황을 재구성하는 데 유익한 자료가 된다. 즉 어떤 자연환경의 섬에서 쿠미의 어부들이 가지잡이 어로와 전복과 미역채취

작업을 하였는지에 대한 정보를 담고 있음을 알 수 있다. 앞의 지도에 적혀 있는 글자들을 해독하고 번역한 것을 아래에 옮겨본다. "물개"라고 한 것은 가지를 말하는 것으로 이해된다. "5,6월에 물개가 자라는 바닷가"라는 진술이 그것을 뒷받침한다. 오키노시마 쿠미의 어부들 사이에서 전승되어온 토속지식(ethnographic knowledge)에 의하면, "아시카"(가지)와 "옷토세이"(물개)는 하나의 종으로 인식되었음을 알 수 있다. 울릉도에서도 유사한 현상이 있었음을 가정하는 것이 가능하다고 생각되는 대목이다. 그 "물개가 자라는 바닷가" 자리는 1934년도 오사카아사히신문사(大阪朝日新聞社)의 취재팀이 독도의 가지잡이 어로를 취재하기 위해서 방문하였을 때, 가지새끼들의 번식지로 확인되었고, 그러한 광경을 보여주는 사진이 당시의 신문에 게재되었었다. 지도에 기입된 설명을 해독하면 아래와 같다.

黄色イ線ハ洞門: 노란색 선은 동굴 입구임.

自然ノ生間アリ: 자연의 거주공간 있음.

舟付場ノ浜: 선착장이 있는 바닷가.

人夫小屋: 일꾼의 오두막집.

日露戦争ノ番小屋: 러일전쟁 시 망을 본 곳.

アワビ居ル: 전복이 있음.

小サイ草木ノ生タ所: 작은 초목이 자라는 곳.

○ノ所ニ岩ノ間ヨリ清水出ル: ○표시가 있는 곳에 있는 바위 사이에서 맑은 샘물이 나옴.

白州: 흰 모래톱.

和布ガ生ル所: 니키메(和布)にきめ: 부드러운 해초(미역의 일종)가 자라는 곳.

5, 6月オットセー生育ノ浜: 5, 6월에 물개가 자라는 바닷가.

〈그림 3-21〉 "昭和8年"(1933년) "죽도어렵합자회사"원들이 독도에서 아시카잡이를 하던 중에 찍은 사진. 실제로는 1934년의 사진이다. 오른쪽에 제주도 출신의 좀녀 네 명이 서 있다(왼쪽). 독도에서 여흥을 즐기고 있는 오키노시마 어부들. "リャンコウ舞"라는 이름이 붙여진 춤을 추고 있다(오른쪽). 왼쪽 사진은 썰물 때이고, 오른쪽 사진은 밀물 때인 것 같다. 현재 동도의 선착장이 만들어진 곳이다.

アハアワビノ居ル所: ア 표시가 있는 곳은 전복이 있는 곳.

昭和初期ヨリ十三年六月久見橋岡忠重氏オットセトアワビ取リ行キテ居ラレ竿取リデアワビ一日二一00貫取リマシタ: 소화(昭和) 초기부터 1938년 6월(까지) 쿠미(久見) 하시오카타 다시게(橋岡忠重) 씨는 물개와 전복을 잡으러 와서 장대로 전복을 하루에 375킬로그램 잡았음.

三方ヨリ出入リスル: 세 방향으로부터 출입함.

是ハ皆小島: 이들은 모두 작은 섬임.

西東ノ長イ赤線ハ島ト海ノ界: 西東에 그어진 긴 빨간 선은 섬과 바다의 경계임.

釜ノ所ヨリ下ノ浜ガ見ヘル: 가마가 있는 곳에서 밑의 바닷가가 보임.

五箇村久見ヨリ乾四十五里ノ所ニアリ: 고카손쿠미(五箇村久見)에서 북서 방향으로 45里 떨어진 곳에 있음.

明治中頃ヨリ久見石橋松太郎氏オットセ取リニ行キ: 메이지(明治) 중엽부터 쿠미의 이시바시 마쓰타로(石橋松太郎) 씨가 물개를 잡아서 감.

橋岡氏昭和十一、二、三年六月久見ヨリアワビ取リニ行キ: 하시오카(橋岡)

씨가 소화(昭和) 11, 2, 3년 6월 쿠미에서(와서) 전복을 잡아서 감.

야하타 씨의 진술은 독도의 위치에 관한 정확한 정보를 제공하고 있다. 고카손쿠미(五箇村久見)로부터 북서방향으로 약 160킬로미터 떨어진 곳이라고 적었다. 어부들은 가지잡이만을 한 것이 아니라 중요한 수입원으로 전복 채취도 하였다. 하루에 약 375킬로그램(100貫) 정도 수집하였다는 것은 독도에 서식한 전복의 양을 가히 짐작할 수 있다. 그런데 전복을 잡는 방법에 대해서 야하타 씨의 진술은 긴 장대로 잡는 방식을 설명하고 있지만, 다른 사진에 등장하는 제주도 좀녀의 존재는 잠수하는 방식이 동원되었음을 증언하고 있다. 자연적인 거주공간과 일군의 오두막 자리는 현재 어민숙소이자 독도에 거주하고 있는 사람의 생활공간으로 사용되고 있다. 흰 모래톱이 있는 자리는 1934년 취재팀이 촬영한 사진을 배경으로 하는 자리다. 그 자리에서 어부들과 제주도로부터 간 좀녀 4명이 함께 찍은 사진이 있다. 그리고 "리양코우舞"라는 이름이 붙은 춤을 추는 사진도 바로 그 자리인 셈이다. 이 지도의 특징은 지명을 기입한 것이 아니라 어로작업을 주로 하였던 또는 어로작업과 관련된 곳에 대한 설명방식으로 작성된 것이다.

이상의 지도에 나타난 자료들을 근거로 분석해보면, 울릉도 주민들의 "독도"에 대한 인식과 오키노시마 주민들의 "竹島"에 대한 인식에는 기본적인 차이가 있다. 그런데 야하타 씨가 그린 지도에는 과거 쿠미 어부들이 작명하였던 장소의 이름이 빠져있는 것도 있다. "○의 표시가 있는 맑은 샘이 나오는 곳"에는 가지의 소굴(rookery)이 있었던 모양이다. 예를 들면, 1934년 어부들을 따라서 취재를 나갔던 오사카아사히신문(大阪朝日新聞)의 마쓰우라나오치(松浦直治) 씨의 기사에는 서도의 아래 동굴 아랫부분에 두 군데의 정호(井戶)가 소굴의 장소로서 있었다는 것이다. 하나는 평면 3척, 다른 하나는 평면 5척이며, 여기서 새끼들의 헤엄법을 가르쳤다고 한다. 각각의 이름은 가제부키이도(風吹井)와 시오부키이도(潮吹井)이다(松浦直治, 1934. 7. 5). 이러한 이름도 잘 기록해둠으로써 독도에서 어로를 하였던 사람들의 역사를 정리하는 기초적인 자료를 정리하는 과정이 필요하다. 이러한 기록은 후일 가지의 서식지와 번식지의 복원이라는 문제가 대두될 때, 아주 중요한 역할을 할 수 있다. 그 기록의 원천이 일본어에서 비롯되었는가 또는 한국어에서 시작되었던 것인가 하는 것은 차후의 문제이다.

6. 결론

전라도 흥양의 어민들이 언제부터 울릉도로 목재를 구하기 위하여 천리가 넘는 항해를 시작하였는지 알 수 없다. 확실한 것은 거문도와 초도를 포함한 흥양의 어민들이 늦어도 17세기 말경에는 생업을 위하여 관행적으로 거문도와 울릉도를 왕복했다는 사실이다. 그들이 울릉도를 찾은 것은 무역풍이 불기 시작하는 봄에 구로시오를 타고 출발하여 태풍이 연속으로 올라오는 늦여름이 오기 전에 되돌아왔다고 생각이 된다. 그들이 울릉도를 향할 때에는 가능한 한반도의 연안에 붙어서 북상하다가 울진의 구산 정도에서 울릉도까지 최단거리의 원양항해를 하였던 것으로 이해된다. 약 3~4개월간 울릉도에 거주지를 마련한 흥양 사람들은 울릉도의 목재로 배를 건조하였다. 타고 갔던 낡은 배를 버리고, 그들은 새 배에 목재를 싣고 돌아왔던 것이다. 그들이 울릉도 근해의 어장에서 포획한 어물들이 건조된 상태로 실려왔음은 물론이다. 거문도에는 현재 울릉도의 목재로 만든 집이 남아 있다. 울릉도의 목재로 만든 다듬이도 있고, 울릉도의 향나무로 만든 향목도 있다. 울릉도의 초대 도사(島司)가 거문도 출신의 오성일(吳性鎰)임은 장기간의 거문도와 울릉도의 인연을 증언하고도 남음이 있다고 생각하며, 그 교지가 거문도에 보존되어 있음에 대한 의미를 재음미할 필요가 있다. 오키노시마에는 울릉도에서 벌채해온 나무로 지은 신사와 가옥 그리고 여관이 잘 보존되어 있다.

울릉도의 지명에 남아 있는 "가제" 또는 "갓"은 바다사자로, 포유류의 일종이다. 이 단어가 울릉도의 지명에는 "가두봉"(가지의 머리에 해당되는 봉우리라는 뜻)으로 남아 있다. 울릉도의 도동항으로 입도하는 선박이 가장 먼저 만나는 곳이기도 하다. 이 포유류를 일본에서는 "아시카"라고 부르고, 오키노시마에서는 아시카만을 전문으로 포획해온 어부들이 회사를 만들어서 독도를 중심으로 한 해역에서 작업한 역사가 20세기 초로 거슬러올라간다. 오키노시마에서도 쿠미(久見)라는 어촌에서 집중적으로 리앙코우의 아시카잡이를 한 기록들이 잘 남아 있다. 20세기 초라는 시점은 러일전쟁이 울릉도 근해에서 종결을 짓는 시점이기도 하고, 아시카의 몸체에서 획득한 기름은 군용으로 사용되었다고 한다. 1930년대까지 약 1만 마리가 훨씬 넘는 아시카가 독도해역에서 포획되었음은 일본의 기록으로 남아 있고, 현재 가지는 절멸 상태이다. 가지가 절멸된 것은 자원군국주의(資源軍國主義)의 결말이라고 이름해야 할 것이고, 가지라는 종의 절멸과 관련된 이야기를 생태사의 한 장으로 남김으로써 미래의 세대를 위한 지구환경의 교육자료로 활용되어야 할 것이다.

현재 일본 오사카의 덴노지동물원에는 독도에서 포획된 가지의 박제표본이 보존되어 있고, 오키노시마의 생태자료관에는 독도에서 포획한 가지의 가죽으로 만든 가방과 가지의 이빨로 만든 반지가 진열되어 있다. 울릉도와 독도에는 가지의 이름만 남아 있고, 일본에는 가지의 소굴에 해당되는 지명과 몸체로 만든 유품들이 남아 있고, 동해(일본해)

의 가지(아시카)는 절멸된 상태이다.

일본열도 내에서 다섯 종류 포유류(사슴-Cervus nippon, 멧돼지-Sus scrofa, 일본원숭이-Macaca fuscata, 황곰-Ursus arctos, 흑곰-Ursus thibetanus)의 분포 유형 변동에 관한 역사적 연구를 한 결과 "그것은 인간과 포유류의 관계에서 파악되어야 한다고 전제하고, 그 원인을 사냥과 같은 직접적 원인과 서식지 변경과 같은 간접적 원인으로 분석한 결과를 제시한"(Tsujino, Riyou, Eriko Ishimaru & Takakazu Yumoto, 2010: 187) 연구결과가 나왔다. 이 연구결과에서 알 수 있는 것은 야생동물의 분포 유형 변동은 인간의 간섭에 의한 것임이 분명하고, 그것은 생태사의 차원에서 파악될 수 있다는 점이다. 저자들이 제시한 두 가지 원인이 바다포유류의 경우에도 그대로 적용될 수 있는지 심도있는 연구가 기대된다.

현재의 상황에 기초한 필자의 판단은 위의 두 가지 원인은 포유류의 성체(成體)에 적용이 가능한 결론이고, 유체(幼體)에 대해서는 좀 더 적극적인 설명이 필요하다고 생각한다. 서식지의 변경 정도가 아니라 서식지를 공격한 인간행동이 궁극적으로 상업목적(商業目的)의 유체남획(幼體濫獲)을 시도하였다는 점을 지적하고 싶다. 어린 새끼를 생포하여 서커스단과 동물원에 팔아넘기는 경로가 생기면서 어부들은 가지의 소굴을 습격하였고, 서식처에 집단으로 살고 있던 가지 새끼들을 생포함으로써 가지의 재생산 과정이 급격히 파괴되었다. 즉 소굴 공격이 종다양성의 기반을 무너뜨리는 절멸의 첩경이 되었다고 결론을 내릴 수 있다. 전쟁물자 동원을 위한 남획 현상이 있었음도 지적할 수 있다. 러일전쟁 기간 동안의 자원 동원력이 가지의 기름과 가죽의 요구를 증가시켰다고 생각한다.

독도에 부속되어 있는 암초에 "큰가제바우", "작은가제바우"의 이름이 남아 있다. 전라도 남해안에서 특히 흥양지방(여수의 남해안 일대를 말함)에서는 별미로 먹는 "보찰"이라는 조개류가 있다. 이 해역에서 살아가는 사람들의 식단에서 우리는 일상의 모습을 발견한다. 그런데 일본에서 발행된 서적에는 "다케시마"의 부속 암초 명칭을 "보사츠(菩薩)"라고 적었다. 그는 울릉도와 독도의 일상언어로 사용되는 "보찰"을 "보사츠"로 알아듣고 그 자신이 제작한 지도에 "菩薩"이라는 한자명을 기록하였다. 지명이 오기되는 방식에는 이러한 경우도 있다는 점을 알 수 있다.

"독도"는 전라도 방언으로 "돌섬"을 의미한다. 전라도 방언으로 "돌"은 "독"이다. 즉 돌섬이 "독도"로 정착된 것이며, 독도는 전라도 방언인 셈이다. 환언하면, 울릉도와 독도는 전라도의 흥양 어부들이 먹고 살기 위해서 장기간 살아온 삶의 과정이 지명으로 각인되어 있는 곳이다. 왜, 독도가 독도라는 지명을 갖고 있는지에 대해서 분명한 인식이 있어야 하는 것이다. 일본인들은 그 섬을 왜 죽도라고 하는지도 분명하게 정리되어야 할 것이다. 이 두 용어에 어떤 차이가 있으며, 그 차이를 발생시킨 원인이 어디에서 비롯된 것인지를 명확하게 밝히는 작업이 우선되어야 할 것이다. 이것이 역사를 이어가는 일상의 힘에 대한 인식이며, 이러한 일상의 힘이 국제정치의 맥락에서 어떻게 역할을 할 수 있는지에 대해서 생각하는 과정이 필요하다.

"獨島"와 "竹島"의 두 명칭을 비교해보면, 전자는 일상생활이 반영된 명칭이고, 후자는 군사작전이 개입한 명칭이라는 결론이 가능하다. 국제정치적 맥락 속에서 군사작전이 일상생활을 지배한 과정을 증명한다면, 어느 명칭이 이 돌섬을 표현함에 적당한지 판단할 바탕을 마련할 수 있을 것이다. 19세기 말과 20세기 초, 아시아에서 진행되었던 제국주의 팽창의 국제정치적 맥락에서 어떠한 진행 과정이 있었는지에 대한 설명은 본고의 범위를 벗어나는 부분이다.

외교분쟁과 군사력 충돌 이전의 단계에서 진행되고 있는 미디어 전쟁을 경험하고 있다. 조용한 외교전쟁, 시끄러운 미디어전쟁이 독도(죽도) 주변에서 진행되고 있다. 경쟁우위를 점하기 위한 미디어전쟁과 외교전쟁의 실탄(實彈)으로서 역할을 하고 있는 지도가 대중의 눈길을 끌고 있다. 지도는 선전효과로서는 아주 좋은 자료이다. 그러나 그것이 얼마나 독도(죽도)를 주변으로 해서 살아가는 사람들의 일상과 접목되고 있는지 면밀한 연구가 필요한 것이다. 예를 들면, 지명에 대한 심도있는 연구가 필요하다. 지명 중에서도 일상생활에 심도있게 뿌리박은 토속지명(ethnotoponym)이 지명연구의 관건일 수 있다고 생각한다. 울릉도 해역에 널리 퍼져서 유전되고 있는 토속지명으로서의 전라도 흥양 방언에 관한 체계적인 자료수집과 연구가 이 문제에 접근하는 하나의 길이라고 생각할 수 있다.

최소한도 울릉도는 19세기 말까지는 거문도의 식민지였고, 20세기 초부터는 오키노시마와 이와미 어민들이 식민행위에 가담하였음을 지적할 수 있다. 국가권력의 중심이 이동하는 시기, 즉 한반도가 일본의 식민지로 전락하게 되는 과정에 울릉도의 운명도 바뀌고 있음을 알 수 있다. 러일전쟁을 준비한 일본 해군이 울릉도와 독도에 망루를 설치하고 군대를 주둔시킨 것은 이러한 과정과 밀접한 관계가 있다. 그 연장선상에서 독도의 영유권 문제가 등장하는 것임을 지적할 수 있다. 현재 오키노시마 사람들은 어업권이라는 일상의 문제를 거론하면서 "죽도"의 영유권을 주장하고 있다. 한국에서는 어떤가? 울릉도 사람들이 독도를 대하는 인식과 국가권력이 진행하고 있는 독도영유권의 행동 사이에 어떤 괴리감이 없는가?

국가란 일상을 살아가는 사람들을 기초로 이루어진 것인데, 국가의 의지나 행위가 표현되는 과정에서 일상문화를 도외시한 방식으로 또는 일상을 살아가는 사람들의 의지나 희망과는 무관한 방향으로 진행되는 경우들이 있다. 역사상으로 관찰해보면, 적지 않은 경우의 전쟁이 이에 해당된다. 따라서 국제정치적인 분쟁이라는 것은 최소한도 일상문화의 기초 위에서 타당성을 담보받을 수 있어야 하는 것인데, 근대국가의 형성 이후 그렇지 않은 경우들이 대규모 전쟁 또는 소규모의 지역분쟁(국경분쟁 포함)으로 이어진 경우들을 외면할 수 없다. 세금은 일상을 살아가는 국민에게서 징수하면서, 국민의 혈세가 포함된 국가의 행위가 일상으로 살아가는 국민의 희망과 의지를 최우선으로 표방하지 않는다면 그것 자체가 모순이 아닌가?

나는 일상에 기초하지 않은 국가 단독의 모든 행위를 파시즘 발상의 기초라고 생각한다. 그런 의미에서, 동해(일본해)에 일고 있는 작은 해역분쟁에 일상의 개념을 도입할 것을 주장하는 바이다. 전례가 없는 사상이며 제안이기 때문에, 일상에 기초한 국제관계의 사례로서 동해(일본해)와 관련된 문제들을 조망하고 언급하고 행동으로 옮기는 과정이 진행되기를 바라는 것이다. 그 실천 과정으로 제안가능한 것이 "local to local"의 글로벌화라는 맥락이라고 생각한다. 즉 울릉도와 오키노시마의 어민들과 주민들이 직접 글로벌 차원의 관계를 맺을 수 있는 관점과 맥락의 조성이 필요하다. 이것이 일상의 글로벌화라는 구도의 모델이 될 수 있다.

끝으로 본 연구를 수행하는 과정에 정말로 심각한 문제로 대두되었던 것은 이 해역을 무대로 살아왔던 생명체들의 미래에 관한 문제이다. 일상은 원천적으로 생태를 기반으로 한다. 먹이사슬로 연결되어 있는 이 해역의 생태계에 대해서 심각한 걱정을 하지 않을 수 없는 상황이다. 이 해역의 주민은 사람만이 아니라는 점을 확인할 필요가 있다. 인간중심주의의 발로에 기인한 자원착취의 과정과 제국주의적 침략 과정에서 수많은 생명체가 사라졌고, 또 가지는 절멸의 위기를 맞았다. 이 해역을 근거지로 살아왔던 가지는 현재 그 흔적이 보이지 않는다. 사람에 의해서 멸종된 것으로 판단할 수밖에 없다. 현재 괭이갈매기는 무리를 지어서 날고 있다. 가지는 절멸되었다. 괭이갈매기도 언제 이 해역에서 사라질지 모른다. 이 해역의 주변에 포진하고 있는 원자력발전소를 포함하는 문명이기라는 것들을 어떻게 해야 할 것인가? 가지의 절멸 상태를 반면교사로 하여 일상의 생태화와 글로벌화가 앞으로의 과제임이 명백해졌다.

〈부록 1〉 사료에서 발췌한 울릉도의 토속지명

울릉도 사적	울릉도 도형	수토기	해동 지도	조선 지도	대동여 지도	검찰 일기	울릉도 외도	울릉도 내도	울릉도 도형	정처사 술회가	조선지 지자료	조 지
1694	1711	1794	18세기 중엽	18세기 중엽	1861	1882	1882	1882	19세기 추정	1882년 추정	1910	1917
							나리동 (일명 국동)	나리동		ᄂᆞ리골 (나리)	나리동, 라리골직 (나리치)	나리 나리
중봉	중봉	중봉	중봉	중봉	중봉	소황토구미(학포)			소황토구미	즁영 (中嶺)	학포동	학포
		황토구미진	백중봉			대황토구미(태하)	대황토구미		대황토구미	황토금 (황토구미)	台霞동, ᄐᆡᄒᆞ동ᄂᆡ (태하천), 황토구미직 (태하치)	臺霞 台霞 台霞
삼봉	우산도	황토구미굴	우산도	우산		황토 구미			황토굴	울능도		황토 령(황토
		통구미 (桶丘尾)				통구미 (桶邱尾)	통구미 (桶邱尾)		통구미 (桶龜尾)	통구미	통구미동, 통구미직(通九味치)	통구 (通 통구
		구미진 (丘尾津)					웅통구미			웅통긔 (웅통개)	웅통긔 (웅통포)	
		향목정									향목동	향목 향목
	석간주토굴처		주토굴	주토굴	주토굴		석간주혈				쥬사골 (주사곡)	주사 주사 주사
			주토구미									
			천저구미						천저구미			
			도장구미 (道莊仇尾)						도장구미 (都臟龜尾)			
		옹도가지도					가지굴					
			대쇄암									
		죽암				죽암				써ᄂᆞ셤 (대섬, 竹島)	ᄃᆡ방위 (죽암)	죽암
		후포암							후죽암			
		공암	공암	공암	공암				공암	구무쑤러 (공암)	구암(광암)	공암 암(

도 적	울릉도 도형	수토기	해동 지도	조선 지도	대동여 지도	검찰 일기	울릉도 외도	울릉도 내도	울릉도 도형	정처사 술회가	조선지 지자료	조선 지형도
		추산				추봉	추봉	추봉	추봉		송곳산 (추봉), 송곳산늬 (추산천)	추산, 추산천
				대풍소	대풍소	대풍포	대풍구미		대풍구미, 대풍소			대풍감
						흑작지						
						창우암	창우암					
						촉태암 (燭台암)	촉대암 (燭大암)					촉대암
						천년포	천년포					천년포
			선유대									
		저전동			저전동							내수전
		방패도										
		죽도				죽도	죽도					죽도 (죽암)
		병풍석										
			사강포								사공넘이 (사강리)	
		장작지포				장작지포 (사동)	장작지					
						왜선창 (천부)	왜선창		왜선창구 미		예선창 (고: 船昌)	
						홍문가	홍문가	홍문가				홍문동
									장사구미			
						창암(?)	창암					
						소저포						중저동
						대저포						대저포
						저동	저포			모시기 (저동)	모시지 (저동), 모시개지 (저동치)	저동, 저동치
						향목구미 포	향목구 미					
						선판구미	선창구미					
			대암				대암					
						도항						도항
						와달웅					와달리	

울릉도 사적	울릉도 도형	수토기	해동 지도	조선 지도	대동여 지도	검찰 일기	울릉도 외도	울릉도 내도	울릉도 도형	정처사 술회가	조선지 지자료	조 지형
						도방청 (도동: 도방청 포구)	도방청			도동	도동	도동
						죽포						
			대천	대천	대천							
						화암	화암	화봉				
						곡포 (남양)	곡포					남양
						사태구미	사태구미		사태구미			사태 (坎)
						삼막동	산막동				산막골 (산막곡)	
						현작지	흑작지					
						현포	현포도항		현포구미	현표 (현포)	감은작지 (현포동)	현포 현포
							산봉 (蒜봉)					
							노고암					
							장군암	장군봉		중군듸 (장군대)		
										귀암 (龜巖)	龜암동, 굴방위지 (龜암치)	귀암(귀암
							문암					
							형제암					
							주암					
							풍암					
							굴암					
			쌍포암									
										쳔부동		
						나리동중봉						
						성인봉		성인봉				성인
								도덕봉				
								활인봉				
								축갈봉				
								신선봉				
								항봉				
								충봉				

도 석	울릉도 도형	수토기	해동 지도	조선 지도	대동여 지도	검찰 일기	울릉도 외도	울릉도 내도	울릉도 도형	정처사 술회가	조선지 지자료	조선 지형도
								고봉				
								태봉				
								기린봉		귀인봉		
								옥녀봉				
									대우도			
									소우도			
									평탁구미			
									용암			
			우각암									
										아록ᄉᆞ, 알록ᄉᆞ, 알옥ᄉᆞ (와록사 사동)	아록사ᄌᆡ (사동치)	
										남양동		
										즌마봉 (준마봉)		
										화ᄀᆡ봉 (화개봉)		
										문필봉		
										노적봉		
										동ᄌᆞ석 (동자석)		
										노인석		노인치
										가두머리 (가두봉)		가두치
										우복동	우복동 (옥천동), 우복동걸 (우복동 계)	옥천동, 우복동계
										호연봉 (木詳)		
										ᄌᆞ쉬을 (未詳)		
											골ᄀᆡ(남 양동)	
											정돌포 (석포동)	석포동
											남셔골물 (남서계)	남서동, 남서계

울릉도 사적	울릉도 도형	수토기	해동 지도	조선 지도	대동여 지도	검찰 일기	울릉도 외도	울릉도 내도	울릉도 도형	정처사 술회가	조선지 지자료	조 지
											석문동, 석문골물 (석문동 계)	석문 석문
											말바위 (마암), 말방위지 (마암치)	마암 마암
											밧두루봉 (외주치)	외주
											안두루봉 (내주치)	내주
											알봉 (알치)	알봉
											둑겁산 (?산)	?산
											간영지 (간영치)	간령 간령
											사동	사동 사동
											장흥동	장흥
											천부동	천부
											평리동	평리
											신흥동	신흥
			황암골									남면
												북면
												서면
												주도 (북
												신리
												관도 (현 봉)
												초봉
												미륵
												?
												주ㅊ 한글 두리
												가사
												나팔
												수층

도 적	울릉도 도형	수토기	해동 지도	조선 지도	대동여 지도	검찰 일기	울릉도 외도	울릉도 내도	울릉도 도형	정처사 술회가	조선지 지자료	조선 지형도
												산억동
												창동
												행남
												석치
												서달령
												관음도
												일본입도(一本立島)(현 딴방우)
												삼본입
												대등(현 큰등때)
												복호포
												용천

〈부록 2〉 울릉도와 관련된 일본 외교관의 기밀문서

機密京第一七號

小官五月三十日警部渡邊鷹次郎及當領事館附巡査高倉純雙同肱岡登之進竝ニ佐藤潤象ヲ従ヒ材木取調ノ爲メ内部視察官禹用影及釜山監理署主事金冕秀ト三十日蒼龍號ニ便乘シ鬱陵島ニ向ヒ出發翌三十一日着上陸翌日ヨリ三日間島監裵季周ノ邸ニ於テ受命調査事項ニ就キ雙方立會日本人及島監ヲ取調ヘ餘日ヲ以テ山林其他ノ雑項ヲ調査シ六日歸途ニ就キ翌七日歸釜仕候受命調査報告及其他ノ雑項ハ次便ニテ送付可仕候茲ニ別紙鬱陵島調査概況竝ニ同島山林調査概況及御送付候間御閲覽相成度此段申進候 敬具

明治三十三年六月十二日

鬱陵島山林調査概況

(機密京第一七號附屬書)

鬱陵島ハ韓國江原道ニ屬シタル島嶼ニシテ松島又ハ竹島ト稱シ(東經百三十度八分二厘北緯三十七度五分)釜山ヲ距ル東北百八十哩境港ヲ距ル西北二百哩隱岐ヲ距ル百四十哩ニシテ東西凡六哩强南北凡四哩强海面ヲ抜ク約四千尺周圍凡二十哩峻硝澆确峯巒重疊鬱蒼タル天然ノ森林ニシテ日光ヲ見サルノ部分其半ヲ占メ老樹衰憊腐朽ニ屬スルノ今所モ尠カラサルナリ陸地ヲ距ル百四十哩ノ小島ナルヲ以テ海底深ク濃藍色ヲ呈シ風波常ニ甚タシク殊ニ灣形ヲナシタルケ所ナク船舶ノ碇泊ニ便ナラス

見込面積凡九千三百三十一町貳反步内凡六千九百九十八町四反步ハ山林地ニシテ(千四百九十八町四反步ハ谿及岩石ニシテ五千五百町步ハ樹林ノ見込)凡二千三百三十二町八反步ハ無立木地ニ屬シ五百町步ハ切替畑地千八百三十二町ハ反步ハ不毛地其他ノ見込ナリ

山林ハ針葉濶葉ノ混淆天然林ニシテ濶葉樹大部分ヲ占メ其樹種ハ山毛欅, モミジ, タブ, 椿栂, 欅, ビヤクダン, モチ, 櫻, アラヽキ, オヽバク, テンポナシ, 桑, 五葉松, 榎, 等ニシテ欅ハ其質最モ良好木理緻密ナルモ栂ハ疎悪ナリ其他ハ日本種ニ異ナル事ナシ

運搬ハ傾斜最モ甚シキ海面ヲ距ル遠カラス谿水又ハ雨水ニ依リ附近沿岸ニ搬出ノ便アリ

既往欅伐木ノ概況ハ明瞭ナラサルモ今ヲ距ル十三年前日本ヘ大木ヲ出シタリト云フ蓋シ本願寺建築ノ用材ナランカ其伐木ノ根株點々實見セリ其當時ハ日本人一千人モ渡來シ伐材シタリト云ヘリ

明治三十年ニ苧浦ニテ日本人島監ヨリ貰ヒ受ケ一本ヲ伐採シ二千五百才餘ノ板材ヲ日本ヘ輸送シ韓人(北浦ションゴサンヨリ伐材)伐採シ三千才ノ板材ヲ日本ニ輸送セリ
同三十二年ニハ二十八本日本人ニテ伐採シ拾萬才餘ノ板材ヲ日本ヘ輸送セリ此價一才該島ニテ七錢トシ七千圓ナリ
同三十三年ニハ韓政府ノ公文ニ基キ三十二年十一月島民ト利益分配ノ契約濟ニ係ル八十本ノ中五十六本伐採シ既ニ五萬才餘ハ日本ヘ輸送セリト云フ
欅材ノ製材費ハ一才(一寸角長七尺)貳錢五厘ニシテ山床ヨリ海岸迄運搬費貳錢乃至貳錢五厘海岸ニテ賣價七錢トスレハ貳錢ノ利益トナル日本マテノ運賃ハ凡貳錢ナリ
黐皮ニテ黐ヲ製造シ日本ヘ輸送シタルハ其總計七千五百貫ニシテ此價三千四百圓ナリ其年別ハ下ノ如シ三十年二千五百貫此價千圓(十貫四圓)三十一年三千貫此價千二百圓(十貫四圓)三十二年千五百貫此價九百圓(十貫六圓)三十三年五百貫此價三百圓(十貫六圓)ナリ

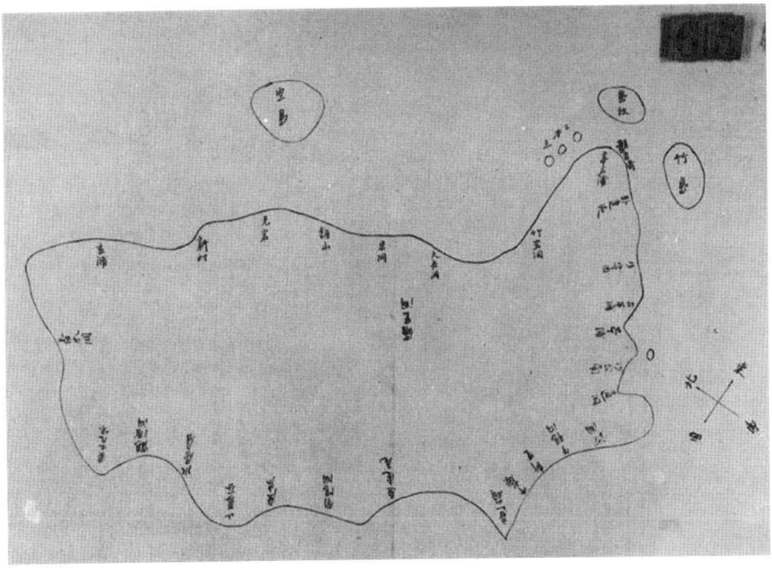

▶▶▶ 참고문헌

김기혁 · 윤용출, 2006. 4, 「조선-일제 강점기 울릉도 지명의 생성과 변화」, 『문화역사지리』, 18(1): 38-62.

김원룡 · 임효재, 1968. 12. 20, 『남해도서고고학』, 서울: 서울대학교문리과대학 동아문화연구소.

대한지리학회, 2005. 11, 『영남권 일본식 지명의 조사 및 정비 방안연구』, 서울: 건설교통부 국토지리정보원.

독도박물관, 2009. 6, 「근대 울릉도독도를 조명하다: 독도박물관 주최 2009 특별전」(2009. 6. 22~8. 22).

신용하, 1989. 2, 「조선왕조의 독도영유와 일본제국주의의 독도 침략」, 『독립운동사연구』, 3: 43-117.

이진명 역, 2000, 『독도, 지리상의 재발견』, 서울: 삼인.

兒島俊平, 2011. 12. 1, 『山陰地方漁業史話』, 浜田: 石見鄉土研究懇談會.

善生永助, 1933, 『朝鮮の聚落(前篇)』, 京城: 朝鮮總督府.

松浦直治, 1934. 6. 28, "日本海のアシカ狩(1)", 大阪朝日新聞 189114號.

松浦直治, 1934. 6. 29, "日本海のアシカ狩(2)", 大阪朝日新聞 189115號.

松浦直治, 1934. 7. 5, "日本海のアシカ狩(8)", 大阪朝日新聞 189121號.

松浦直治, 1934. 7. 7, "日本海のアシカ狩(10)", 大阪朝日新聞 189123號.

內藤正中, 2000. 10. 30, 『竹島(鬱陵島)をめぐる日朝關係史』, 東京: 多賀出版.

和田一雄/伊藤徹魯, 1999. 1. 22, 『鰭脚類: アシカ.アザラシの自然史』, 東京: 東京大學出版會.

森須和男, 1992. 12. 24,「江戸時代の文獻に見える鬱陵島(當時の竹嶋)における」,『ニホンアシカニユース』, 3: 5-7.

山口壽之·久恒義之, 2006. 2. 15,「フジツポ類の分類および鑑定の手引き」,『フジツポ類の最新學』, 日本付着生物學會 編, 東京: 恒星社厚生閣, pp.365-391.

押野明夫, 2006. 2. 15,「新食材としてのフジツポ養殖生産の試み」,『フジツポ類の最新學』, 日本付着生物學會 編, 東京: 恒星社厚生閣, pp.305-316.

渋澤敬三, 1955. 5. 25,『東北犬歩当棒録』, 東京: 産業經濟新聞社.

川上健三, 1966,『竹島の歴史地理學的研究』, 東京: 古今書院.

大西俊輝, 2003. 1. 31,『日本海竹島 -日韓領土問題』, 東京: 東洋出版(권오엽·권정 역, 2004. 11. 11. 독도(獨島), 서울: 제이앤씨).

Anonymous, 1885. 11. 14, "Notes at Port Hamilton, Our New Harbour in the East," The Graphic. p.541.

Tsujino, Riyou, Eriko Ishimaru & Takakazu Yumoto, 2010, "Distribution patterns of five mammals in the Jomon period, middle Edo period, and the present, in the Japanese Archipelago," Mammal Study 35: 179-189.

제4장

21세기 한국사회의 미디어 지형(media scape) 변동

윤석민 · 오형일

1. 연구 배경과 목적

우리의 삶을 둘러싼 미디어 지형(media scape)이 급속하게 바뀌고 있다. 뒤에 좀 더 구체적으로 논의하겠지만 어디까지가 통신이고 어디까지가 방송이며, 무엇이 미디어이고 무엇이 콘텐츠인지 그 경계도 애매하다. 변화의 속도에 삶의 보조를 맞추는 일은 점점 더 쉽지 않고, 미디어가 생산하고 유통하는 수많은 이미지와 사운드 속에서 눈을 어디에 두고, 귀를 어디에 열어야 할지 혼란스러울 지경이다.

미디어는 그와 더불어 사는 사람들의 일상과 관계를 재구조화한다. 미디어를 단순히 정보나 메시지를 전달하는 채널로만 여긴다면, 혹은 그것이 담고 있는 메시지로만 환원하여 해석한다면 미디어의 중요성과 영향력을 과소평가하게 된다. 삶에 대한 지식과 세상에 대한 정보를 획득하고 조직하는 핵심창구이자, 재미, 편리, 호기심, 대리만족이라 불리는 감정과 욕망충족의 수단이면서, 누군가와는 소통하게 하고 누군가와는 불통하게 만드는 미디어를 이해하기 위해서는, 우리의 일상과 관계를 빨아들이는 미디어 경험의 광대함 그 자체, 인간의 시간과 관심을 점유하기 위해 치열하게 경쟁하는 미디어산업, 그리고 이용자에 대한 이해가 필요하다.

이 연구는 우리의 일상을 휘덮고 있는 미디어 지형을 조망하기 위해 첫째, 각 미디어별 산업 현황을 TV, 신문, 인터넷 등 개별 미디어 영역별로 세분화하여 살펴보고, 둘째, 그것이 우리 사회의 커뮤니케이션과 개인의 일상적 삶에 어떤 영향을 미치는지를 조망해보고자 한다. 이를 위해 이 연구가 차용하는 방법론은 동시적(국가별) 및 통시적(시계열) 비교분석이다. 이러한 비교분석은 한국사회의 미디어 지형에서 드러나는 전 세계 공통적인 미디어화(mediatization) 현상과 동시에 우리만의 독특성을 분석할 수 있게 해줄 것이다(Hallin & Mancini, 2004). 아울러 시계

열적인 분석은 미디어화의 중장기적 흐름을 살펴볼 수 있게 해줄 것이다.

이 연구의 비교국가는 한국과 유사하게 디지털 미디어의 확산 속도가 빠른 유럽, 아메리카, 아시아의 선진 국가들, 특히 영국, 미국, 일본에 초점을 맞추고자 한다. 이들 국가들은 한국과 역사적 · 지리적 · 문화적 배경이 매우 다르지만, 미디어 산업적 · 정책적 차원에서 우리나라가 끊임없이 그 제도적 틀을 차용하고 모방한 국가였기 때문에 비교가능한 자료들이 상대적으로 많이 축적되어 있다. 또한 디지털미디어의 급속한 성장 속에서 신문, TV 등 기존 미디어의 영향력이 급속히 하락하고 소셜미디어와 같은 새로운 미디어가 급격히 부상하는 것과 같은 공통점을 지닌다. 시계열 분석의 경우, 디지털 미디어의 확산으로 한국에서 미디어 환경이 급속하게 변하기 시작한 것이 2000년 전후이기 때문에, 2000년에서 2010년 사이로 분석기간을 한정하고자 한다.

2. 사회적 소통 구조와 미디어[1)]

1) 미디어의 개념과 유형

미디어란 가장 기본적인 의미에서 소통의 매개자이다. 소통의 기본단위인 2인(A와 B)이 소통할 때 C를 경유할 경우 이러한 C에 해당하는 모든 수단, 절차, 사람들을 미디어라고 할 수 있다. 더 일반적으로 A가 궁극적으로 B와 소통하기 위해 그 중간단계에 C, D, E… 등과 소통하는 경우, 이러한 중간단계에 해당하는 모든 소통행위가 A와 B 간의 소

1) 이 항은 윤석민(2011), 2장의 내용을 주로 참고하였다.

통을 매개하는 미디어다. 이러한 상황이 극단화될 경우 사회적 소통에서 원래의 커뮤니케이터와 커뮤니케이터 간의 관계가 실종되고 커뮤니케이터와 미디어 또는 미디어와 미디어 간의 소통만이 두드러지는 양상이 나타나기도 한다. 실제로 우리가 수행하는 소통행위 중 다수는 최종적 의미의 소통이라기보다는 미디어적 기능의 수행이며 우리는 소통자라기보다는 미디어로 기능한다.

하지만 보다 좁은 의미에서 미디어란 항시적 그리고 전문적으로 사회적 소통을 매개하는 전문화된 조직=제도적 실체로 정의된다. 오늘날의 사회에서 개인, 집단, 사회적 주체 간에 이루어지는 소통행위는 이처럼 전문화된 조직으로서의 미디어를 경유해 이루어진다.

미디어 지형은 사회적으로 존재하는 수많은 미디어들이 어우러져 구성하는 총체적인 미디어 구조를 의미한다. 이를 분석하기 위해서는 우선 사회적으로 어떠한 유형의 미디어들이 존재하는지를 파악해야 하며, 따라서 미디어 유형을 어떻게 구분할지에 대한 논의가 필요하다.

가장 일상적인 미디어 유형 구분 방법은 미디어의 채널 내지 신호 전송 기술모드에 따라 종이(인쇄) 미디어, 전파미디어(무선통신, TV, 라디오), 유선미디어(유선통신, 유선방송) 식으로 미디어를 구분하는 것이다. 하지만 이와 같은 미디어 유형 구분은 편의적이며 이론적 의의가 애매하다. 또한 디지털 미디어 융합이 진전됨에 따라 기술적 차원의 미디어 구분은 점차 의미를 상실하고 있는 추세다.

그렇다면 미디어 유형을 구분하는 한층 더 본질적이고 타당한 방식은 무엇일까? 미디어란 사회적 소통을 매개하는 제도적 실체로 정의된다. 따라서 미디어 유형을 구분하는 타당한 출발점 역시 특정한 미디어가 매개하는 소통행위가 무엇인가를 살피는 것이다. 이러한 맥락에서 미디어의 유형은 근원적으로 '사적 소통의 미디어', '집단적 소통의 미디어', 그리고 '사회적 소통의 미디어'로 구분된다.

사적 소통의 미디어란 개체와 개체 간의 사적 대화 내지 순수한 대인적 소통을 매개하는 미디어다. 이 미디어는 개인 대 개인의 미세한 정서적 혹은 도구적 문제들을 조정하는 미시적 단위의 사회적 상호작용 및 소통활동에 토대를 두고 있다. 이는 무엇보다 개인의 내밀한 자기 세계, 사적 관계, 사적 대화의 형식과 욕구에 부응해야 한다. 그 대표 사례가 소통의 채널만 제공하되 그 소통행위가 언제 발생하고 내용이 무엇인지는 자유롭게 열려 있는 통신이라 할 것이다.

사회적 소통의 미디어는 정반대로 가장 공공적인 사회적인 소통을 가능하게 해주는 미디어다. 불규칙하고 비공식적인 사적 대화를 매개하는 사적 미디어와는 달리 사회적 소통의 미디어는 수많은 사람들이 동시에 관여할 수 있게끔 공식화된 소통 형식을 갖추어야 한다.

이러한 소통 수요를 충족시키는 미디어의 중심에 방송이 있다. 방송은 누구에게나 중요하고 관심거리가 되는 내용을, 누구나 이해하기 쉬운 동영상 메시지로 구현하여, 사회 전 구성원에게 보편적으로 도달 가능한 채널을 통해 제공한다. 소통대상은 가장 큰 범주의 사회공동체다. 통신은 소통의 실질적인 발생빈도, 형식과 내용 자체에 개입하지 않는 반면 방송은 흔히 공익으로 총칭되는 공동체의 이익 차원에서 소통행위의 형식과 내용을 엄격하게 규정한다.

집단적 소통의 미디어는 사적 미디어와 사회적 미디어의 중간자적 위치에서 개인과 집단, 집단과 집단, 집단과 사회의 소통행위를 매개하는 미디어를 총괄한다. 소통행위의 형식과 내용이 불규칙하고 필요에 따라 발생하는 사적 미디어와, 소통행위의 발생 및 형식과 내용이 엄격하게 규정된 사회적 미디어의 속성을 공유하며 상황에 따라 탄력적으로 기능한다. 인쇄출판 미디어는 이러한 집단적 소통 미디어의 대표 사례라 할 것이다.

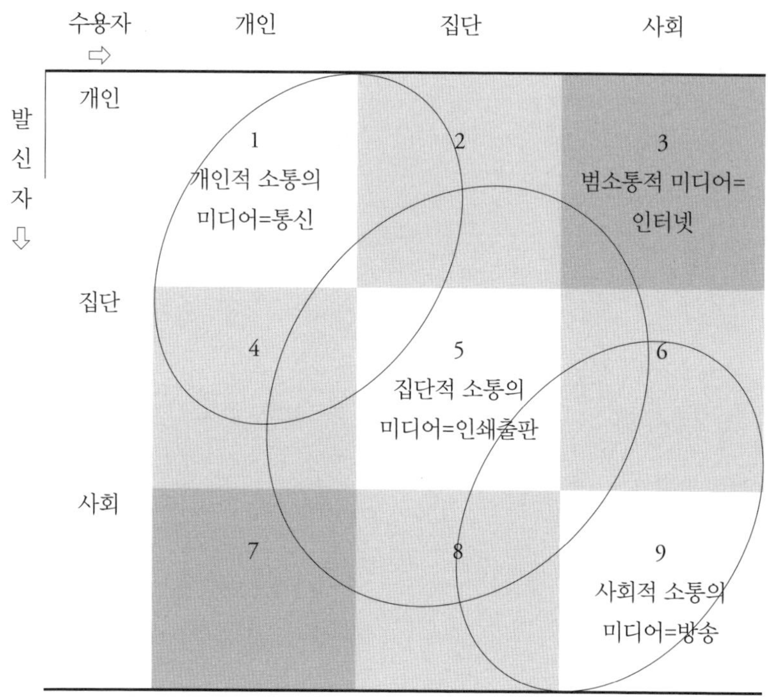

〈그림 4-1〉 사회적 소통 영역과 미디어

2) 미디어 지형 변동의 방향

미디어는 끊임없이 변화하는 역동적 현상이다. 모든 미디어는 처음 등장한 형태로 고정되어 있지 않고 변화하기 때문에 그 나름의 의미로 모두 뉴미디어적 상태에 있다. 우리가 흔히 구(old) 미디어로 분류하는 신문이나 방송도 마찬가지다.

그렇다면 이처럼 미디어가 변화하는 이유는 무엇인가? 이에 대한 흔한 답변은 기술발전이다. 이를테면 최근 들어 트위터나 페이스북 등 SNS(social network service)와 스마트폰이 급속하게 발전하게 된 것을 디지털 네트워크 통신기술의 비약적 발전 때문이라고 설명하는 것이다. 이 같은 기술결정론(technological determinism)적 설명은 미디어의 발전과 사회적 영향력을 예측하는 지배적인 틀로써 1980~90년대의 뉴미디어/정보사회 논의를 거쳐 최근 들어 스마트폰이나 소셜 네트워크의 가능성에 대한 논의로 꾸준히 이어지고 있다.

이에 대한 대안적 논리는 사회적 상호작용 내지 소통의 필요성이 미디어의 발전을 초래한다는 주장이다. 다시 말하면 인간 상호작용 양상의 변화에 따라 이를 반영하는 방향으로 소통의 수단이라고 할 미디어(기술, 산업 및 제도)가 변화한다는 것이다. 이러한 논리는 미디어 결정론에 대비해 사회의 미디어 결정론(societal determinism)이라고 할 수 있다.

정리하면, 미디어 발전은 이 두 가지 측면을 모두 반영한다. 미디어 기술이 미디어의 발전, 그리고 미디어가 사회변화를 추동하는 측면은 분명 무시할 수 없다. 하지만, 동시에 미디어 기술, 서비스, 정책은 독자적인 외생변수라기보다는 사회변화를 반영하는 현상이다. 따라서 미디어 발전을 이해하기 위해서는 미디어가 사회적 수요와 변화를 추동하는 측면뿐 아니라, 그 역의 측면, 즉 사회변화 및 새로운 사회적 소통구조가 미디어의 변화를 초래하는 것에도 주목할 필요가 있다.

〈그림 4-2〉와 〈그림 4-3〉은 전근대 사회와 현시대에 있어서 사회적 상호작용 및 소통구조, 그리고 그에 따라 나타나는 미디어 지형변화의 큰 방향을 나타내본 것이다.

첫째, 역사의 진전 속에서 사회적 관계와 상호작용은 한층 복잡해지고 사회적 소통은 지속적으로 활성화된다. 다양한 사회적 주체들이 좀 더 다양한 방식으로 관계를 맺고 상호작용하는 가운데 이들 간의 소통적 상호작용이 급속히 성장한다. 이같은 상호작용의 증대는 근대화로 통칭되는 사회발전의 자연스런 경향이다. 근대화란 본질적으로 더 많은 사회구성원이 상호작용을 통해 자신의 필요, 주장, 욕망을 충족하

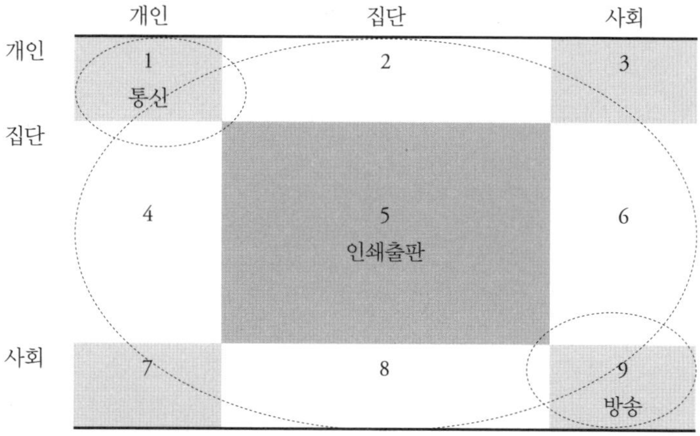

〈그림 4-2〉 전근대 사회의 상호작용 · 소통구조와 미디어

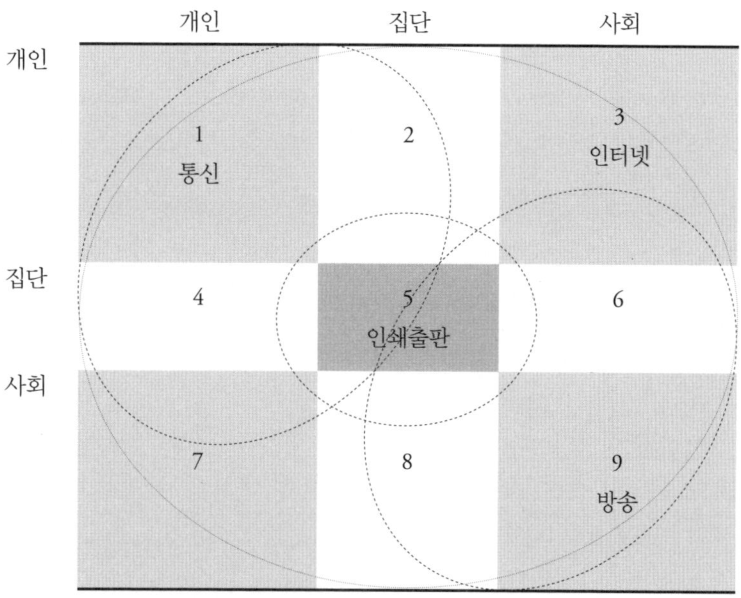

〈그림 4-3〉 현시대의 상호작용 · 소통구조와 미디어

고, 이를 통해 삶의 질을 높이고, 보다 고도화된 욕구충족을 위해 다시금 역동적으로 상호작용에 참여하는 상태다. 소통의 양식도 일방향에서 쌍방향, 일대일에서 일대다, 다대일, 다대다 소통으로 다양해지는 양상을 보이게 된다. 소통혁명, 정보혁명의 본질이 이에 다름 아닌바, 이는 사회적 소통구조의 전체 크기가 확장되는 변화로 나타난다.

둘째, 사회적 소통의 구조 역시 변화한다. 역사적으로 관측되는 변화의 방향은 사회성원들의 개인 및 사회적 정체성은 강화되는 반면 집단적 정체성은 약화된다고 가정할 때, 사적(1) 소통영역과 사회적(9) 소통영역, 그리고 상하방의 급진적 소통영역(3, 7)이 활성화되는 반면, 집단적 소통영역(5)은 위축되는 양상이다(윤석민, 2007, 4장; 2011, 2장).

셋째, 이처럼 근원적이고도 고유한 소통영역의 구분에 상응하는 미디어들이 통신, 인쇄출판, 방송이라 할 것이다. 이 각각의 미디어가 매개하는 소통행위에는 본질적인 차이가 있다. 순수한 의미의 통신은 개인과 개인 간의 사사로운 소통행위를 매개하는 미디어다. 방송은 사회와 사회 간의 소통행위를 매개하는 미디어다. 이 양 극단의 중간영역에 집단적 소통을 매개하는 인쇄출판 매체가 있다.

넷째, 사회적 소통구조의 변화 및 미디어에 대한 사회적 수요의 변화에 따라 미디어 시스템은 변화한다. 통신미디어는 더는 사적 소통만을 매개하는 것이 아니라 집단 및 사회적 소통을 매개하는 다기능 미디어로 진화 중이다. 구형전화(plain old telephone)에서, 디지털전화, 휴대전화를 거쳐, 스마트폰으로 발전하는 추세가 그것이다. 방송미디어의 경우도 방송(broadcasting)에서 협송(narrowcasting)을 거쳐 통신과 다를 바 없는 점송(pointcasting)으로까지 진전되고 있다. 통신미디어와 방송미디어가 이처럼 약진하는 반면에 인쇄매체는 위기를 겪고 있다. 그 대표적인 예가 신문의 위기다. 궁극적으로 전통적인 미디어의 구분 자체가 약화되거나 사라지고, 미디어 사업자들은 하나의 영역기반을 넘어 범커뮤니케이션 사업 내지 범미디어 사업이라는 정체성을 제시하며 경쟁적으로 영역을 확장하고 있다.

다섯째, 하나의 미디어가 모든 소통을 매개할 수 있는 미디어 융합이 진전된다고 해서 사적 소통, 집단적 소통, 그리고 사회적 소통이 뒤섞이는 것이 아님은 물론이다. 개체, 집단, 그리고 사회성원으로서의 우리의 삶이 근본적으로 바뀌지 않는 한, 이러한 소통을 매개하는 기술적 수단이 어떻게 변화하건 이러한 소통영역의 차별성은 엄존할 것이다. 서로 다른 소통영역을 결합시키려는 사업적 시도들(예를 들어, 방송과 통신 서비스를 결합한 영상전화, 쌍방향 정보와 TV 시청을 연결하려는 쌍방향 방송서비스)이 지속적으로 실패해온 이유는 바로 이러한 점을 간과했기 때문이다. 최근 들어 페이스북, 트위터 같은 SNS가 사적 소통과 공적 소통을 뒤섞어 사회적 논란을 초래하는 이유도 여기서 찾을 수 있다. 이 같은 과도기적 혼란은 SNS 이용자들이 사적 대화와 집단적 교신, 그리고 사회적 발언을 분별할 줄 아는 경험과 지혜를 체득할 때 해결의 실마리를 찾게 될 것이다.

이상에서 제시한 사회적 소통구조의 변화, 그리고 그와 동전의 양면처럼 연계된 미디어 지형의 변화는 세계 어느 나라보다도 우리 사회에서 뚜렷하게 관측되고 있다는 것이 필자들의 판단이다.

3. 21세기 한국사회의 주요 미디어 동향

1) 신문

한국사회에서 종이신문은 사회적 커뮤니케이션 채널의 중심부에서 밀려나기 시작했다. 물론 종이신문은 여전히 우리의 일상 한켠에 자

〈표 4-1〉 국가별 일간신문 구독률 (단위: %)

국가	구독률	기존 조사연도	2008년	증감률
아이슬란드	93	(2002)	96	+ 3.2%
일본	94	(2002)	92	− 2.1%
스웨덴	87	(2005)	83	− 4.6%
노르웨이	86	(2003)	82	− 4.7%
스위스	74	(2002)	80	+ 8.1%
핀란드	82	(2005)	79 (over 12)	− 3.7%
덴마크	81	(2005)	76	− 6.2%
캐나다	82	(2002)	73	− 11.0%
오스트리아	74	(2005)	73	− 1.4%
독일	76	(2005)	71 (2009)	− 6.6%
네덜란드	71	(2004)	70	− 1.4%
룩셈부르크	64	(2002)	63	− 1.6%
미국	55	(2001)	45	− 18.2%
프랑스	45	(2005)	44	− 2.2%
한국	48	(2004)	29 (2010)	− 39.5%
영국	33	(2003)	33 (2010)	0%

주: 국가별로 구독률을 측정하는 대상과 설문 방법이 다르기 때문에 단순 비교는 어려움.
자료: OECD(2010); 한국언론진흥재단(2011).

리잡고 있다. 그러나 영향력이 예전만 못함은 물론이다. 이는 특정 국가에서만 나타나는 현상이 아니라, 전 세계적으로 나타나는 현상이다.

〈표 4-1〉은 2000년대 초반(2001~2005년)과 후반(2008~2009년)의 국가별 신문구독률 변화를 보여준다. 몇 개의 예외국가가 있지만 종이신문 구독률이 전반적으로 하락하고 있음을 볼 수 있다. 물론 하락의 정도는 국가별로 편차가 있고, 한국은 전 세계에서 가장 빠르게 신문 독

〈표 4-2〉 일본과 한국의 신문 열독시간과 열독률

국가	비교	2000년	2005년	2010년
한국	열독시간	5분	3분	4분
	열독률	14%	10%	12%
일본	열독시간	23분	22분	20분
	열독률	49%	44%	40%

자료: KBS · 서울대언론정보연구소(2001, 2006, 2011), NHK(2006, 2011).

〈표 4-3〉 미디어별 뉴스 이용 비율

(단위: %)

	정기적 이용 (1)	비정기적 이용 (2)	이용 (1+2)	이용 안 함
지상파 TV뉴스	80.9	14.2	95.1	4.6
케이블 뉴스 채널	30.9	21.9	52.8	47.1
인터넷 포털 뉴스	38.0	14.8	52.6	47.2
전국 일간신문	32.5	10.6	41.1	56.9
지역 일간신문	7.9	10.4	18.3	81.7
라디오 뉴스	10.7	10.8	21.5	78.5

자료: 김영주 · 정재민(2010).

자 비율이 줄어들고 있는 나라 중 하나다. 2008년 한국의 종이신문 구독률은 러시아(11%), 그리스(12%), 터키(31%), 영국(33%), 멕시코(34%)와 더불어 OECD 최저 수준이다.

구독률과 함께 한국 신문의 위기를 보여주는 또 하나의 지표는 열독시간이다. 2010년 국민생활시간 조사에 따르면, 한국인의 1일 평균 신문 열독시간은 4분에 불과하다. 이는 종이신문의 영향력이 상대적으로 높은 일본의 1/5 수준이다. 전체 국민 중 1일 동안 15분 이상 신문을 읽는 사람의 비율(열독률) 역시 열 명 중 한 명꼴로, 전 국민의 40% 이상

〈표 4-4〉 국가별 신문시장 규모 변화 (단위: 백만 달러)

국가	2005년	2010년	증감률
미국	10,306	7,948	− 22.9%
영국	4,839	4,279	− 11.6%
독일	5,745	5,610	− 2.3%
일본	13,509	12,605	− 6.7%
한국	2,250	2,116	− 6.0%

자료: PWC(2010), 금융감독원 전자공시(한국신문협회 회원사 2005년 33개사, 2010년 30개사).

이 매일 신문을 읽는 일본과 큰 차이를 보이고 있다.

2010년 국민의 뉴스 소비 행태 조사연구를 보면, 뉴스 소비를 위해 가장 많이 이용하는 미디어는 지상파 뉴스(95.1%)고, 그 다음으로 케이블 뉴스전문채널(52.8%), 포털뉴스(52.6%)의 순이다. 일간신문을 통해 뉴스를 소비하는 사람들은 포털뉴스 이용자 수보다 적은 것으로 나타났다(김영주 · 정재민, 2010).

특히 젊은층의 신문열독률이 크게 떨어지고 있다. 2010년 〈언론수용자 의식조사〉에 따르면, 20대의 신문구독률은 2004년 37.4%에서 2010년 18.3%로, 30대의 신문구독률은 2004년 42.9%에서 2010년 28.6%로 추락했다(한국언론진흥재단, 2010a). 이러한 결과들은 공히 뉴스 미디어로서 우리나라 종이신문의 위상이 떨어지고 있음을 보여준다.

이러한 상황에서 국내 신문들은 심각한 경영위기에 직면해 있다고 알려져 있다. 그러나 이는 부분적으로만 타당하다. 타 선진국들의 시장 규모 축소에 비해 한국 신문사의 매출액 하락은 크지 않다. 2010년 한국 신문협회 회원사 30개사의 매출액 합은 21억 달러 수준으로 2005년 대비 6%가 하락했다. 이는 2005년에 대비하여 23%나 시장규모가 축소된 미국, 12%나 시장규모가 축소된 영국 등에 비해 상대적으로 적은

〈표 4-5〉 2000~2010년 주요 언론사별 매출액 변화 (단위: 억 원)

	2000년	2005년	2010년	증감률 (2000년 대비)	증감률 (2005년 대비)
조선일보	4,753	3,891	3,709	− 22.0%	− 4.7%
동아일보	3,588	2,914	2,946	− 17.9%	+ 1.0%
중앙일보	3,852	3,324	3,325	− 13.7%	=
경향신문	809	704	726	− 10.3%	+ 3.1%
한겨레신문	850	766	811	− 4.6%	+ 5.9%

자료: 금융감독원 전자공시.

하락률이다.

좀 더 구체적으로 주요 신문사별 매출액 변화 추이를 살펴보면, 공통적으로 2000년대 초반 급격하게 떨어지던 매출액이 2000년대 후반으로 들어서면서 하락세가 완만해지거나, 오히려 상승세로 돌아선 것을 볼 수 있다. 〈표 4-5〉를 보면, 조선일보는 2005년 매출액이 3,891억으로 2000년 대비 22.0%나 하락했지만, 2010년 매출액은 3,709억 원으로 2005년 대비 하락률이 4.7%로 완만해졌음을 확인할 수 있다. 중앙일보 역시 2005년 매출액이 3,324억 원으로 2000년 대비 13.7% 하락했지만, 2010년 매출액은 2005년과 비슷한 3,325억 원 수준이다. 동아일보, 경향신문, 한겨레신문은 최근 들어 매출액이 오히려 상승하고 있다. 앞서 제시한 구독률, 열독시간, 열독률 등의 지표에서 알 수 있는 바와 같이, 다른 국가들에 비해 한국의 신문 수용자 시장은 극히 협소해진 상황이다. 그럼에도 불구하고 2000년대 후반 들어 주요 신문의 매출액 하락이 멈춘 것은 역설적으로 한국 신문산업이 합리적으로 작동하고 있지 않음을 보여주는 근거라 할 것이다.

실제로 한국의 신문산업은 기본적인 시장기능이 제대로 작동하

〈표 4-6〉 2009년 세계 주요 국가 인구 천 명당 신문 발행부수

주요국가	인구 천 명당 발행부수
핀란드	462.0
일본	458.3
한국	317.3
영국	284.7
독일	278.7
네덜란드	260.3
덴마크	235.0
미국	192.0

자료: WAN(2010).

지 않는 전근대성을 드러내고 있다. 단적인 예가 발행부수다. 종이신문을 읽는 독자 비율이 미미함에도 한국 신문산업이 매일 발행하는 신문 부수는 1천만 부가 넘는다. OECD가 〈뉴스와 인터넷의 진화 보고서〉를 통해 2008년 기준 30개 회원국의 유료 일간지 발행 부수를 조사한 결과, 한국은 1,300만 부로 일본(5,100만 부), 미국(4,900만 부), 독일(2천만 부), 영국(1,500만 부)과 함께 1천만 부가 넘는 5개 국가에 속해 있다. 〈표 4-6〉은 국가별 인구 천 명당 신문 발행부수를 보여준다. 한국은 핀란드, 일본 다음으로 발행부수가 많은 국가다. 이는 한국의 신문산업이 시장규모를 초과하는 과도한 종이신문을 발행하고 있음을 보여준다.

한국의 신문사들이 구독자 수와 상관없이 과도하게 신문을 발행하는 이유는 발행부수를 근거로 광고물량을 확보하기 때문이다. 신문사들은 뉴스 콘텐츠의 질과 새로운 미디어 환경에 부응하는 서비스에 의해 경쟁하기보다는 무가지, 경품, 현금살포 등 출혈적 판촉행위에 의존해 부수를 부풀린다. 신문광고시장에는 거래당사자가 합의하고 인정하

〈표 4-7〉 한국 미디어 총광고비 변화 (단위: 억 원)

	2003년	2004년	2005년	2006년	2007년	2008년	2009년	2010년	성장률 (2003년 기준)
신문	18,900	17,436	16,724	17,013	17,801	16,581	15,007	16,438	− 13%
지상파 TV	23,671	22,350	21,491	21,839	21,076	18,997	16,709	19,307	− 18%
케이블	2,975	3,999	4,868	6,271	8,297	8,600	7,794	9,649	+ 224%
인터넷	2,700	3,927	5,669	7,790	10,200	11,900	12,430	15,470	+ 472%

자료: 제일기획(2004~2011).

는 광고 단가책정의 기준자료는 존재하지도 않은 채, 원턴(one turn) 광고, 대포광고 등 전근대적 관행이 난무하는 실정이다(김영주, 2011; 윤석민, 2011).

이러한 신문사업자들의 전근대적 · 무규범적 행위들은 시장질서를 혼탁하게 만들고, 신문산업의 위기를 가속할 뿐만 아니라 위기의 실체를 신문산업 스스로 직시하지 못하게 만드는 요인이 되기도 한다. 2010년, 신문의 총 광고매출액은 1조 6천억 원으로 여전히 케이블과 인터넷의 광고 수익보다 많고, 지상파 TV와의 차이는 3천억 원 수준으로 2000년대 초반보다 격차가 오히려 줄어든 상황이다. 이는 케이블과 인터넷의 성장에 따라 지상파 TV의 광고매출액은 큰 폭으로 떨어진 반면, 신문의 광고매출액 하락이 상대적으로 적었다는 것을 의미한다. 2010년 기준으로 매체별 광고점유율 순위를 살펴보면 지상파 TV(22.8%), 신문(19.5%), 인터넷(18.4%), 케이블(11.4%) 순으로, 여전히 신문의 광고 영향력은 막강한 것으로 나타난다. 이러한 결과들은 수용자 시장에서 그 영향력을 현격하게 잃고 있는 신문의 실제 모습과 대비되는 것으로, 한국의 신문광고시장이 비정상적인 방식으로 지탱, 유지되고 있음을 반증하는 사례라 할 것이다.

2010년 한국에서 소위 일간신문으로 등록된 신문은 330개로 2005년의 2배 수준이다. 이에 더해 인터넷을 기반으로 한 온라인 신문은 2005년 대비 10배 가까이 많은 2,470개이다. 이는 우리의 주변을 휘감고 있는 소위 신문기사라고 불리는 메시지의 수가 기하급수적으로 증가하고 있음을 의미한다. 이처럼 신문기사 양이 많아질수록 그 질은 떨어진다. 게다가 정치적 지지층을 결집시켜 여론 영향력을 유지하겠다는 경제적 이해관계가 배태된 속칭 보수 대 진보 신문으로 나타나는 주창 저널리즘의 강화는 언론을 분열시키고, 정치를 분열시키는 메시지를 확대 재생산하고 있다(최영재, 2011).

이러한 신문의 저급화 현상과 주창 저널리즘의 난무는 우리 사회의 갈등을 심화시키고 사회적 소통을 파행으로 이끄는 주범 중 하나다. 더 나아가 신문 저널리즘의 질적 하락은 신문 전반에 대한 신뢰도를 떨어뜨려 종이신문의 위기를 악화시키는 부메랑 효과를 야기한다(윤석민, 2011). 2010년 한국 언론진흥재단이 실시한 조사에 따르면, 종합신문은 정확성, 공정성, 심층성, 신뢰도, 역할과 기능 측면에서 지상파 TV 뉴스뿐 아니라 케이블 뉴스에도 뒤지는 평가를 받고 있다(한국언론진흥재단, 2010a).

요약하면, 한국사회에서 뉴스 미디어로서 신문의 위상은 현저하게 약화되고 있다. 신문의 독자시장 규모는 줄어들고 있고, 이용시간은 감소하고 있다. 특히 젊은 세대의 이탈이 두드러진다. 여기에 수요에 상관없이 무차별적으로 발행되는 신문 부수, 그것을 근거로 광고 수익 증대에 필요한 기반을 확보하는 영업활동의 폐해까지 겹쳐 위기가 증폭되는 양상이다.

〈표 4-8〉 정기간행물 종별 등록 수

	2005년	2006년	2007년	2008년	2009년	2010년
일간신문	168	193	281	288	290	330
인터넷신문	286	626	927	1,282	1,712	2,470

자료: 한국신문협회 홈페이지 신문업계 현황 통계, 문화체육관광부(2010).

〈표 4-9〉 언론산업 종사자 수

	신문	방송	인터넷신문
2007년	19,406명	28,913명	8,474명
2008년	19,664명	29,669명	6,988명
2009년	25,819명	29,966명	7,300명

자료: 한국언론진흥재단(2010b); 방송통신위원회(2010a).

〈표 4-10〉 기사/보도의 매체별 평가 (단위: 5점 척도 평균)

	정확성	공정성	심층성	신뢰도	역할과 기능
종합신문	3.79	3.70	3.78	3.79	3.69
지상파 TV	4.06	3.97	3.92	4.04	3.93
케이블 뉴스전문 채널	3.95	3.89	3.86	3.90	3.86

자료: 한국언론진흥재단(2010a).

한국의 신문광고는 상대적으로 여전히 높은 시장점유율을 보이고 있지만, 전근대적인 관행에 의해 유지되는 광고시장이 언제까지 존속할 수 있을지는 미지수다. 이러한 신문 환경의 악화에도 불구하고 신문업계는 공히 신뢰도 향상과 구독층 증대를 위한 노력이 부족하며, 새로운 미디어 환경에 제대로 대응하지 못하고 있다. 포털 뉴스가 뉴스 소비의 주된 이용 경로가 되고 있지만, 이 역시 상당부분 기존의 종이신문들이 생산한 저급한 메시지를 확산시키는 데 불과하다. 종이신문의 위기는 한국사회의 사회적 소통을 저해하는 주된 요인이다. 종이신문의 위기는 단지 하나의 미디어의 위기를 넘어 총체적인 저널리즘의 위기로 이어지고 있기에 구체적인 대안이 요구되고 있다.

2) 텔레비전

인터넷의 확산이 텔레비전의 영향력을 감소시킬 것이라는 우려는 신문의 위기만큼 자주 언급되어왔다. 하지만 전 세계적으로 인터넷이 텔레비전의 영향력을 감소시키고 있다는 주장은 적어도 텔레비전 시청시간의 관점에서는 사실이 아니다. 물론 인터넷이 없던 시절보다 시청시간은 다소 줄어들었지만 텔레비전은 여전히 우리 사회에서 가장 막강한 여가 활동 수단이다. 각 나라의 생활시간조사를 비교해보면 일본, 미국, 영국의 TV 시청시간은 적게는 2시간 37분에서 많게는 3시간 54분에 달한다. 이는 전체 여가시간의 50%에서 75%에 해당한다.

한국사회의 텔레비전으로 논의를 좁혀보면, 2010년 한국인의 TV 시청시간은 일본, 미국, 영국보다 낮은 평균 2시간 23분이다. 일본, 미국, 영국의 2010년 TV 시청시간이 2005년에 비해 다소 증가한 것과 달리, 2010년 한국의 TV 시청시간은 2005년보다 31분 줄었다. 전체 여가시간에서 TV 시청이 차지하는 비율도 40% 수준으로 다른 국가에 비해 상대적으로 낮은 편이다. 그렇지만 일상 곳곳에 펼쳐져 있는 수많은 미디어 중 가장 많은 시간을 TV에 할애하고 있다는 점은 한국이나 여타 국가나 동일하다.[2] 내가 집중해서 TV를 보는 시간, 식사를 하거

---

2) 특히 일기기입식이 아닌 피플미터기를 이용해 TV 시청시간을 자동 기록하는 AGB

〈표 4-11〉 국가별 1일 TV 시청시간 비교

국가	2005년	2010년	증감률	여가시간점유율	전체 여가시간
일본	3시간 53분	3시간 54분	+ 1분	75.0%	5시간 12분(2005)
미국	2시간 35분	2시간 44분	+ 9분	52.1%	5시간15분(2009)
한국	2시간 54분	2시간 23분	− 31분	40.4%	5시간 54분(2010)
영국	2시간 36분	2시간 37분	+ 1분	50.0%	5시간 14분(2005)

자료: KBS(2006, 2011); NHK(2006, 2011); U.K. National Statistics(2006, 2011); U.S. Department of Labor(2006, 2011).

나 대화를 하는 것처럼 무언가 다른 일을 하면서 TV를 보는 시간, 그리고 TV를 켜놓고 보지 않고 있는 상황을 합친다면 텔레비전 시청은 우리가 생각하는 것 이상의 여가시간을 차지한다. 인터넷은 분명 텔레비전 시청 패턴을 바꾸어놓았지만, 그것이 텔레비전의 영향력을 현격하게 떨어뜨린 것은 아니다.

텔레비전 시청에 있어서, 가난한 국가와 부자 국가, 저소득층과 고소득층, 저학력과 고학력, 전문직과 노동계급, 남성과 여성 사이에 나타나는 차이가 크지 않다. 물론 부자보다 가난한 사람, 고학력자보다 저학력자들, 전문직보다 노동계급의 TV 시청시간이 길지만, 이 차이는 건강, 수명, 범죄율, 실업률 등 기타 사회적 지표의 차이에 비하면 매우 적다. 이는 전 세계적으로 텔레비전이 국가, 계급, 인구사회학적 차이와 상관없이 가장 강력한 사회적 커뮤니케이션 채널로서 자리 잡고 있음을 의미한다.

닐슨 측정치에 따르면 한국 개인의 TV 시청시간은 생활시간조사 결과보다 1시간이나 많은 3시간 20분이다. 이러한 차이는, 우리가 의식적으로 이야기하는 수준보다 훨씬 더 높은 수준에서 TV가 여가시간을 점유하고 있음을 보여준다.

다만 인터넷의 진화와 함께 변화는 있다. 텔레비전 시청에 있어 전 세계적으로 젊은층의 이탈이 두드러진다는 점이다. 특히 인터넷 확산 속도가 빠른 한국의 경우, 10대와 20대의 TV 시청시간이 급속히 줄어, 2010년 기준으로 16~19세는 일일 평균 23분, 20대는 1시간 6분의 시청시간을 보이고 있다. 이는 60대(2시간 34분), 70대 이상(3시간 12분)의 1/4 수준으로 미국, 일본, 독일에 비해 세대별 시청시간 차이가 큰 편이다. 젊은층의 TV 이탈은 한국인의 평균 TV 시청시간이 일본, 미국, 영국 등에 비해 줄어든 가장 큰 이유다.

그렇지만 향후 한국의 TV 시청시간이 지속적으로 감소할 것이냐는 질문에 답하기는 쉽지 않다. 오히려 한국의 텔레비전 시청시간은 향후 증가하면 증가했지 줄어들지는 않을 것이라는 것이 일반적인 미디

〈표 4-12〉 연령별 TV 시청시간 비교 (단위: 시간, 분)

미국(2010)		한국(2010)		일본(2005)		독일(2009)	
연령	평일 TV 시청시간	연령	평일 TV 시청시간	연령	평일 TV 시청시간	연령	평일 TV 시청시간
15~19세	2.14	16~19세	0.23	10대	2.06	14~19세	1.40
20~24세	2.05	20대	1.06	20대	2.11	20대	2.39
25~34세	1.55	30대	1.48	30대	2.15	30대	3.22
35~44세	1.57	40대	1.56	40대	2.23	40대	3.37
45~54세	2.22	50대	2.22	50대	2.56	50대	4.15
55~64세	2.45	60대	2.34	60대	4.18	60대	4.46
65세 이상	4.08	70대 이상	3.12	70대 이상	5.22	70대 이상	4.45

자료: KBS(2011); NHK(2006); AGF/GfK Fernsehforschung(2010); U.S. Department of Labor (2011).

어 업계의 평가다. 여기에는 아무리 새로운 미디어 기기가 가정에 도입된다고 해도 텔레비전이 가정의 핵심적 여가수단으로 남으리라는 점과 고령화 사회가 가속하고 양극화 현상이 심화될수록 텔레비전 시청시간은 늘어날 수밖에 없다는 점이 주된 근거로 언급된다. 실제로 한국방송광고공사에서 매년 발행하는 〈소비자행태보고서〉에 따르면, 2010년 일주일에 한 번 이상 지상파를 시청하는 사람의 비율(도달률)은 97%이고, 케이블 도달률도 76%에 이른다. 인터넷 도달률이 2000년 45% 수준에서 2010년 78% 수준으로 상승(방송통신위원회 · 한국인터넷 진흥원, 2010b)했음에도 TV는 여전히 대다수 사람들이 가장 손쉽게 이용하는 여가매체인 것이다. 한편 고령화와 양극화가 가속할수록 TV 시청시간이 길어질 수밖에 없다는 주장은 우리보다 고령화, 양극화 속도가 빠른 일본의 사례를 통해 제기된다. 일본의 TV 시청시간은 한국보다 1시간 30분이나 많은데, 이는 상당부분 우리보다 높은 고령화, 실업률, 고용 불안전성, 물가 등과 연계되어 있다는 것이다.

실제로 피플미터기를 통해 전자적으로 시청행위를 기록하는 AGB 닐슨미디어리서치 조사에 따르면 전체 가구 중 TV를 시청하는 비율은 2000년 41.1%에서 2010년 44.2%로 상승하였다. 이는 앞서 개인을 대상으로 피조사자의 답변에 전적으로 의존한 생활시간조사 결과와 상반

〈표 4-13〉 한국 vs. 일본 TV 시청 관련 사회구조적 변수 비교

	TV 시청시간	고령화 지수	인구구성비			실업률	파트타임 근로자 비율	물가
			0~14세	15~64세	65세 이상			
일본	3시간 54분	171.0	13.2	64.2	22.6	4.0	18.9	184.0
한국	2시간 23분	67.7	16.2	72.9	11.0	3.2	8.9	100.0

자료: KBS(2011), 통계청 홈페이지.

〈표 4-14〉 한국 전체 TV 시청률(HUT) 변화 (연간) (단위: %)

	2000년	2002년	2004년	2006년	2008년	2010년
전체 가구 시청률	41.1	42.0	42.6	40.3	44.4	44.2

자료: AGB닐슨미디어리서치(2000~2011).

된다. 사실 어떤 데이터가 더 정확한지 판단하기란 쉽지 않다. 이 둘을 결합시키면 개인의 TV 시청시간은 젊은층의 TV 이탈로 다소 줄었을지 몰라도, 가정에서 TV를 켜놓은 채 지내는 시간은 노년층의 증가, 실업률의 증가로 계속 상승하고 있다는 해석이 가능하다.

그렇다면 한국의 텔레비전은 어떤 이미지, 사운드, 콘텐츠로 구성되는가? 이를 이해하기 위해서는 한국 방송시장의 특징에 대한 이해가 우선 필요하다. 메시지의 질적 특성은 방송산업의 구조적 특징에 의해 상당부분 규정되기 때문이다.

시장의 특성과 관련하여, 한국 방송시장의 규모는 어느 수준일까? 방송시장 규모는 프로그램에 투자할 수 있는 제작비 규모를 한정짓고, 제작비 규모는 콘텐츠의 품질과 높은 상관관계를 보인다는 점에서 가장 중요한 검토사항이다.

한국의 방송시장 규모는 미국, 영국, 프랑스, 일본 등 비교국가들에 비해 절대적 크기뿐만 아니라 상대적 크기도 작다. 한국 방송시장의 외형은 세계 8위 수준으로 미국의 8.0%, 일본의 26.6% 수준이다. 이는 GDP 규모의 차이(미국의 9.7%, 일본의 33.0% 수준)보다 더 큰 차이로, 방송시장 규모의 협소함은 한국 방송사업자의 경쟁력과 프로그램의 품질에 부정적인 영향을 미치는 일차적 제약사항이다.

좀 더 구체적으로 살펴보면 방송시장은 크게 1) 수신료(공영방송 수신료 및 유료방송 요금), 2) 광고시장, 3) 국내외 프로그램 판매 등 기타 방송 수익 등으로 구성되는데, 한국은 전체 매출액에서 광고매출액이 차지하는 비중이 33.3%로 미국(64.2%), 영국(36.3%), 프랑스(40.0%), 일본(55.4%)보다 낮다.

그렇다고 수신료가 높은 것도 아니다. 공영방송 수신료는 1981년 이후 30년간 월 2,500원으로 동결되어 있다. 독일의 1/13, 영국의 1/9, 프랑스, 일본의 1/7 수준이다. 유료방송 수신료 역시 월평균 요금이 가입 가구당 약 6~7달러 수준으로 주요국의 유사 서비스 대비 1/8~1/9 배까지 낮은 수준이다(윤석민, 2011). 현재 한국의 방송시장의 규모를 키우는 주요 동력은 수신료나 광고 수익이 아닌 기타 방송 수익인데, 특히 케이블 홈쇼핑채널이 전체 방송매출액의 성장에 미치는 영향이 매우 크다. 2010년 케이블 홈쇼핑이 송출수수료와 방송매출로 벌어들인 수익은 총 2조 6천억 원(송출수수료 4,566억, 방송매출 2조 1,483억)으로 전체 방송매출액의 26%를 차지한다(방송통신위원회, 2011). 이를 제외할 경우, 시장 규모 차원에서 우리와 영국, 미국, 일본 등 해외 주요 국가들과의 격차는 더 크게 벌어질 것이다.

이처럼 상대적으로 제한된 시장에서 다플랫폼 다채널의 무한경쟁이 펼쳐지고 있다. 기존 지상파 플랫폼의 독점 상황에서 1995년 케이블 TV가 도입되고, 위성방송, DMB, IPTV 등이 연이어 도입되면서, 플랫폼 간, 채널 간 경쟁이 격화되어왔다. 〈표 4-16〉은 플랫폼별 방송 가입자 현황을 국가별로 비교한 것으로 한국은 대부분의 사람들이 유료방송 플랫폼을 통해 TV를 수신하고 있음을 알 수 있다. 특히 케이블 플랫폼은 우리나라 방송 플랫폼의 절대 강자다. 2010년 12월 현재 케이블 방송 가입자 수는 1,517만 명에 달한다. 이에 반해 위성채널 등 후발 플랫폼 사업의 성장률은 여타 국가에 비해 낮은 편이다.

플랫폼 시장에서 케이블 SO가 강세를 보이는 것은 케이블 산업을 성장시키고자 했던 정부의 정책적 의지와 후발 플랫폼 사업자들을 시

〈표 4-15〉 2010년 국가별 방송매출액

국가	GDP (10억 달러)	방송 매출액 (백만 달러)	광고 매출액 (백만 달러)	공영방송 연간 수신료	주요 사업자
미국	14,582.4	111,208	71,351 (64.2%)	*	• 지상파: CBS, ABC, FOX, NBC • 케이블: Comcast, Time Warner Cable, COX • 위성: Direct TV, DISH Network • IPTV: AT&T, Verizon
영국	2,233.9	16,867	6,115 (36.3%)	27만 원 (145.5 파운드)	• 지상파: BBC, 채널 4, Five, ITV Freeview(디지털) • 위성: Freesat, Sky Digital • 케이블: Virgin Media • IPTV: BT, Tiscali
프랑스	2,194.1	13,878	5,556 (40.0%)	22만 원 (116유로)	• 지상파: France Television, ARTE, TF1, Canal+, M6 • 위성: CanalSat, AB Sat, BIS TV, Orange • IPTV: Free, Orange • 케이블: Ypso(Noos)
독일	3,071.3	20,549	6,230 (30.3%)	39만 원 (204유로)	• 지상파: ARD, ZDF, RTL • 케이블: KDG, Unitymedia, Kabel • 위성: ARD, ZDF, Pimiere, ArenaSAT
일본	4,301.9	33,579	18,591 (55.4%)	22만 원 (14,910엔)	• 지상파: NHK, NTV, TBS, TV 아사히, FUJI, TV Toky • 위성: NHK, WOW, SKY PERFECT • 케이블: Jupiter Telecom
한국	1,417.5	8,718	2,906 (33.3%)	3만 원	• 지상파: KBS, MBC, SBS • 위성: Skylife • 케이블: 티브로드, CJ, 씨앤앰 • IPTV: KT, SKB, LG U+

자료: Informa Telecoms & Media(2010); 방송통신위원회(2010a); 한국콘텐츠진흥원(2011).

장에서 배제하고자 했던 케이블 사업자들의 일련의 전략—저가 가격 경쟁, 경쟁 사업자의 지상파 재전송 방해, 콘텐츠 제공업자에 대한 부당한 대우 등—때문이다. 2008년 기준으로 한국의 유료방송 가입비율은 OECD 가입국 중 벨기에 다음으로 높은 95% 수준이다.

아울러 케이블 SO 산업의 저가 가격 정책도 유료방송 가입 비율을 높이는 데 결정적인 기여를 했다. 한국의 월 ARPU는 7달러 수준으로, 스리랑카, 인도네시아, 필리핀보다 낮은 상황이다. 저가 가격 정책을 기반으로 한 가입자 규모 확대를 기반으로 지난 10여 년간 한국의 케이블 SO는 다채널 다플랫폼 TV 시장에서 공룡으로 성장하면서 막강한 영향력을 발휘하고 있다. 이 영향력은 때로는 시청자의 볼 권리를 침해하고, 때로는 한국의 콘텐츠 품질을 열악하게 만들며, 때로는 다양한 플랫폼이 방송시장에서 제대로 성장할 수 없게 만드는 걸림돌이 되기도 한다. 경쟁사업자의 지상파 재전송 방해, 콘텐츠 제공업자에 대한 부당한 대우, 저가 가격 경쟁 등이 그 대표적인 예라 할 것이다.

한국의 방송 플랫폼 시장이 케이블 SO에 지배되고 있다면, 콘텐츠 시장은 지상파가 지배하고 있다. 2010년 지상파 TV 5개 채널(KBS1,

〈표 4-16〉 2010년 플랫폼별 방송 가입자 현황 국가별 비교 (단위: 만 명)

	지상파	케이블	위성	IPTV	전체 인구
한국	209	1,517	230	360	4,800
미국	4,150	6,090	3,380	770	32,100
영국	2,120	380	1,060	60	6,200
프랑스	2,080	220	570	1,010	6,300
독일	1,540	1,550	1,140	160	8,200
일본	4,080	2,420	1,040	140	12,600

자료: Informa Telecoms & Media(2010); 방송통신위원회(2010a).

KBS2, MBC, SBS, EBS)의 평균시청률 합은 28.0%다(ABC닐슨미디어리서치, 2001). 인터넷과 케이블의 성장에 따라 지상파 TV 시청률은 2001년 33.8%에서 2005년 27.3%로 하락했지만, 2006년부터 2010년까지 큰 변화 없이 평균 27~28%대의 시청률을 보이고 있다. 전체 방송 수용자 시장에서 지상파 채널이 차지하는 점유율은 60%를 넘고 있다.

지상파 TV가 텔레비전 콘텐츠를 지배하는 것은 비단 한국의 상황만은 아니다. 대부분의 국가에서 텔레비전을 지배하는 메시지들은 지상파 채널에서 전송되는 콘텐츠들이다. 인터넷 등 새로운 플랫폼의 등장과 유료방송 채널의 성장에도 불구하고, 한국뿐만 아니라 일본, 영국, 독일에서 가장 강력한 영향력을 지닌 방송은 지상파 TV이다. 한국뿐만 아니라 일본, 영국, 독일 등 대부분의 국가에서 지상파 개별 채널들은 여전히 10%가 넘는 시청점유율을 보이고 있고, 전체 수용자 시장에서 지상파 TV가 차지하는 점유율도 60~70% 수준이다.

더 나아가 한국의 케이블 채널 대부분이 지상파 프로그램을 구매해 재방 편성하는 전략을 세우고 있는 점을 고려하면, 지상파 콘텐츠의 수용자시장 점유율은 60% 이상이다. 〈표 4-19〉는 2010년 AGB닐슨에서 조사하는 케이블 채널 102개 중 시청률 상위 15위에 해당하는 채널의 자체제작 비율과 국내 구매비율을 보여준다. tvN과 YTN을 제외한 대부분의 채널이 국내 지방파 콘텐츠 및 해외 지상파 드라마나 영화를 핵심 콘텐츠로 편성하고 있음을 알 수 있다. 이러한 현상은 프로그램 단위로도 확인된다. 2010년 유료방송 연간 시청률 TOP 50위 프로그램 중 52%가 지상파 재방송 콘텐츠인 반면 자체 제작 콘텐츠는 12%에 불과하다.

그런데 여기서 주목할 만한 사실이 있다. 지상파 TV의 시청점유율만큼 지상파 방송사가 벌어들이는 수익은 크지 않다는 것이다. 한국 TV 시장에서 지상파 TV 매출액은 전체 방송시장의 36% 수준으로,

〈표 4-17〉 지상파 대 유료방송 시청률(점유율) 현황 (단위: %)

연도	지상파 5개 채널	유료방송 100개 채널	연도	지상파 5개 채널	유료방송 100개 채널
2001	33.8(78.8)	9.1(21.2)	2006	27.2(65.7)	14.2(34.3)
2002	33.3(75.7)	10.7(24.3)	2007	28.9(66.3)	14.5(33.4)
2003	31.5(71.1)	12.8(28.9)	2008	28.6(63.1)	16.7(36.9)
2004	30.0(68.3)	13.9(31.7)	2009	27.6(60.7)	17.9(39.3)
2005	27.3(66.1)	14.0(33.9)	2010	28.0(62.1)	17.1(37.9)

자료: AGB닐슨미디어리서치(2000~2011).

〈표 4-18〉 각국 지상파 TV 주요 채널별 시청점유율 (단위: %)

일본(2010년)		한국(2010년)		영국(2010년)		독일(2009년)	
채널	점유율	채널	점유율	채널	점유율	채널	점유율
후지TV	16.7	SBS	16.4	BBC1	20.7	RTL	13.5
니혼TV	16.3	KBS2	15.0	BBC2	6.9	ARD 3	13.5
TV아사히	14.3	MBC	14.8	ITV1	16.3	ARD	12.7
TBS	13.5	KBS1	14.3	Channel 4	6.4	ZDF	12.5
NHK 종합	13.3	EBS	1.5	Five	4.6	SAT 1	10.4
TV도쿄	5.5					VOX	5.4

자료: AGB닐슨미디어리서치(2011); KBS(2011).

각 가정의 텔레비전 이용시간에서 지상파 TV가 차지하는 비중(62.1%)에 비해 훨씬 낮다. 미디어 상품의 가치는 수용자 규모와 수용자의 이용 시간으로 평가된다는 점을 고려할 때 이는 의외의 사실이 아닐 수 없다. 일본과 독일의 경우 전체 TV 매출액의 75%가 지상파 TV 매출

〈표 4-19〉 2010년 케이블 채널 시청률 및 편성 비율 (단위: %)

	시청률(점유율)	자체 제작 비율	국내 구매 비율	국외 구매 비율
MBC드라마넷	0.9(2.0)	16.5	83.5	–
SBS플러스	0.9(2.0)	5.2	94.8	–
KBS드라마	0.8(1.8)	–	98.3	1.7
tvN	0.7(1.5)	66.0	6.0	5.0
채널CGV	0.6(1.3)	–	32.0	67.0
Tooniverse	0.6(1.4)	7.8	29.8	62.4
YTN	0.6(1.4)	93.5	1.9	–
코미디TV	0.5(1.2)	1.2	93.8	–
E채널	0.5(1.2)		98.0	–
OCN	0.5(1.2)		30.2	68.2

자료: AGB닐슨미디어리서치(2011); 방송통신위원회(2010a).

액이고, 유료 TV 시장이 가장 발달한 미국에서도 지상파 TV 매출액은 전체 방송매출액의 43% 수준에 달한다. 영국, 프랑스, 독일, 일본 공히 지상파 TV의 매출액 점유율은 시청점유율 수준과 상당부분 일치한다.

그렇다면 우리나라 지상파의 매출액 점유율이 시청점유율과 비교할 때, 상대적으로 낮은 이유는 무엇일까? 그 이유는 첫째 앞서 언급한 것처럼 우리나라 방송시장에서 케이블 홈쇼핑 수익과 같은 기타 방송 수익의 비중이 크고, 둘째 인터넷 등 새로운 매체의 성장과 함께 지상파 TV의 광고 수익이 지속적으로 감소하고 있으며, 셋째 공영방송 수신료 수익이 장기적으로 정체되어 있기 때문이다.

지상파방송의 매출액이 시청점유율에 비해 매우 낮다는 사실은, 우리나라 방송시장에서 콘텐츠의 가치 내지 그에 대한 사회적 수요에 상응하는 대가지불이 제대로 이루어지고 있지 못함을 의미한다. 이는 중

〈표 4-20〉 국가별 방송매출액 비교 (단위: 백만 달러)

국가	방송매출액	지상파 TV (점유율)	케이블 (점유율)	위성 (점유율)
미국	111,208	48,000(43.2%)	29,808(26.8%)	28,744(25.8%)
영국	16,867	10,008(59.3%)	908(5.4%)	5,389(53.8%)
프랑스	13,878	9,629(69.4%)	1,046(7.5%)	2,372(24.6%)
독일	20,549	15,513(75.5%)	4,106(20.0%)	463(3.0%)
일본	33,579	25,323(75.4%)	5,543(16.5%)	1,965(5.9%)
한국	8,718	3,174(35.6%)	5,425(62.2%) - 종합유선 SO: 1677(19.2%) - 방송채널 PP: 3443(39.5%) - 위성방송: 305(3.5%)	

자료: Informa Telecoms & Media(2010); 방송통신위원회(2011).

장기적으로 방송 프로그램의 질적 하락으로 이어질 수 있다는 점에서 우려스러운 현상이다.

요약하면, 지상파 TV는 새로운 채널과 플랫폼의 성장에도 불구하고 여전히 막강한 영향력을 지니고 있지만, 이에 따르지 못하는 수익으로 프로그램에 투자할 수 있는 절대 예산규모가 줄어들고, 새로운 콘텐츠에 대한 투자도 인색해지고 있다. 이에 따라 시장에서 검증된 장르인 드라마, 예능 장르를 제외한 새로운 시사, 다큐멘터리 등의 편성은 엄두도 못내는 상황이다.

유료방송의 상황도 좋지는 않다. 케이블 TV 시청률은 2008년 이후 정체된 상황이다. 유료방송에서만 보여줄 수 있는 매력적인 콘텐츠 개발에 투자하기보다 저가정책으로 시장 규모를 키운 후, 지상파 재방, 삼방에 집중해왔기 때문이다.

이는 비단 한국적인 상황이 아니다. 영국의 공영방송 BBC는 2000

〈표 4-21〉 2010년 한국 방송시장 수익원별 매출 규모 (단위: 억 원, %)

구분	수신료 수익		광고 수익		기타 방송 수익		합계	
	금액	비중	금액	비중	금액	비중	금액	비중
지상파	5,866	16.1	22,162	60.7	8.468	23.2	36,497	100.0
종합유선 (SO)	11,737	60.9	1,112	5.8	6.436	33.3	19.285	100.0
방송채널 (PP)	4,113	10.4	9.862	24.9	25,626	64.7	39,602	100.0
위성 DMB	1,125	92.7	45	3.7	44	3.6	1,214	100.0
지상파 DMB	0	0.0	77	53.3	68	46.7	145	100.0
위성방송	2,977	84.7	156	4.4	382	10.9	3,515	100.0
합계	25,819	25.8	33,414	33.3	41,024	40.9	100,258	100.0

자료: 방송통신위원회(2011).

년 이후 BBC의 핵심 장르로 엔터테인먼트, 시트콤, 드라마를 키워나갈 것이라고 선언한 상황이고, 일본의 민방채널, 미국의 네트워크 방송은 SA타임대 전 시간을 엔터테인먼트와 드라마로 도배하고 있다. 다매체 다플랫폼 환경에서 방송 사업자들은 그것이 지상파 TV든 유료방송이든 가장 안전한 투자로 거대한 엔터테인먼트 시스템을 구축해내고 있는 것이다.

이는 다수의 플랫폼과 채널이 탄생하더라도 방송 콘텐츠의 스펙트럼은 오히려 예전보다 한정될 수 있다는 것을 경고한다. 더불어 엔터테인먼트에 대한 집중은 장기적으로 사회적 커뮤니케이션 채널로서의 TV의 기능을 열화시킬 수 있는 위험 요소이기도 하다.

3) 인터넷

인터넷은 통신, 방송, 인쇄출판 매체의 속성을 망라하는 매체의 매체(medium of the media), 매체의 우주 또는 은하계(media universe, media galaxy), 메타미디어(meta-media)다(윤석민, 2011). 인터넷은 모든 미디어의 특성을 망라하고, 모든 미디어를 통합하는 융합 미디어로 역사적으로 가장 짧은 시간에 우리 일상의 지배적 매체로 자리 잡았다.

인터넷 이용자 수의 증가는 놀랍다. 한국의 인터넷 이용자 수는 2000년 전 인구의 45%에서 2010년 84%로 증가했다. 영국, 독일, 일본, 미국도 우리와 대동소이하다. 초고속인터넷 가입자 수도 서비스 초기인 2000년 전체 인구의 8%에서 2010년 37%까지 증가했다. 이는 해외 주요 선진국에서도 공통적으로 나타나는 현상이다.

인터넷의 확산은 단순히 이용자 수의 증가로만 나타나지 않는다. 인터넷 이용시간도 급속히 증가했다. 인터넷 이용자의 평균 이용시간은 2010년 기준으로 한국 2시간 1분, 영국 1시간 50분이다. 이는 전 국민이 아니라 인터넷 이용자만을 기준으로 한 추정치이므로 TV 시청시간과 단순 비교하는 것은 무리지만, 적어도 인터넷 이용자들은 TV 시청시간과 비슷한 시간을 인터넷에 쓰고 있음을 알 수 있다.

현재 선진국 대부분은 80% 이상의 인터넷 이용률을 보이고 있지만, 전 세계적으로 PC를 소유한 가구는 2009년 기준 전 세계 가구의 27.3%에 불과하다. 이는 전 세계적으로 TV를 소유한 가구비율이 70.8%에 달하는 것과 대조된다(ITU, 2010). 같은 맥락에서 전 세계 197개국 중 인터넷 이용률이 25%에 못 미치는 국가는 86개국, 50%에 못 미치는 국가는 139개국에 이른다.

한 국가 내에서도 인터넷 접속에 있어 연령, 학력, 수익 별로 상당한 불평등이 존재한다. 한국은 2010년 기준으로 대졸 이상의 98.1%

〈표 4-22〉 인터넷 이용자 수 (단위: 100명당)

	2000년	2002년	2004년	2006년	2008년	2010년
영국	26.82	56.48	65.61	68.82	78.39	85.00
한국	44.70	59.40	72.70	78.10	80.99	83.70
독일	30.22	48.82	64.73	72.16	77.91	81.85
캐나다	51.30	61.59	65.96	72.40	76.70	81.60
프랑스	14.31	30.18	39.15	46.87	70.68	80.10
일본	29.99	46.59	62.39	68.69	75.40	80.00
미국	43.08	58.79	64.76	68.93	74.00	79.00

자료: ITU World Telecommunication 홈페이지.

〈표 4-23〉 초고속 인터넷 가입자 수 (단위: 100명당)

	2000년	2002년	2004년	2006년	2008년	2010년
영국	0.09	2.29	10.22	21.50	28.19	31.38
한국	8.42	22.58	25.46	29.71	33.35	36.63
독일	0.33	2.77	10.83	20.71	28.71	33.92
캐나다	4.60	11.24	16.95	24.65	29.53	29.81
프랑스	0.33	2.77	10.83	20.71	28.71	33.92
일본	0.68	7.46	15.48	20.91	23.80	26.91
미국	2.50	6.89	12.70	20.11	24.82	26.34

자료: ITU World Telecommunication 홈페이지.

가 인터넷 이용자이지만, 고졸의 이용률은 84.3%, 중졸의 이용률은 59.9%로 차이를 보인다(방송통신위원회 · 한국인터넷진흥원, 2010b). 이러한 차이는 특히 연령에 있어 두드러지는데, 한국의 10~30대 인터넷 이용률은 100%에 육박하지만, 60대의 이용률은 34%, 70대 이상의 이용률

〈표 4-24〉 국가별 인터넷 및 TV 이용시간 비교

2010년	한국	영국	프랑스	미국	일본
인터넷 이용시간	2시간 01분	1시간 50분	2시간 17분	2시간 36분	1시간 16분
TV 시청시간	2시간 37분	2시간 23분	3시간 7분	2시간 44분	3시간 54분

자료: 방송통신위원회 · 한국인터넷진흥원(2010b); Ofcom(2010); 정보통신정책연구원(2010b).

〈표 4-25〉 한국의 평균 인터넷 이용자 변화(2000~2010년)

	2000년	2010년	비고
이용자 평균 연령	26.3세	32.3세	6세 증가
주평균 이용시간	11.7시간	14.7시간	3.0시간 증가
1일 1회 이상 이용자	56.4%	82.5%	26.1% 증가
인터넷 쇼핑 이용자	12.3%	64.3%	52.0% 증가
이메일 계정 보유자	76.3%	85.5%	

자료: 방송통신위원회 · 한국인터넷진흥원(2010b).

은 8%에 불과하다. 이러한 연령별 차이는 해외 선진국에서도 공통적으로 나타나는 현상이다.

현재 인터넷 공간에는 정치, 경제에서 연예, 스포츠까지, 학술논문에서 인터넷 쇼핑, 그리고 종교와 섹스에 이르기까지 수많은 이야기들이 들끓고 있다. 초창기 인터넷 이용자들은 온라인 공간을 크게 세 방향으로 구체화시켰다. 첫째는 기존 체제에 대한 저항공간이다. 상업화와 권력화에 반대하고, 텔레비전을 중심으로 한 기존 미디어 시스템에 저항하는 반체제적인 문화공간으로서의 인터넷이 그것이다. 둘째는 모든 다양한 정보, 이야기, 관계를 하나의 보편적인 공간 속에 모아놓고자 하는 시도였다. 마지막은 인터넷의 상호작용성과 익명성을 무기로 새로운 종류의 정체성, 관계, 커뮤니케이션을 구현해내려는 시도였다.

〈표 4-26〉 연령별 인터넷 이용률 비교 (단위: %)

영국(2010)		한국(2010)		미국 (2010)	
연령	이용률	연령	이용률	연령	이용률
15~24세	80	10대	100	18~33세	95
25~34세	83	20대	100	34~45세	86
35~54세	85	30대	99	46~55세	81
55~64세	69	40대	87	56~64세	76
65~74세	51	50대	55	65~73세	58
75세 이상	23	60대	34	74세 이상	30
		70대 이상	8		

자료: KBS(2011); Ofcom(2010); Pew(2010).

이 세 가지 방향은 오마이뉴스와 같은 대안언론, 네이버, 다음과 같은 인터넷 포털, 싸이월드, 블로그, 트위터로 이어지는 소셜미디어의 특징과 대략 일치한다.

인터넷 활동의 잠재적 힘은 신문, 텔레비전과 같이 여가시간에만 나타나는 것이 아니다. 그것은 노동시간에서도 발현된다. 인터넷이 개인의 삶에 그 어떤 미디어보다 막강한 영향을 미치는 이유가 여기에 있다. 앞서 언급한 것처럼 사람들은 하루 2시간 정도 인터넷을 이용하지만, TV보다 우리의 일상적인 삶에 더 큰 영향을 미치고 있다고 판단되는 것은, 우리가 24시간 내내 인터넷에 접속되어 있기 때문이다.

인터넷의 영향력은 시간 차원에서뿐만 아니라 공간 차원에서도 확인할 수 있다. 역사적으로 기술발전은 미디어의 수용 반경을 넓혀왔다. 휴대전화는 통신, DMB 방송은 텔레비전 시청, 휴대용 카세트라디오는 라디오의 청취 영역을 넓혔다. 인터넷 역시 무선 인터넷망과 노트북, 스마트폰, 태블릿 PC 등 미디어 기기를 기반으로 자신의 공간을 급속히 확장시켜가고 있다. 2010년 현재 한국의 무선인터넷 이용률은

〈표 4-27〉 무선인터넷 이용률 변화 추이 (단위: %)

2002년	2003년	2004년	2005년	2006년	2007년	2008년	2009년	2010년
32.3	36.1	40.2	42.8	45.1	47.7	52.5	54.9	59.3

주: 2006년까지 이동전화 보유자의 모바일인터넷 이용에 한정해 무선인터넷 이용률 산출, 2007년부터 대상을 일반국민으로 확대하고, 무선인터넷의 정의도 모바일 인터넷 외에 와이파이, 초고속 무선인터넷(와이브로 및 WCDMA/ HSDPA)을 포함하는 것으로 변경.
자료: 한국인터넷진흥원(2010).

〈표 4-28〉 연도별 이동전화 가입자 수 변화(100명당) (단위: 명)

	2000년	2002년	2004년	2006년	2008년	2010년
영국	73.80	82.96	99.66	115.76	125.24	130.25
독일	58.53	71.73	86.43	103.78	127.95	127.04
한국	58.31	69.67	78.12	85.04	95.54	105.36
프랑스	49.20	64.55	73.51	84.17	93.36	99.70
일본	53.12	64.35	72.43	78.94	87.24	95.39
미국	38.75	49.16	62.85	76.64	85.68	89.86
캐나다	28.46	37.95	47.02	57.46	66.29	70.66

자료: ITU World Telecommunication 홈페이지.

59.3%로 2002년 대비 84%나 증가하였다.

인터넷 공간의 확장에 가장 큰 기여를 한 것은 멀티미디어로 진화하는 이동전화다. 한국의 이동전화 가입자 수는 2000년 인구 100명당 58.31대에 불과했던 것이 2010년 인구 100명당 105.46대로 늘어나면서, 1인당 이동전화 1대 이상을 가지고 있는 상황으로 변화했다.

이에 더해 이동전화는 PC와 인터넷의 확산속도보다 훨씬 빨라 2010년 기준으로 전 세계 인구 중 67억 명이 이동전화를 이용하고 있고, 보급률이 100%를 넘는 국가도 97개국이나 된다(ITU, 2010).

〈표 4-30〉은 2천 년대 한국의 이동전화 산업의 성장을 보여주는

〈표 4-29〉 이동전화 보급률 수준에 따른 국가 구분

1~25%	25~50%	50~75%	75~100%	100% 이상
18개국	25개국	32개국	37개국	97개국

자료: ITU World Telecommunication 홈페이지.

주요 지표들이다. 한국의 이동전화 서비스 매출액은 2002년 12조 4천억에서 2009년 19조 800억으로 54% 상승했는데, 2009년 매출액 구성을 보면 기본료 수익이 51.3%로 가장 큰 비중을 차지하고, 음성통화료(27.6%), 데이터 수익(8.9%), SMS 수익(4.4%)이 뒤를 잇고 있다. 전체 수익에서 데이터 수익이 차지하는 비중이 작고, 기본료와 통화료 수익이 많다는 것은, 2009년까지만 하더라도 이동전화가 멀티미디어로서보다는 통화기기로서 주로 이용되었음을 보여준다.

이러한 상황을 급격하게 변화시킨 게 2009년 스마트폰 출시다. 출시 이후 스마트폰 가입자 수는 2009년 50만 명에서 2010년 525만 명으로 1년 사이에 10배 이상 증가했고, 2011년 7월 기준으로 1,500만 명을 넘어서고 있다. 실로 놀라운 확산 속도다.

스마트폰은 기본적으로 개인 대 개인의 통화를 넘어선 멀티미디어 기기로서, PC와 같이 범용 운영체제(OS)를 탑재하여 다양한 모바일앱을 자유롭게 설치, 동작시킬 수 있고, 언제 어디서나 인터넷에 접속할 수 있는 '손 안의 PC'다. 이러한 스마트폰의 확산은 인터넷 공간을 확장시키는 데 결정적인 기여를 했다. 실제로 아이폰 출시 이후 국내 스마트폰 이용자들은 상대방과의 통화 이외에도 인터넷 접속(95.5%), 동영상 보기(80.6%), GPS(79.4%), 카메라(78.6%), 이메일(71.9%) 등의 서비스를 이용하는 것으로 나타났다(인터넷진흥원, 2010).

스마트폰 이외에도 아이패드와 같은 태블릿 PC, IPTV, 스마트TV와 같은 디지털 미디어 방송의 확대는 인터넷의 영역을 책상에서 거실

〈표 4-30〉 한국 이동전화 성장 지표

	2002년	2004년	2006년	2008년	2009년
가입자 수(만 명)	3,234	3,659	4,020	4,561	4,794
서비스 매출액(억)	124,226	145,929	165,575	183,602	190,856
발신통화량(백만 분)	65,728	75,817	85,916	99,193	101,997
SMS 발신건수 (백만 건)		36,880	82,897	108,976	117,285

자료: 정보통신정책연구원(2010).

로, 서재에서 침실로 확장시키고 있다. 태블릿 PC는 5~10인치 이내의 화면 크기, 우수한 휴대성, 쉽게 이용할 수 있는 다양한 멀티미디어 재생 능력이 있어 새로운 미디어 기기로 급성장 중이다(정보통신정책연구원, 2011).

인터넷은 TV와도 연결되고 있다. 인터넷과 텔레비전의 융합을 통해, 인터넷 공간을 거실로 확장시키는 커넥티드 TV는 2010년 전체 TV 시장의 약 17%를 차지하고 있으며, 2011년에는 약 23% 수준으로 비중이 확대될 전망이다(KT 경영경제연구소, 2010). 한국도 예외는 아니다. IPTV 가입자 수는 매년 50% 이상씩 상승하고 있다(2008년 160만 명 ⇒ 2009년 237만 명 ⇒ 2010년 364만 명). 스마트 TV의 판매량도 지속적으로 증가하고 있다.

인터넷을 기반으로 한 콘텐츠 산업 역시 급속히 발전하고 있다. 2009년 기준으로 온라인 콘텐츠 매출 규모는 15조 5천억 원 수준으로, 방송 매출액의 1.5배 수준이다. 가장 비중이 큰 영역은 지식정보와 게임 분야로, 지식정보에는 'NHN'과 '다음' 같은 검색 포털 사업자, 게임에는 'NC소프트'와 같은 온라인 게임 사업자가 큰 몫을 차지하고 있다. 2005년 이후 매출액 증가 속도가 빠른 영역은 출판과 만화인데, 이는

〈표 4-31〉 스마트폰의 성장 (단위: 만 명)

2009년	2010년 1월	2010년 9월	2010년 10월	2011년 3월	2011월 7월
50	103	442	525	1,000	1,500

자료: 정보통신정책연구원(2010); 디지털타임스(2011.7.13).

인쇄 미디어에 속해 있던 출판과 만화가 온라인 영역으로 이동하고 있음을 의미한다.

온라인 광고매출액도 2005년 5,000억대에서 2010년 1조 5천억대로 급상승했다. 이는 인터넷 이용시간 증가와 함께 온라인 미디어에 대한 광고주들의 선호도가 급격하게 상승하고 있음을 보여준다. 미디어 전문가들은 지금의 상승세라면, 3~4년 내에 온라인 광고매출액이 신문과 방송을 넘어설 것으로 예측하고 있다.

실제로 각 미디어별 주요 사업자들의 광고매출액을 비교해보면, 온라인 기업이 이미 지상파와 신문의 매출액을 앞서는 상황이다. 2010년 NHN의 광고매출액은 1조 1천억 원으로 단일매체 최초로 1조 원의 광고 매출을 돌파했다(KT경제경영연구소, 2011; 방송통신위원회, 2011).

이제 미디어로서의 인터넷은 우리의 소통과 삶에 어떠한 영향을 초래하는가라는 오래된 질문에 대한 답을 모색하면서 인터넷에 대한 논의를 정리해보도록 하자. 이 질문에 대해 지난 10년간 낙관적인 전망과 비관적인 전망이 엇갈려왔다.

첫째, 인터넷은 정보유통을 폭발적으로 증가시켰다. 초기에는 인터넷이 촉발시킬 정보의 자유로운 흐름이 정보의 독점을 무너뜨리면서 전반적인 사회적 소통을 촉진할 것이라는 낙관적인 전망이 우세했다. 인터넷 세대들은 기존 세대보다 훨씬 더 똑똑하다는 주장도 있었다. 이러한 주장은 부분적으로만 입증되었다. 말하는 자도 많아졌고, 말할 수 있는 통로도 많아졌으며, 그것을 들을 수 있는 공간 역시 확대되었다.

그 결과 정보의 독점이 상당부분 허물어졌으며, 학문적인 연구 성과의 축적 속도도 빨라졌다. 그러나 정보의 흐름이 인간이 통제할 수 있는 수준을 넘어선다는 문제가 나타났다. 지금 이 순간에도 이메일, 포털사이트, 인터넷 게시판 등을 통해 무차별적으로 정보가 쏟아진다. 이 정보의 홍수 속에서 무엇이 진실이고 무엇이 거짓인지, 무엇이 진정성을 갖춘 주장이고 무엇이 정치적 선동인지, 무엇이 광고이고 무엇이 정보인지 가려내는 것은 쉬운 일이 아니다. 이처럼 정보가 확장된 사회를 포스트만(Postman, 1992)은 테크노폴리(technopoly)로 정의한다. 그는 테크노폴리에서 인간이 스스로를 지켜낼 방어체계는 무너졌으며, 정보의 주인이 인간에서 기술로 전도되었다고 주장한다. 니콜라스 카(Carr, 2010)는 지구 전체를 감싸고 있는 거미줄 같은 인터넷 정보망이 인류의 사고를 얄팍하게 만들고 있다고 비판한다. 인터넷이 작은 조각들로 이뤄진 많은 정보를 재빨리 훑어보라고 강요하면서 주의를 산만하게 하고, 사색, 숙고와 같은 사고 능력을 현저히 떨어뜨린다는 것이다.

둘째, 인터넷 미디어가 성장하면서 사회적 소통에서 인터넷을 매개로 한 커뮤니케이션이 차지하는 비중이 폭발적으로 증가했다. 이 현상을 바라보는 상반된 관점이 있다. 첫번째 관점은 소통은 증가했지만 그 증가가 집단 내 커뮤니케이션으로 수렴된다는 관점이다(윤영철, 2011; 최영재, 2011). 이 관점에서 보면 인터넷 공간은 오프라인에서 직접적으로 대면하기 힘든 전 세계를 네트워크로 연결했지만, 인간이 소통을 위해 가용할 시간 자원은 유한하고, 그렇기 때문에 자신이 관심 있고, 자신에게 필요한 대상을 중심으로 말을 걸고, 귀를 열게 될 수밖에 없다. 그리고 이러한 소통의 파편화, 개별화 현상이 강화되면 강화될수록, 사회구성원 간 정보와 경험의 공유영역이 줄어들면서, 집단 간 사회적 불통의 잠재 원인이 된다. NC소프트와 같은 게임 사업자들은 게임을 좋아하는 10~20대를 주타겟으로 하고, 마이클럽과 같은 여성 포털 사업자들은 연예, 패션, 엔터테인먼트에 관심있는 여성 20~30대를 주타겟으로 하며, 네이버와 같은 포털 사이트들은 세분화된 취향에 맞춘 세부 메뉴들로 메인 페이지를 장식한다. 그 결과 인터넷 공간은 커뮤니케이션의 폐쇄성을 오히려 증대시킨다.

이와 반대되는 관점은 역으로 인터넷을 매개로 한 커뮤니케이션이 타자에 대한 공감의 감수성을 높이고, 협업과 관계를 중요시하게 만든다고 주장한다. 대표적인 논자인 리프킨(Rifkin, 2009)은 인터넷 세대가 구세대에 비해 남녀평등을 인정하고, 민족적 다양성을 옹호하고, 소수집단과 이전에 소외되었던 집단의 권리를 존중하고, 서로 다른 인종과 종교를 가진 개인들의 결혼에 개방적이고, 동물의 권리에 민감하다고 지적한다. 같은 맥락에서 탭스콧(Tapscott, 2009)은 인터넷 미디어와 함께 성장한 세대는 가난과 지구온난화처럼 세계에서 가장 까다로운 문제들을 해결하기 위해 자발적으로 협업하고, 조직화한다고 지적한다.

셋째, 인터넷 미디어가 확산되면서 인쇄 미디어와 전자미디어, 대중문화와 고급문화, 엔터테인먼트와 정보, 교육과 광고의 구별이 의미를 상실하게 되었다. 이른바 미디어와 콘텐츠의 융합현상이다. 이를 카스텔(Castells, 1996)은 거대하고 비역사적인 하이퍼텍스트 디지털 세계에서 모든 문화적 표현은 최악에서 최선에 이르기까지, 최고 엘리트주의자에서 가장 대중적인 자에 이르기까지 함께 온다고 표현한다. 물론 인터넷 공간에는 고등학생이 만든 작은 동영상 클립에서부터 전문 프로듀서들이 만든 프로그램까지 수많은 콘텐츠가 흐르고 있다. 기존의 폐쇄적인 콘텐츠 생산과 유통구조가 이용자 참여형 콘텐츠의 확대로 보다 활기차진 것이다(임정수, 2011). 그렇지만 이용자들의 관심은 재미, 즐거움, 기분전환, 쾌락, 속도감을 선사하는 콘텐츠에 집중되고, 콘텐츠를 생산하고 유통하는 이들은 이러한 이용자들의 욕망을 몇 배로 증가시키는 이야기들을 생산하고 확대해나간다.

인터넷 미디어가 정보, 소통, 그리고 콘텐츠의 모습을 양적 · 질적으로 변화시키고 있음은 명백하다. 이러한 변화 방향을 한마디로 정리하기란 어렵다. 그러나 정보의 폭발이 우리를 보다 무지하게 만들고, 소통의 폭발이 사회적 불통을 촉발하며, 콘텐츠의 다양성 확대가 콘텐츠의 획일성을 초래하고 있다는 경고는 오늘날에도 여전히 신중하게 경청할 필요가 있다.

4) SNS

소셜네트워크 서비스(social network services, SNS)란 온라인 상에서 사용자 간에 지인관계를 맺고, 정보 공유와 커뮤니케이션 등 다양한 집단적 상호작용 활동을 할 수 있게 해주는 서비스다(정유진, 2007). 기존의 온라인 커뮤니티가 집단 중심의 SNS 서비스라면, 최근 부상하는 SNS 서비스는 개인이 중심이 되어 타인과 관계를 맺는다는 특징이 있다. SNS 사용자는 자신의 생활과 공간을 공개하고, 타인과 관계를 맺으며, 콘텐츠를 생산하는 역할을 수행하기도 한다(방송통신위원회, 2010b).

2010년 한해, 전 세계적으로 SNS는 빠른 속도로 우리 사회의 커뮤

〈표 4-31〉 페이스북의 이용자 수 증가 추이

	이용자 수	달성 시간
2008년 8월 26일	1억 명	1,665일
2009년 4월 8일	2억 명	225일
2009년 9월 15일	3억 명	160일
2010년 2월 5일	4억 명	143일
2010년 7월 21일	5억 명	166일

자료: 한국정보화진흥원(2010).

니케이션 양식을 바꾸어놓았다. SNS를 통해 우리는 연락이 끊겼던 친구들과 다시 관계를 형성하는가 하면, 기존 매스미디어에서 놓친 뉴스를 실시간으로 전송, 확대, 재생산하며, 각계 유명인사들의 일상과 이야기를 엿보기도 한다. SNS는 인터넷의 역사를 다시 쓰고 있다고 평가받을 정도로, 전 세계적으로 사용자 수, 이용시간, 유통되는 메시지량에서 급속한 성장세를 보이고 있다(이은주, 2011). 2004년 2월 세상에 첫선을 보인 페이스북은 2012년 3월 기준으로 9억 명의 이용자가 가입해 있다. 세계 제1위 포털사업자인 구글을 추월한 가입자 수다. 2006년 서비스를 시작한 트위터 역시 2012년 7월 현재 5억 명의 이용자가 가입해 있다. 페이스북에는 매일 10억 건의 새 콘텐츠가 올라오고, 2010년에만 250억 건의 '트윗'이 망을 탔다(방송통신위원회, 2010b).

소통의 관점에서 주목해야 하는 소셜미디어의 속성은 크게 3가지다(삼성경제연구소, 2011a). 첫째, 다양한 의견과 이슈가 실시간으로 생산, 유통되면서 나타나는 여론의 폭발이다. 트위터, 미투데이와 같은 SNS의 성장은 모바일 스마트 기기의 확산과 맞물려, 언제 어디서나 콘텐츠를 생산, 유통할 수 있게 되었다. 이는 기존 인터넷 공간에서의 표현에 소극적이었던 사람들도 자신의 일상사를 표출하고, 이에 더해 자연스럽게 공적 이슈 소통에 참여토록 한다. 이에 더해 트위터, 페이스북 등 새로운 SNS는 기존의 신문, 방송이 취급하지 않았던 이슈를 제기하여 여론을 형성하기도 한다. 관심 분야가 다른 각계각층의 사람들이 소셜미디어에서 개인적인 일상, 관심뿐만 아니라 정치, 사회적 콘텐츠도 적극 공유하기 시작한 것이다. 실제로 SNS을 이용하는 가장 큰 동기는 '정보 교환을 통한 사회 이슈 참여'이다(심홍진 · 황유선, 2010). 물론 이용동기가 그렇다고 해서, SNS를 많이 하면 할수록 사회참여율이 높아진다고 단정할 수는 없다. 오히려 사회 참여를 적극적으로 하는 사람들이 자신들의 목소리를 전파하려는 수단으로 SNS를 많이 이용하는 경향이 있다고 보는 것이 타당하다. 그러나 선후가 무엇이건, SNS가 사회적 커뮤니케이션 채널로서 적극적으로 활용되고 있음은 분명하다. 기존의 신문이나 방송이 주도하는 이슈에서 벗어나 SNS 사용자가 발굴한 이슈가 사회 전반에 반향을 일으키는 사례도 증가하고 있다.

둘째, 언제, 어디로 얼마나 빨리 확산되는지 콘텐츠 생산자도 가늠할 수 없는 강력한 확산성이다. SNS는 속보성 실시간 정보를 수많은 사람들에게 전파하고, 공유할 수 있는 작은 세상 네트워크(small-world network)다. 트위터의 경우 평균 4~5명만 거치면 대부분의 사람들과 연결이 가능하다. 이에 더해 링크를 걸거나 재전송 및 추천 기능 등을 통해 흩어져 있고 숨어있던 콘텐츠를 소셜미디어로 이동시켜 특정 이슈에 대한 논의를 활성화하기도 한다. 이러한 확산성은 소셜미디어에 매스미디어적 기능을 부여한다. 실제로 2011년 여름, 한반도를 강타한 폭우에 가장 발빠르게 대응한 미디어는 SNS였다. 어떤 미디어보다도 빠르게 침수 현장 속보와 사진을 생산했고, 구조 요청과 재해 관련 정보, 애틋한 사연을 확산시켰다.

셋째, SNS을 매개로 한 커뮤니케이션은 본인 실명과 자기 노출을 바탕으로 하기 때문에 자기 정체성이 자연스럽게 노출되어 인터넷 공간의 익명성을 완화시킨다. 지난 10여년간 인터넷 공간이 익명성을 기반으로 과도한 정보 과잉(Information Overload)과 관계 과잉(Social Networking Overload)의 그림자를 남겼다면, 자기 노출을 기본으로 하는 소셜미디어는 신뢰할 수 있는 대상을 중심으로 엄선된 소통을 추구하는 경향을 보인다. 아울러 익명성 완화로 자기정화 및 자기검열 기능이 강화되고, 그 결과 오보, 거짓, 왜곡, 인신공격 콘텐츠도 기존 인터넷 공간에 비해서는 적은 편이다.

2010년 방송통신위원회와 한국인터넷진흥원이 공동 조사한 〈마이크로블로그 이용실태 조사〉에 따르면 만 12~49세 인터넷 이용자의

76.4%가 최근 1년 내에 SNS를 이용한 경험이 있는 것으로 나타났다. SNS 유형별로 살펴보면, 블로그 이용률이 72.1%로 가장 높았고, 커뮤니티 및 미니홈피 이용률도 각각 66.6%, 61.4%였다. 주된 이용 목적은 정보 습득 및 교류(96.4%), 커뮤니케이션(87.3%), 친교, 교제(86.3%)였다. SNS 이용자 100명 중 99명은 SNS를 통해 타인의 게시물을 읽고, 79명은 사적인 글, 생각이나 정보를 게시하는 것으로 나타났다.

최근 SNS 미디어 담론을 촉발시킨 트위터, 페이스북과 같은 마이크로블로그 이용률은 2010년 기준으로 12.4% 수준이었다. 마이크로블로그 이용자의 65.8%가 '마이크로블로그를 통해 최신 정보를 빠르게 얻을 수 있게 되었다', 50.0%가 '마이크로블로그를 이용하면서 타인의 감정 및 일상변화를 잘 알 수 있게 되었다'고 응답했다. 마이크로블로그 이용자 중 39.0%가 이를 통해 사회적 이슈 정보를 습득하는 것으로 나타났고, 이 중 75.0%가 하루 1회 이상 사회적 이슈에 관한 타인의 글을 읽고, 하루 1회 이상 사회적 이슈와 관련된 글을 쓰거나 타인의 글을 공

〈표 4-32〉 2010년 SNS 이용 행태

SNS 이용 목적		SNS 이용 활동 유형	
구분	비율(%)	구분	비율(%)
정보 습득 및 교류	96.4	타인의 게시물 읽기	99.1
커뮤니케이션	87.3	일상사나 사적인 글 게시	79.6
친교, 교제	86.3	생각이나 의견 게시	79.5
오락, 여가	76.3	정보 게시	79.3
개인사 정리	73.2	타인 게시물에 답변, 관련 정보 게시	77.5
개인 홍보	55.4	타인과 관계맺기	69.1
경제 활동(광고 등)	40.4	타인의 게시물 공유, 재전송	66.7

자료: 방송통신위원회 · 한국인터넷진흥원(2010c).

〈표 4-33〉 2010년 6월 2일 지방선거 연령별 투표율

	20~24세	25~29세	30~34세	35~39세	40~49세	50~59세	60세 이상
2010년	45.8	37.1	41.9	50.0	55.0	64.1	69.3
2006년	38.3	29.6	37.0	45.6	55.4	68.2	70.9

자료: 중앙선거관리위원회(2010).

유, 재전송하는 경우도 각각 33.2%, 30.9%에 달하는 것으로 밝혀졌다(방송통신위원회 · 한국인터넷진흥원, 2010c). 이러한 결과들은 SNS의 확산이 가져온 가장 가시적인 변화가 소통과 정보의 양적 확대라는 점을 보여준다(임영호 · 김은미, 2011).

SNS가 새로운 사회적 소통의 강력한 수단으로 부상하면서, 언론은 SNS에 누가 무슨 말을 했는지 살피기에 여념이 없고, 정치인과 기업인들도 나서서 계정을 개설하느라 바쁘다. 그만큼 소셜 네트워크의 정치사회적 영향력이 빠르게 증가하고 있는 것이다. 가령 지난 2010년 6.2 지방선거에서 SNS 서비스를 활용한 투표 독려 활동이 전개되어 전통적으로 투표율이 낮았던 20~30대 투표율이 급등하는 현상이 나타났다. 해외의 사례는 더욱 눈부시다. 이집트 민주화 혁명의 경우 페이스북에서 형성된 반정부 네트워크가 반정부 시위의 신속한 조직화에 결정적으로 기여한 것으로 알려졌다(삼성경제연구소, 2011b).

〈표 4-34〉는 삼성경제연구소에서 2010년에 수행한 주요 이슈 관련 트윗 분석 결과다. 이에 따르면 근거 없는 주장이나 비판이 만연할 것이라는 우려와 달리 근거(URL 또는 코멘트)를 포함한 트윗의 비율이 50% 내외를 기록하고, 토론 이슈와 무관한 인신공격성 콘텐츠는 3~8% 수준에 불과했다. 이는 SNS가 건강한 사회적 커뮤니케이션 채널로 기능할 가능성을 보여준다.

〈표 4-34〉 주요 이슈 관련 트윗 분석

구분		정책		사회문화	
이슈		3색 신호등	게임 셧다운제	카이스트 학생 자살 건	나는 가수다 재도전
검색기간		2011.4.18~5.24	2011.3.25~5.13	2011.4.7~4.21	2011.3.18~4.1
분석 트윗 수(개)		6,448	5,828	7,926	4,394
주장에 대한 근거 및 출처 제시	URL 포함 비중(%)	65.1	34.7	41.5	22.1
	전체 RT 중 코멘트가 담긴 RT 비중(%)	46.5	45.9	48.5	53.6
반대의사 표현 시 근거 및 출처 제시	URL 포함 비중(%)	63.8	30.8	41.3	25.0
	전체 RT 중 코멘트가 담긴 RT 비중(%)	51.5	48.3	45.5	51.6
논의 주제의 일관성	다른 이슈나 인신공격 표현이 있는 경우를 제외한 비중(%)	92.2	96.9	94.9	94.8
쌍방향 소통 및 관여	Reply 및 Mention 비중(%)	51.4	44.6	54.1	40.4

자료: 삼성경제연구소(2011b).

SNS는 한국사회에서 기존 미디어의 정치적 및 사회문화적 역할에 대한 대안매체적 성격을 지닌다는 주장도 제기된다. 2010년 8월부터

〈표 4-35〉 2010년 8~9월 한국인 트위터 계정 정치/사회 분야 RT 빈도 높은 주제들

주제	RT 빈도
추석연휴 폭우	21,200
PD수첩 4대강의 비밀 불방	18,400
8.8 개각	14,900
유명환 장관 딸 특채 합격	6,600
태풍 곤파스	5,800
천안함 최종 보고서	2,600
버스 폭발	2,100
대통령 공정사회 발언	1,300
총리후보 김황식	700
대통령 통일세 신설 발언	700
서울광장 조례안 통과	700
타블로 학력 논란	400

자료: 장덕진 · 김기훈(2011).

9월까지 두달 간 한국인의 모든 트윗을 수집 분석한 장덕진(2011)의 연구에 따르면, 가장 많이 리트윗된 정치 사회 분야의 트윗은 정부비판적인 내용과 실시간 속보성 정보였다.

이와 같은 SNS의 영향력, 대안 미디어로서의 특성에 대한 논의는 과연 타당한 것인가? 이에 대한 답변은 유보적이다. 종래의 미디어가 태동할 당시와 마찬가지로 SNS의 영향력과 관련해 과도한 기대감이 표출되는 감이 있다. 2011년 5월 기준으로 페이스북, 미투데이, 트위터의 국내 가입자 수는 각각 350만 명, 570만 명, 360만 명을 돌파했다(삼성경제연구소, 2011b). 각 미디어들은 이용 동기, 사용자, 활용방식 차원에서 차이를 보인다. 이와 같은 개별적인 미디어 서비스를 SNS로 통칭하면서 그 영향력이 과도하게 부풀려지곤 한다.

〈표 4-36〉 SNS 종류별 특성

구분	왜 이용하나?	누가 사용하나?	어떻게 활용하나?
페이스북	서로 근황을 전하고 삽시다	학교 친구나 사회에서 알게 된 지인	기족, 지인과의 사회적 관계유지 및 새 인맥 형성
미투데이	누군지 알고 싶고, 뭔지 보여주고 싶네	일상의 관심사에 대해 새로운 사람과 대화를 원하는 사람	낯설지만 공통의 관심사를 가진 사람과의 소통
트위터	나는 지금 뭐 해	단문 메시지나, 원하는 대상이 제공하는 정보의 구독에 매료된 사람	글쓰기 스트레스 없이 간결한 표현으로 신속 확산
야머	회사 생활과 업무 이야기 좀 더 편하게 해 볼까	기업 및 단체 관계자	외부 공개 없이 전 세계 내부 관계자 간의 소통
링크드인	비즈니스를 위해서는 인맥이 필요하지	구직, 업무에 인맥을 활용하려는 사람	직종별, 직종 간 다양한 비즈니스 관계 구축
카카오톡	무료 문자가 필요해	스마트폰 사용자	무료 메시지 소통, 전화번호를 통해 자동으로 소셜네트워크 형성

자료: 삼성경제연구소(2011a).

SNS가 커뮤니케이션을 양적으로 확장시킬지는 몰라도, 사회적 소통을 질적으로 비약시킨다고 보는 데는 문제가 있다. 현재 SNS로 통용되는 트위터와 같은 마이크로블로그로는 감정과 맥락 같은 비언어적 상황과 표현을 공유하는 데 한계가 있다. 이 공간에서의 상호작용을 통해 일회성 이벤트를 넘어선 장기간의 진정성 있는 만남을 경험하는 것 역시 쉽지 않다. 이를 임영호 · 김은미(2011)는 SNS에서 형성된 관계는 호감은 있으나 신뢰가 있다고 보기는 어렵고, 자기노출은 관찰되지만 어느 정도 심층적인 자기노출이 이루어지는지 의문이며, 관계 유지의 비용은 적으나 관계 와해에서 오는 손해 또한 적다고 지적한다. 타인의 이야기를 듣는 사람보다 자신의 이야기를 떠벌이는 사람들이 커뮤니케이션의 주도권을 가지게 될 가능성, 같은 견해를 가진 사람들 사이에서 동종교배만 일어날 수 있는 폐쇄성, 그리고 늘 누군가와 연결되어 있는 상황의 피로감도 SNS의 성장과 함께 고민해야 하는 숙제다.

SNS의 성장과 함께 시민들의 정치 참여 활성화 등 수평적 · 상향적 · 하향적 커뮤니케이션이 활성화되고 있지만, 이 공간 역시 오프라인에서처럼 권력이 작동한다. SNS 역시 소수의 말하는 자와 다수의 듣는 자로 네트워크가 구성되어 있는 것이다. SNS를 이용하는 대다수의 사람들은 듣고 읽는 것에는 익숙하더라도 쓰고 말하는 것에는 여전히 익숙하지 않다. 야후리서치와 코넬대학교 샤오메이 우 교수 등의 연구에 따르면, 전체 인기 트윗의 50%를 사용자의 0.05%가 발신하는 것으로 나타났고(Wu et al., 2011), 국내의 트위터 조사 결과를 보더라도, 팔로어 숫자가 많은 집단은 뉴스사이트와 공인들이었으며, 멘션을 가장 많이 받는 사람은 연예인을 비롯한 유명인사(celebrities)들이었다(이원태 · 차미영 · 박현유, 2010).

4. 결론

미디어 지형의 변화는 우리의 정치, 사회 · 문화적 환경에 지대한 영향을 미치리라는 것이 이 연구의 가정이다. 따라서 21세기 우리나라 미디어 지형에 관한 고찰은 21세기 한국사회 전반의 거시적 변동을 예측하기 위한 토대를 만드는 작업과도 같다.

최근 진행되는 미디어 지형의 변화양상 및 이와 관련된 담론들 속에는 검증되지 않은 기술중심적 예단, 기술도입 초기에 나타나는 부풀려진 기대, 경험 부족에서 오는 과도기적 혼선, 상업적 이해다툼들이 뒤엉켜 있다. 실질적인 변화를 객관적으로 분석할 수 있기 위해서는 주관이 아닌 공유된 경험, 주장이 아닌 데이터를 통해 이러한 예단과 혼선, 이해관계 들을 가려낼 수 있어야 한다.

이 연구가 가능한 선에서 실증적인 국내외 미디어산업 관련 데이터들을 제시하며 미디어 지형의 변화를 통시적 및 동시적으로 비교분석한 이유가 여기에 있다. 결과를 정리하자면 최근 우리가 국내외적으로 공통적으로 목격하는 새로운 미디어 지형의 특성은 신문 미디어의 위축, 방송 미디어와 통신 미디어의 지속적인 성장, 그리고 인터넷과 SNS의 비약적 발전으로 요약해볼 수 있다.

현재의 미디어 변화 상황 속에서 가장 큰 어려움을 겪고 있는 미디어는 두말할 나위 없이 신문이다. 독자 수, 열독시간, 공신력 차원에서 신문의 위상 하락은 이미 상당 기간 세계적으로 관측되어온 현상이다. 신문의 위기에는 치열해진 미디어 경쟁 환경에 부응하지 못하는 신문경영진, 신문미디어의 편향성, 더 나아가 종이미디어의 위기가 영향을 미친다. 하지만 보다 근원적으로는 사회적 소통구조의 변화 및 그에 따른 집단적 소통의 위기 내지 저널리즘의 위기에서 그 원인을 찾을 수 있다.

이와 관련하여 미국의 정치학자 퍼트남(R. Putnam)은 그의 저서 『홀로 볼링하기(*Bowling Alone*)』에서 흥미로운 자료를 제시한다. 미국사회에서 지난 100여 년간 사회구성원들의 참여단체 수, 사회적 신뢰, 신문 구독률, 투표율이 놀라운 일치성을 보이며 함께 하락해왔다는 것이다. 사회구성원들의 참여단체 수, 사회적 신뢰가 건강한 시민성(집단적 정체성)의 지표이고, 투표율은 민주주의의 지표라고 할 때 이 분석의 함의는 분명하다. 신문의 위기는 민주주의의 위기이며, 이는 건강한 시민적 정체성의 위기이기도 하다는 것이다. 민주주의와 시민사회, 건강한 신문(저널리즘)은 동전의 양면처럼 상호 결합되어 있는 현상이다. 바로 이 점이 신문의 위기를 종이미디어의 위기로만 치부할 수 없는 이유이다. 저널리즘이 새로운 미디어 지형 속에 안착할 수 있을 때까지 과도기적으로 신문미디어의 위기를 극복하기 위한 공적 지원이 필요하다는 주장이 힘을 얻는 이유이다.

방송은 정치, 경제, 사회, 문화의 제반 영역에서 사회구성원들이 가장 보편적으로 소비하는 콘텐츠의 제공을 통해 방대한 직접적 영향력 내지 외부효과를 창출하는 사회적 소통의 미디어다. 방송은 여전히 21세기 한국사회의 소통을 주도하는 가장 영향력 있는 미디어로서 새로운 미디어 지형 속에서도 그 위상은 굳건히 유지되고 있다.

하지만 방송의 내부에서는 복잡다단한 변화 및 그에 따른 진통이 진행 중이다. 종래 지상파 중심의 방송은 다채널 플랫폼 방송, 쌍방향 디지털 플랫폼 방송으로 확대발전하면서 다플랫폼 다채널의 무한경쟁 상황을 연출하고 있다. 우리나라의 방송 역시 다수의 방송서비스 제공수단을 통해 지상파 채널을 포함한 수많은 채널 내지 서비스들이 복잡한 양상으로 유통되는 상황으로 접어든 가운데, 주요 콘텐츠(예를 들어 동계올림픽 및 월드컵 독점 중계권)를 둘러싼 지상파 사업자들 간의 다툼, 지상파와 케이블의 프로그램 유통 분규, 지역방송과 유료 플랫폼 간의 대립, 선발 플랫폼(케이블)과 후발 플랫폼(위성, IPTV) 간의 과열경쟁, 공영방송의 정당성 및 수신료를 둘러싼 공방, 지상파방송의 디지털전환 및 다채널서비스(MMS) 제공을 둘러싼 시비, 방송소유규제 완화를 둘러싼 충돌(미디어법) 등 전 사회를 뒤흔드는 갈등이 이어지고 있다.

이러한 갈등의 중심에 이른바 공익론이라고 불리는 사회문화적 패러다임과 산업론으로 통칭되는 시장중심 패러다임의 충돌이 존재한다. 방송과 관련된 다양한 사안을 둘러싸고 대립각을 세우는 입장들을 들여다보면, 그 근간에는 이러한 두 패러다임으로 대별되는 인식, 가치관, 이론의 차이가 놓여 있음을 발견하게 된다. 양 패러다임의 차이는 방송미디어가 지향하는 중심적 가치와 목표, 가치실현의 방법론, 기업/자본에 대한 인식, 거버넌스의 주체에 대한 인식의 차이 등으로 연장된다.

이 같은 공익론과 산업론의 갈등은 어떤 의미에서 불가피한 것이다. 방송미디어에서 사회문화적 측면과 산업적 측면은 몸과 정신의 관계처럼 상호 보완적으로 상승하는 요소이다. 사회문화적 측면을 과도하게 강조하면 방송미디어의 존립조건이자 부가가치 창출의 토대가 되는 시장요소를 과도하게 억제할 위험이 있고, 역으로 시장요인 쪽에 지나친 무게가 실리다 보면 방송의 사회문화적 역할이 간과될 우려가 있다. 바람직한 방송정책의 본질은, 가장 단순화시킬 때, 방송의 사회문화적 측면과 산업적 측면이 조화와 균형을 이루며 호혜적으로 상승할 수 있게끔 조절하는 데 있다. 방송정책은 정치와 과학 모두를 양면적 본질로 내포하는 "정치적 과학" 내지 "과학적 정치"인 것이다.

우리나라 미디어 지형도에서 가장 눈부신 발전양상을 보여주는 것은 통신 미디어 및 이에 기반한 인터넷과 SNS다. 통신은 종래의 유선전화에서 무선전화, 휴대전화를 거쳐, 초단기간에 스마트 미디어로 발전하였다. 스마트 미디어는 손안의 고성능 컴퓨터이다. 단순한 음성통신을 넘어 언제 어디서든 광대역 네트워크에 연결될 수 있는 접속 수단이다.

이러한 네트워크의 대명사가 인터넷이다. 인터넷은 현시대의 세계를 연결하는 가장 촘촘하면서도 방대한 네트워크이다. 사사로운 욕망을 소통하는 사적 소통 수단이자 기본적인 생활정보 및 뉴스를 얻는 정보미디어, 인쇄 출판 미디어는 물론 방송을 접하는 사회적 소통의 수단이다. 인터넷은 역사상 그 어떤 매체보다도 짧은 기간 동안 우리의 일상, 문화, 여론, 정치를 이끄는 가장 강력한 도구로 자리 잡았다.

인터넷은 그 자체가 끊임없이 진화하며 발전한다. 최근 이러한 변화의 큰 방향을 통칭하는 용어가 웹 2.0이다. 이는 서버-클라이언트 방식의 기존 웹 환경과 달리 개방과 참여, 공유, 협업의 가능성을 극대화시킨 웹 환경을 의미한다. 1인 미디어로 각광받는 블로그, 위키피디아나 지식iN과 같은 지식 · 정보공유수단, 그리고 SNS가 웹 2.0의 대표적 서비스다. 웹 2.0 환경하에서 사회의 모든 성원들이 언제 어디서건 타자와 연결되어 정보와 의견을 주고받는 일이 인간 역사 그 어느 때보다도 신장되고 있다. 하지만 그에 따른 문제점도 두드러지고 있다. 연결과 소통의 가능성이 그 어느 때보다 비약적으로 신장되면서 비이성적 또는 충동적 성향에 따라 저급한 정보, 소통이 만연하고, 여론이 왜곡되는 현상이 그것이다. 이는 인터넷이 사적 · 집단적, 그리고 사회적 소통을 총체적으로 매개하는 미디어로서의 역할에 상응하는 규범체계를 제대로 갖추고 있지 못한 데 기인한다.

한국사회는 악성 댓글, 유언비어, 명예훼손, 그에 따른 모니터링 의무화, 삼진아웃제, 실명제, 사이버모욕죄 도입에 따른 표현의 자유와 인터넷 규제 논란 등 가히 인터넷의 발전이 초래하는 갈등을 집약적으로 보여주는 전 지구적 테스트 베드라 할 만하다. 이러한 규제의 필요성이 지속적으로 제기된다는 사실 자체가 인터넷의 무규범 상태에 대한 사회적 관용이 한계에 다다랐음을 반증한다 할 것이다.

최근 들어 트위터나 페이스북과 같은 소셜 미디어가 전체 미디어 지형을 뒤흔드는 새로운 강자로 대두하고 있다. 하루가 멀다하고 최근 페이스북으로 강도를 잡고, 트윗으로 재해지역을 피해가거나 휴지가 떨어진 공중화장실의 난처한 상황을 모면했다든지 하는 놀라운 얘기들이 전해지고 있다. 소셜미디어의 정치적 소통력과 동원력이 종래의 정치판도를 근본적으로 뒤흔드는 위력을 지니고 있음은 국내외의 여러 사례를 통해 입증되고 있다.

하지만 단순정보가 아닌 의견의 유통 차원에서 소셜미디어가 과연 제대로 된 미디어로 기능할 수 있을지는 여전히 미지수다. SNS는 메시지 생산과 전달, 소비의 시공간 장벽을 짧은 메시지와 하이퍼링크로 뛰어넘는 인터넷 미디어의 새로운 전개방식이다. SNS를 기존의 미디어에 맞서는 대안미디어로 바라보는 관점은 SNS의 가능성을 오히려 지나치게 협소하게 보는 한계를 드러낸다. 특정한 상황에서 SNS는 때로 대안미디어로 작용하지만 또 다른 상황에서 기존 미디어를 보완하는 역할을 수행할 수 있음은 물론이다. SNS는 사적 · 집단적, 그리고 사회적 소통을 망라하는 인터넷 미디어의 가능성 그리고 인터넷이 초기에 그랬듯 그에 따른 과도기적 혼선을 공유한다. 최근 사용 경험이 쌓여감에 따라 SNS 내에서 근원적인 차이를 지닌 사적 · 집단적, 그리고 사회적 소통의 유형들이 제자리를 잡아가는 모습이 관측되고 있다.

▶▶▶ 참고문헌

강상현, 2011,「한국 사회의 디지털 미디어 기술과 사회 변동」,『한국언론학회 기획연구Ⅱ 한국 사회의 디지털 미디어와 문화』발제문.

김영욱, 2011,「한국 언론의 정파성과 사회적 소통의 위기」, 한국언론학회 주체 세미나(2011.5.26.)『한국 사회의 소통 위기: 진단과 전망』발제문.

김영주, 2011,「한국 신문과 디지털 테크놀로지: 뉴스 미디어 지평의 확대 또는 축소」,『한국언론학회 기획연구Ⅱ 한국 사회의 디지털 미디어와 문화』발제문.

김영주 · 정재민, 2009,『미디어 소비: 경기 변동과 미디어 이용』, 한국언론재단.

김영주 · 정재민, 2010,『2010 국민의 뉴스소비』, 한국언론진흥재단.

김위근 · 김춘식, 2010,『한국의 인터넷뉴스 서비스』, 한국언론진흥재단.

박승관, 2011,「한국 사회 소통의 위기: 소통의 역설과 공동체의 위기」, 한국언론학회 주체 세미나(2011.5.26)『한국 사회의 소통 위기: 진단과 전망』발제문.

안민호 · 김택환, 2011,『신문독자의 특성 및 온라인 뉴스 이용행태』, 한국신문협회.

윤석민, 2007,『커뮤니케이션의 이해』, 커뮤니케이션북스.

윤석민, 2011,『한국 사회 소통의 위기와 미디어』, 나남.

윤영철, 2011,「인터넷과 소통의 위기」, 한국언론학회 주체 세미나(2011.5.26.)『한국 사회의 소통 위기: 진단과 전망』발제문.

이은주, 2011,「컴퓨터 매개 커뮤니케이션으로서의 트위터」,『언론정보연구』, 48(1): 29-58.

이원태 · 차미영 · 박현유, 2010, 『디지털컨버전스 기반 미래연구Ⅱ 시리즈 10-26, 모바일 소셜미디어에서 유력자(influentials)의 역할』, 정보통신정책연구원.

이준웅 · 최영재, 2004, 「한국 신문위기의 원인: 뉴스 매체의 기능적 대체, 저가치 제공, 그리고 공정성 위기」, 『한국언론학보』, 49(5): 5-35.

이창현 · 곽해운 · 박호성 · 문수복, 2011, 「트위터는 소셜 네트워크인가? 네트워크 구조와 정보 전파의 관점」, 『언론정보연구』, 48(1): 87-113.

임영호 · 김은미, 2011, 「소셜미디어의 등장과 언론학의 과제」, 『한국언론학회 기획연구Ⅱ 한국 사회의 디지털 미디어와 문화』 발제문.

임정수, 2011, 「한국의 미디어 플랫폼 진화와 콘텐츠 생산양식」, 『한국언론학회 기획연구Ⅱ 한국 사회의 디지털 미디어와 문화』 발제문.

장덕진 · 김기훈, 2011, 「한국인 트위터 네트워크의 구조와 동학」, 『언론정보연구』, 48(1): 59-86.

정유진, 2007, 「소셜네트워크 서비스의 동향과 전망」, 『Emerging Issue Report』, 정보통신정책연구원.

황유선 · 심홍진, 2010, 「트위터에서의 의견 지도력과 트위터 이용패턴: 이용동기, 트윗 이용패턴, 그리고 유형별 사례분석」, 『한국방송학보』, 24(6): 365-404.

황주성, 2008, 『한국 사회의 방송, 통신 패러다임 변화 연구』, 정보통신정책연구원.

문화체육관광부, 2010, 『2010 콘텐츠산업통계』, 문화체육관광부.

방송통신위원회, 2010a, 『방송산업 실태조사 보고서』, 방송통신위원회.

방송통신위원회, 2010b, 『2010년 방송통신 융합 연구』, 방송통신위원회.

방송통신위원회, 2011, 『2010년도 방송사업자 재산상황 공표집』, 방송통신위원회.

방송통신위원회 · 한국인터넷진흥원, 2009, 『인터넷이용자의 SNS 이용실태조사』, 방송통신위원회.

방송통신위원회 · 한국인터넷진흥원, 2010a, 『스마트폰이용실태조사 Ⅱ』, 방송통신위원회.

방송통신위원회 · 한국인터넷진흥원, 2010b, 『2010년 인터넷이용실태조사』, 방송통신위원회.

방송통신위원회 · 한국인터넷진흥원, 2010c, 『마이크로블로그이용실태조사』, 방송통신위원회.

삼성경제연구소, 2011a, 「SNS에 대한 4가지 오해」, 『SERI 경영 노트』, 2011년 5월 19일, 제103호.

삼성경제연구소, 2011b, 「소셜미디어가 여는 새로운 정책 환경」, 『CEO Information』, 2011년 6월 15일, 제808호.

정보통신정책연구원, 2010a, 『2011 방송통신시장 전망』, 정보통신정책연구원.

정보통신정책연구원, 2010b, 『컨버전스 미디어지형 동향 분석』, 정보통신정책연구원.

정보통신정책연구원, 2010c, 『2009년도 방송통신시장 경쟁상황 평가』, 정보통신정책연구원.

정보통신정책연구원, 2011, 『2011 Media and Communication Outlook of Korea』, 정보통신정책연구원.

제일기획, 2004~2011, 『광고연감』, 제일기획.

지식경제부, 2010, 『2010 정보통신산업의 진흥에 관한 연차보고서』, MKE.

한국방송광고공사, 2010, 『2010 소비자행태조사보고서』, Kobaco.

한국신문협회, 2010, 『신문독자의 신문 이용행태 조사연구』, 한국언론진흥재단.

한국언론진흥재단, 2010a, 『2010 언론 수용자 의식 조사』, 한국언론진흥재단.

한국언론진흥재단, 2010b, 『2010 신문 산업 실태조사』, 한국언론진흥재단.

한국언론진흥재단, 2010c, 『한국 신문의 미래전략』, 한국언론진흥재단.

한국은행, 2011, 『경제통계연보』, 한국은행.

한국인터넷진흥원, 2010, 『2010 무선인터넷 이용실태조사』, 한국인터넷진흥원.

한국정보화진흥원, 2010, 『2010년 국가정보화백서』, NIA.

한국콘텐츠진흥원, 2011, 『2010 해외콘텐츠시장조사: 방송, 게임, 광고, 지식정보 콘텐츠, 출판, 영화, 총괄』, 한국콘텐츠진흥원.

AGB닐슨미디어리서치, 2000~2011, 『연간 시청률 동향 보고서』, AGB닐슨미디어리서치.

닐슨코리안클릭, 2010, 『코리안 클릭 리포트』, 닐슨코리안클릭.

KBS · 서울대언론정보연구소, 2001, 2006, 2011, 『2000, 2005, 2010 국민생활시간조사』, KBS 한국방송.

KBS, 2011, 『2011 해외 지상파TV 편성구조 및 동향』, KBS내부자료.

KT경제경영연구소, 2011, 「국내 모바일 광고 시장 및 플랫폼 사업 동향」, 『Digieco

Reports』, KT.

Bolter, J, D. & R. Grusin, 1999, *Remediation: Understanding New Media*. 이재현 역(2006),『재매개: 뉴미디어의 계보학』, 커뮤니케이션북스.

Carr, N., 2010, *The Shallows: What the Internet Is Doing to Our Brains*. 최지향 역(2011),『생각하지 않는 사람들』, 청림.

Castells, M., 1996, *The Information Age: Economy, Society, and Culture*, vol. 1, The Rise of the Network Society, Malden, Mass: Blackwell Pub. Inc.

Castell, M., M. Fernăndez-Ardĕvol, J. L. Qiu, & A. Sey, 2007, *Mobile Communication and Society*. 김원용 · 성혜령 역(2009),『이동통신과 사회』, 커뮤니케이션북스.

Gitlin, T., 2001, *Media Unlimited*. 남재일 역(2006),『무한미디어』, Human&Books.

Granovetter, M. S., 1973, "The Strength of Weak Ties," *The American Journal of Sociology*, 78(6): 1360-1380.

Hallin, D. & Mancini, P., 2004, *Comparing Media Systems: Tree Models of Media and Politics*. 김수정 · 정준희 · 송현주 · 백미숙 역(2009),『미디어시스템의 형성과 진화: 정치-미디어 3모델』, 한국언론재단.

Ling, R., 2008, *New Tech, New Ties: How Mobile Communication is Reshaping Social Cohesion*. 배진한 역(2009),『모바일 미디어와 새로운 인간관계 네트워크의 출현』, 커뮤니케이션북스.

Postman, N., 1992, *Technopoly*. 김균 역(2009),『테크노폴리』, 궁리.

Rifkin, J., 2009, *The Empathic Civilization*. 이경남 역(2010),『공감의 시대』, 민음사.

Tapscott, D., 2009, *Growing Up Digital: How the Net Generation is Changing Your World*. 이진원 역(2009),『디지털네이티브』, 비즈니스북스.

Wu, S., W. A. Mason, J. M. Hofman, & D. J. Watts, 2011, Who says What to Whom on Twitter. Proceedings of the 20th International Conference on World Wide Web.

NHK, 2006, 2011, Japanese Time Use. NHK.

Infoma Telecoms & Media, 2010, Americas TV 14th edition.

Infoma Telecoms & Media, 2010, Asia Pacific TV 14th edition.

Infoma Telecoms & Media, 2010, Western European TV 14th edition.

ITU, 2010, The World in 2009: ICT Facts and Figures, ITU.

ITU World Telecommunication 홈페이지. ICT indicators Database.

Ofcom, 2010, Communication Market Report. www.ofcom.org.uk/cmruk.

OECD, 2010, The Evolution of News and the Internet, OECD.

OECD, 2011, OECD Communications Outlook 2011, OECD.

PWC, 2010, Global Entertainment and Media Outlook 2010-2014, PWC.

Pew, 2010, Generations 2010, PEW Internet and American Life Project.

U.K. National Statistics, 2006, 2011, The Time Use Survey, National Statistics.

United States Department of Labor, 2006, 2011, America Time Use Survey, United States Department of Labor.

World Association of Newspaper(WAN), 2010, World Press Trends: Annual Reports, WAN.

제5장

기후변화와 한국의 대응 전략

유근배

1. 서론

온실효과가스의 과다한 배출로 기후변화 문제가 심화되고 있다. 기후변화로 발생되는 문제는 그 규모가 국지적이었던 과거의 환경문제와는 달리 그 파급력이 전 지구적이며 그에 따른 영향은 지역적으로 다른 결과를 가져올 것으로 알려져 있다. 지구적으로 생각하고 지역적으로 행동하라는 지침이 기후변화의 문제에도 동일하게 적용된다.

기후변화는 우리나라 사회 전반적인 부문에 영향을 미쳐 사회적 비용의 증가로 귀결될 것이다. 기온상승이나 강수량의 변화 등 환경변화로 인해 농림수산업 환경이 바뀌고, 자연재해의 피해가 증가하거나 국민 보건환경이 악화되는 등의 문제가 발생할 수 있다. 이를 저감시키거나 방지하기 위해서는 기후변화 문제의 심각성을 인지하고 사전에 대비책을 마련하는 노력이 필요하다.

한편, 인위적인 활동으로 발생한 온실효과가스의 과다한 배출에 따른 전 지구적 기후변화에 대한 국제적인 공감대가 형성됨에 따라 온실가스의 수준을 안정화한다는 목표 하에 결성된 기후변화협약의 영향력이 점차 증대되고 있다. 1997년에 결의되어 2005년 발효된 교토의정서에 따르면, 미국, 일본, 유럽연합 등의 선진국은 2012년까지 의무적으로 온실가스 배출량을 줄여야 한다. 한편, 중국과 인도, 브라질 등의 개발도상국은 의무감축 대상에 포함되어 있지 않아 선진국의 불만을 심화시켰고, 2009년 코펜하겐협약에서는 미국과 중국이 자국의 산업보호를 위해 온실가스 감축에 소극적이었다.

2012년으로 교토의정서의 의무시한이 완료됨에 따라 포스트-교토체제에 대한 논의가 진행되어왔다. 최대 쟁점은 선진국과 개발도상국에 대한 온실가스 감축의무의 부과 방식이다. 선진국은 선진국-개발도상국의 구분 없이 동일한 기준을 적용하는 단일의정서의 채택을 선호하는 반면, 개발도상국은 선진국과 개발도상국을 구분하여 다루는 현행 교토체제의 유지를 선호하고 있다. 교토의정서 체제를 대체할 새로운 기후변화체제에 대한 합의에 실패하면서 2012년 11월 카타르 도하에서 개최된 제18차 기후변화협약 당사국총회(COP18)는 2차 교토의정서 기간을 2020년까지 8년 연장에 합의하였다.

한편, 우리나라는 교토체제 하에서 개발도상국으로 분류되고 있으나 OECD 국가로서 의무감축국으로의 편입이 요구되고 있는 상황이다. 현재 우리의 상황에서 선부른 의무감축국으로의 편입은 국가경쟁력에 심대한 영향을 줄 수 있다. 자연적인 환경변화가 진전되고 있어 기존의 기후환경에 따라 형성된 사회경제적 제도의 조정이 불가피한 동시에 기후변화를 매개로 점증하는 국제사회의 압력 하에서 한국이 지혜롭게 헤쳐나갈 수 있는 전략을 모색하는 것이 필요한 상황이다. 우리나라는 특히 COP17에서 녹색기후기금(Green Climate Fund, GCF) 유치에 대한 논의가 이루어진 후에 2012년 10월 GCF의 유치국으로 선정되어 국제환경정치의 핵심국가 중 하나로 부상할 것으로 예상된다.

이러한 상황에서 우리나라는 현재 주로 정부를 중심으로 기후변화 대응에 대한 연구와 논의, 정책화 등이 진행되고 있다. 녹색성장 기본법과 시행령(2010년), 그리고 개도국 감축행동 등록부 제안(2009년, 코펜하겐 기후회의)이 그것이다. 그러나 중앙정부의 노력에 비해 상대적으로 시민사회와의 소통, 기후변화 대응의 일상화 노력은 미비한 실정이다.

이 글에서는 기후변화 시대를 지혜롭게 헤쳐나가기 위해 우리사회가 채택할 수 있는 전략적 접근을 모색하고자 한다. 세부 전략으로서 '지역의 조건에 특화된 기후변화 대응기조의 확립', '사회환경교육의 강화를 통한 기후변화 대응의 일상화', '아시아 협력네트워크 강화를 통한 공동시각 공유'라는 측면에서 논의를 펼쳐가고자 한다.

우선, 기후변화가 초래할 위험을 평가하는 과정에서 표준으로 인용되고 있는 IPCC 4차 보고서(2007)와 기상청을 비롯한 우리나라 여러 기관의 보고서를 중심으로 현재 전 지구적으로 진행되고 있는 기후변화의 현황과 주요원인을 살펴보고, 특별히 우리나라와 변화의 특성과 이해를 공유할 아시아를 중심으로 진행되고 있는 기후변화 양상과 잠재적인 영향 등을 살펴본다. 한국은 기후변화에 따라 어떤 영향을 받게 될지에 대해 현재 논의되고 있는 사안들을 정리한다. 이러한 맥락에서 기후변화의 진전과 함께 국제적으로 영향력이 증대되고 있는 기후변화협약과 관련된 한국의 입장을 살펴볼 필요가 있다. 먼저 기후변화협약의 연혁과 교토의정서와 관련된 주요 쟁점, 포스트-교토체제의 구축에서 부각될 부분들에 대한 내용을 점검한다. 이를 통해 한국이 취할 태도에 대한 논의를 검토한다.

2. 동아시아의 기후변화

1) 기후변화의 현황과 원인

(1) 기후변화 현황

IPCC 4차 보고서에 따르면 전 세계적으로 지구평균기온과 해수온도의 상승, 광범위한 만년설과 빙하 · 해빙의 융해, 전 지구적인 평균 해수면 상승이 관측되고 있다. 〈그림 5-1〉은 1850년에서 2000년까지의 기온, 해수면, 북반구 적설면적의 변화를 1961년에서 1990년 평균값 기준의 상대변화량으로 나타낸 것이다. 이에 따르면 1900년 이후 지구평균기온은 0.76℃ 증가하였고 최근 12년 중 11년이 가장 더운 해에 속하는 것으로 평가되었다. 최근 50년간 기온 그래프에서는 선형 경향이 100년에 1.3℃ 상승한 것으로 나타나 과거 100년간 0.74℃ 상승했던 속도의 두 배를 기록하고 있다. 평균 해수면은 1961년에서 2003년 사이에 연평균 1.8(1.3~2.3)mm 속도로 상승하였으나, 1993년과 2003년 사이에는 연평균 3.1(2.4~3.8)mm로 상승속도가 크게 증가하였다. 이와 같이 과거의 평균상승률을 상회하는 온난화로 말미암아 북극해의 해빙

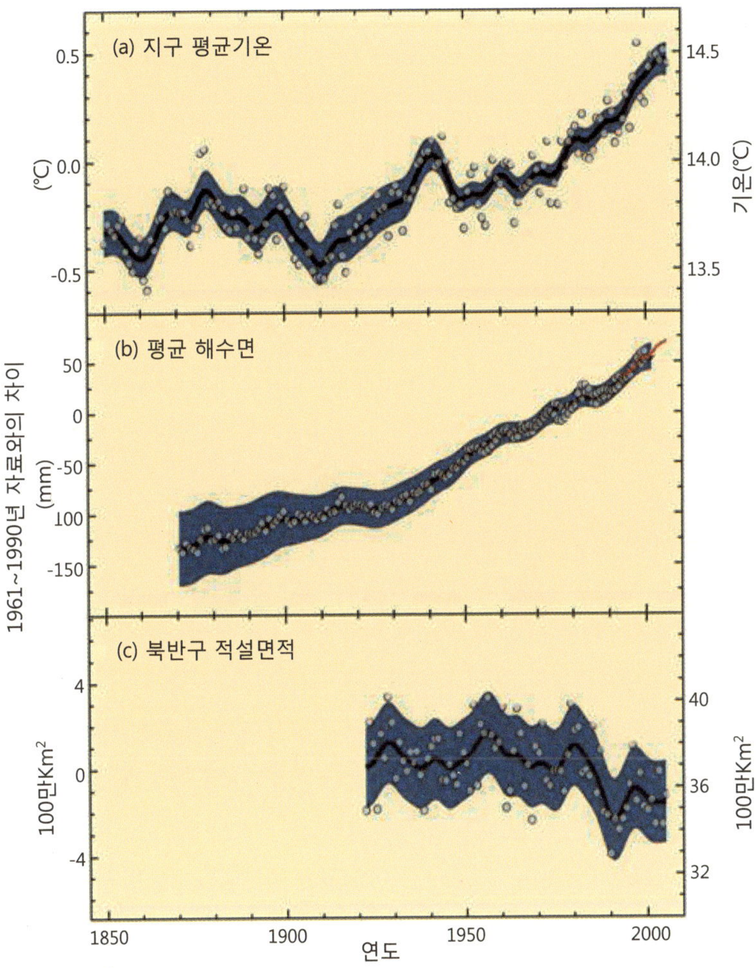

자료: IPCC 4차보고서(2007).

〈그림 5-1〉 1850년에서 2000년까지 발생한 기온, 해수면과 북반구 적설면적의 변화

(海氷) 및 적설 면적도 감소하고 있다. 1978년 이후, 연평균 북극 해빙면적은 10년마다 평균 2.7%의 속도로 꾸준히 감소하고 있다.

강수량의 변화는 지역에 따라 서로 다른 패턴을 보여왔다. 1900년에서 2005년의 기간 동안, 북아메리카와 남아메리카의 동부지역, 북유럽, 아시아 북부와 중부 지역에서는 강수량이 증가하였으나 아프리카 사헬지역, 지중해, 남아프리카, 남부아시아의 일부지역은 강수량이 감소하였다. 전 세계적으로 1970년 이후 가뭄이 심화되고 있다.

그 외에도 지난 50년간 한랭일, 한랭야, 서리일의 발생빈도는 감소한 반면, 고온일, 고온야는 증가하였다. 열파가 전 대륙에서 빈번해졌으며, 폭우 빈도도 증가하였다. 1970년 이후 북대서양 열대성 사이클론의 세기가 강해졌으나 연간 열대성 사이클론 발생빈도에는 변화가 보이지 않는다.

(2) 기후변화의 불확실성에 관한 논의

1987년에 결성된 정부간기후변화패널(Inter-Governmental Panel on Climate Change, IPCC), 1992년 리우데자네이루에서 체결된 기후변화협약,[1] 이에 대한 실질적인 이행 방안으로 1997년에 채택된 교토의정서, 그리고 2009년에 개최된 코펜하겐 기후변화회의 등 이러한 일련의 흐름은 기후변화에 대한 국제적인 관심과 우려를 반영하여 기후변화를 저지하고, 대응하고자 하는 노력들이라고 볼 수 있다. 기후변화 논의의 핵심에는 지구온난화가 자리하고 있다. 세계기상기구(World Meteorological Organization, WMO) 사무총장을 역임한 미셸 자로드(Michel Jarraud)는 코펜하겐에서 1980년대보다 1990년대의 기온이, 1990년대보다 2000년대

---

1) 공식 명칭은 기후변화에 관한 유엔 기본협약(United Nations Framework Convention on Climate Change)이며, 흔히 리우환경협약이라고도 한다.

의 기온이 더 높으며 기온의 상승 추세가 계속되고 있다고 역설한 바 있다. 하지만 지구온난화는 과학적 합의(scientific consensus)일 뿐 그 불확실성은 늘 존재하고 있다. 기후변화에 대한 불확실성은 기후변화가 실제 일어나고 있는 것인가? 단기적인 변동인가, 장기적인 변화인가? 기후변화가 일어나고 있다면, 그 원인은 무엇인가? 이산화탄소 때문인가? 기후변화는 인류를 위협할 것인가, 오히려 긍정적인 영향도 가져다줄 수 있는 것인가? 이와 같은 질문에 의문을 제기하는 근거가 되고 있다. '기후변화 회의론(global warming skepticism)'으로 불리는 일부 과학자들의 주장은 다수의 합의가 반드시 과학적 사실이라고는 할 수 없다고 반박하며 기후변화의 실재를 밝히기 위해 노력하고 있다.

기후변화의 불확실성을 제기하는 주장의 몇 가지 근거를 정리해보면 다음과 같다.

첫째, 현재의 과학기술 수준이 지구의 기후를 모의할 수 있는 수준에 미치지 못하기 때문에 평균기온과 해수면의 상승범위를 정확하게 예측하는 것은 불가능하다는 것이다. 인접한 지역이라도 지표의 피복 상태에 따라 온도의 차이가 크게 나타난다. 지표 피복의 차이는 시골에서의 토지 이용과 도시에서의 토지 이용이 다르기 때문에 생겨나며, 단순히 일평균기온의 차이를 가져오는 것뿐만 아니라 기온의 일교차, 계절적인 차이까지 다양한 시간규모에서의 차이를 발생시킬 수 있다. 나아가 도시 지역에서는 관측된 기온에서 도시화의 효과를 어떻게 처리할 것인가에 대한 문제도 해결되지 않고 있다. 또 하나 지구 평균기온을 구하는 데 방해가 되는 요인은 지구의 상당부분을 차지하고 있는 해양에서의 관측 결과를 신뢰하기가 힘들다는 것이다. 지구 평균기온 산정에 이용되는 자료는 대부분 고정된 관측소에서 기록된 자료임에 반해 해양에서는 고정된 관측지점의 자료가 거의 없으며, 이러한 불충분한 혹은 부적절한 자료들을 이용하여 산정된 값을 신뢰할 수 없다는 논리를 펼치고 있다. 또한 기온 변화의 정도가 오차 범위, 혹은 보정(correction) 정도보다 작은 경우, 그 값을 신뢰할 수 있는가에 대한 의문이 제기되기도 한다.

둘째, 자연적인 기후 변동이 일어나지만 그 원인과 변동의 정도가 불확실하다는 것이다. 현재의 지구온난화는 그 원인을 이산화탄소 등의 온실기체 증가로 인한 것으로 보고 있지만, 대부분의 모델에서 모의되는 온난화는 온실효과가스로 인한 온난화 효과보다 더 높게 나타난다는 주장도 있다. 이러한 자연적인 기후 변동은 외부 효과(강제력) 없이도 일어나지만 그 원인은 불분명하다. 싱어(F. Singer) 등은 태양 활동의 변화나 밀란코비치 주기와 같은 자연적인 순환 활동이 자연적인 기후 변동을 야기한다고 설명하고 있지만, 이것으로 기후 변화를 모두 설명하기는 어렵다.

셋째, 피드백 관계에서부터 야기되는 불확실성이 존재한다는 것이다. 자연계의 여러 피드백 관계에서 기후변화가 어떠한 방향으로 이루어질지, 기후변화 자체가 증폭될지 혹은 완화될지 등 여러 관점과 스케일에서의 불확실성이 존재하고 있다. 특히, 린젠(Lindzen)은 아이리스 효과(Iris effect)를 가설로 내세우면서 대기중 수증기(구름)가 가지는 음성 피드백 관계가 기후변화를 완화시킬 것이라고 설명한 바 있다. 아이리스 효과는 눈으로 들어오는 빛의 양을 조절하는 홍채(iris)의 역할처럼 대기 상층에 생기는 권운이 지구의 온도를 조절해주는 역할을 한다는 가설이다. 그 원리를 간단하게 설명하면, 해수면 온도가 상승하면 강한 대류현상이 발생하여 대기중의 수증기가 대기 상층까지 올라가기 전에 응결하여 대류운을 형성하거나 비가 되어 다시 지표면으로 떨어져 대기 상층의 수증기량이 감소하고, 따라서 권운이 감소한다. 권운은 태양복사에너지를 지표면으로 투과시키는 반면, 지구복사에너지는 흡수하여 재복사하는 역할을 담당하게 되는데, 그 양이 감소하게 되면 지구복사에너지가 쉽게 지구 밖으로 방출되어 냉각효과를 가져오게 된다는 것이다. 하지만 이러한 아이리스 효과는 아직 가설에 머무르고 있다.

마지막으로, 이러한 기후변화 자체에 대한 불확실성 제기와 함께 기후변화가 끼칠 영향에 대해서도 불확실성이 존재한다. 셔우드(Sherwood Idso, 1998)와 같은 학자들은 지구온난화에 대한 우려는 지나친 걱정이며, 그 효과가 미미하거나 오히려 긍정적인 방향으로 나타날 수 있다고 보기도 한다. 나아가 기온이 상승하면 건강에 긍정적인 영향을 준다고 주장한다. 식생에 있어서도 대기중 이산화탄소의 증가에 따른 생산량 증가 등의 긍정적인 효과를 가져오며, 지구환경에 미치는 부정적 영향은 거의 없다고 주장한다. 즉, 온난화에 대한 우려는 기우에 불과하다는 해설이다.

이상과 같은 온난화회의론자들의 주장은 학술논문보다는 언론기사나 교양서적 형태를 통해서 주장되고 있으며,[2)] 특히 보수언론들, 예컨대 오스트레일리아의 *The Australian*, 영국의 *The Daily Telegraph*, 캐나다의 *The National Post* 등이 이들의 주장에 우호적이다.

근본적으로 기후변화는 원인과 과정, 그리고 그 영향에까지 상당히 넓고 다양한 범위의 불확실성을 내포하고 있는 현상이다. 때문에 기후변화에 대한 국제적인 관심이 계속되고 있으면서도 기후변화 회의론자들의 주장 또한 지속되고 있는 것이다. 객관적이고 정확한 연구 활동을 통하여 불확실성을 줄여나가는 것이 기후변화의 실재를 더 명확하게 알 수 있는 유일한 방법일 것이다.

---

2) 예컨대 싱어(Fred Singer)는 2010년 12월 28일자 *The Washington Times*에 "SINGER: No proof man causes global warming"이라는 투고를 했고, 그의 저서, *Unstoppable Global Warming*은 『지구온난화에 속지마라』(김민정 옮김, 2009, 동아시아)라는 제목으로 번역되었다.

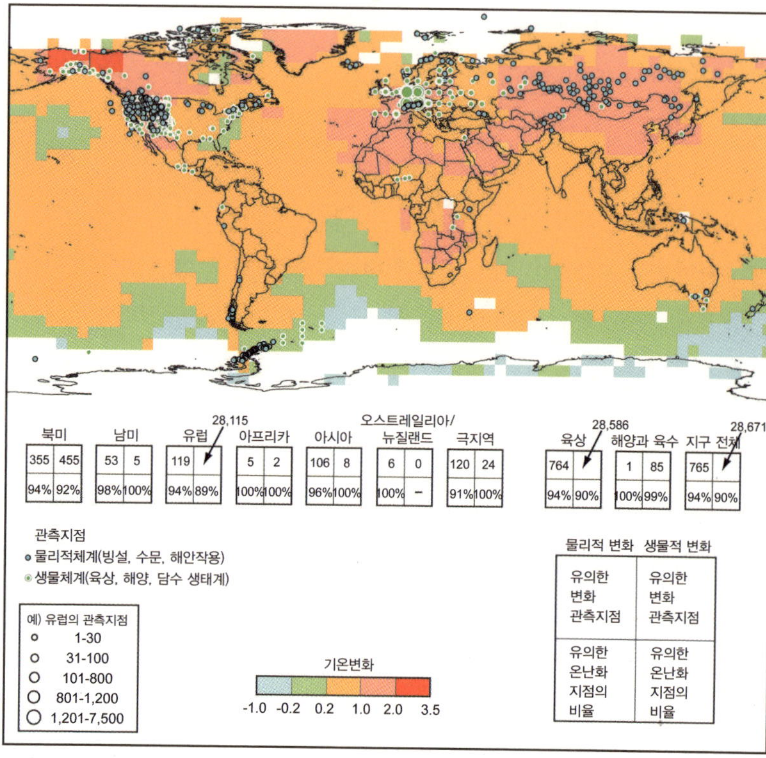

주: 물리적 시스템 Physical system(눈, 얼음, 결빙된 지표 수문, 연안프로세스)과 생물적 시스템 Biological system(육지, 해양, 담수의 생물 시스템). 흰색으로 표시된 영역은 기온 경향의 파악에 충분한 관측자료가 확보되지 못한 지역이다.
자료: IPCC(2004)

〈그림 5-2〉 지표 온도와 자연계의 변화, 1970~2004.

(3) 기후변화에 따른 자연계의 변화

온도 상승이 대부분의 대륙과 해양에서 발생하였다(〈그림 5-2〉 참조). 아시아대륙과 아프리카대륙에서 기온상승이 뚜렷하였고, 알래스카와 베링해 일대에서 2.0℃를 상회하는 기온 증가를 보였다. 지난 30여년간의 이러한 온도 상승은 거의 모든 대륙과 해양의 물리 시스템과 생물 시스템에서 뚜렷한 변화를 초래하였다.

전 세계적으로 29,000개 관측지점에서 수집된 자료를 바탕으로 작성된 〈그림 5-2〉에서 행 2개와 열 2개로 구성된 상자들은 각 대륙과 극지역, 그리고 대륙 또는 육상, 해양과 육수, 지구 전체의 물리체계와 생물체계의 변화를 나타내고 있다. 지구 전체에서 물리체계는 관측지점의 94%, 생물체계는 90%에서 유의한 변화를 나타냈다. 대륙별로는 아프리카에서 모든 관측지점에서 물리적 · 생물적 체계가 모두 유의한 변화가 나타났고, 해양과 육수에서는 각각 100%, 99%의 지점에서 유의한 변화를 나타냈다. 라틴아메리카와 아시아, 극지역의 모든 관측지점에서 생물체계가 변화를 보였고, 오스트레일리아와 뉴질랜드에서는 모든 관측지점에서 물리적 체계의 유의한 변화를 기록하였다. 요약하면, 기후변화가 전 지구상에서 자연환경에 유의미한 영향을 미치고 있다는 것을 증명한다.

(4) 기후변화의 원인: 온실가스

지구온난화의 원인에 대해서는 논란이 있어왔다. 인간활동과 기후변화라는 현상 사이에는 복잡한 인과관계가 있기 때문에 모호한 부분이 많다(Hansen et al., 2000: 9875-9880) 그러나 현대의 이상기후, 기후동향, 기후변동, 또는 기후변화는 자연적인 변이보다는 150년 전부터 급속히 진행되어온 산업화와 이에 따른 역기능 등 인위적 요인에서 찾고 있다. 화석연료의 사용으로 발생하는 이산화탄소의 방출과 함께 메탄, CFC 등의 대기방출, 삼림파괴와 도시역의 확대에 따른 알베도(albedo)의 변화 등이 중요하다. 화석연료의 사용을 전면 금지하더라도 이미 가열된 해양과 대기에 방출된 인위적 이산화탄소로 말미암아 온난화 경향은 최소한 1천 년에 걸쳐 비가역적으로 진행될 것이라는 전망과 함께 2000년까지의 기온상승은 주로 오존, 메탄, 에어로졸 등 비이산화탄소에 의해 이루어진 것이기 때문에 인류사회가 이러한 물질의 대기중 방출을

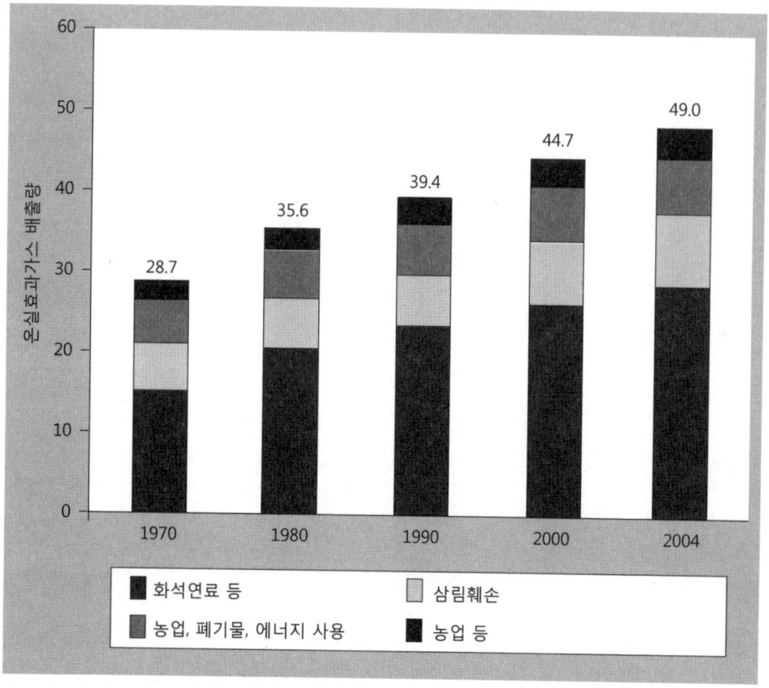

주: 그래프의 세로축 단위는 이산화탄소로 환산한 연간 온실효과가스 배출량(단위: 10억 톤).
자료: IPCC(2007).

〈그림 5-3〉 인위적 원인의 온실효과가스 배출자료

억제한다면, 지구의 온난화는 억제될 것이라는 주장도 있다(Solomon, et al., 2009: 1704-1709).

IPCC 제4차 기후변화보고서에 따르면, 기후안정화의 노력에 따라 차이는 있겠지만 지구온난화 경향은 가속될 것으로 내다보고 있다. 대기중 온실가스 농도를 지난 2000년 수준으로 유지하더라도 앞으로 20년간 연 0.1℃ 정도씩 상승하고, 2000년대 말까지는 0.6℃(0.3~0.9℃) 정도 상승할 것으로 전망하고 있다. 특히, 온실가스의 배출량을 효과적으로 관리하지 못할 경우, 2090~2099년까지 1.8℃ 내외에서 4.0℃ 내외까지 상승할 것으로 전망하고 있다.

가장 뚜렷한 기후변화는 지구온난화로, 이는 인간 활동에 의한 온실가스의 발생 증가 때문이라고 할 수 있다. 온실가스 중 CO_2가 가장 많은 비중을 차지하며, 1970년에서 2004년 사이에 배출량이 70% 증가하였다(〈그림 5-3〉 참조). 한편, IPCC 4차보고서에 따르면, 온실효과를 가지고 있는 CO_2, CH_4, N_2O의 대기중 농도는 1750년 이후로 현저하게 증가하였다. 당시와 현재를 비교해보면 CO_2는 280ppm에서 379ppm, CH_4는 715ppb에서 1774ppb, N_2O는 270ppb에서 319ppb로 증가하였다.

전 지구적으로 CO_2는 화석연료 사용, CH_4는 화석연료 사용과 농업활동, N_2O는 주로 농업활동으로 말미암아 발생한다. 즉 1750년 이후 인간의 활동으로 발생한 온실가스가 복사강제력 또는 복사효과(radiative forcing)를 증가시켜 지구온난화를 가중시켰다. 한편, 대기중의 에어로졸은 태양광선을 외계로 반사시키고, 숲이 파괴된 지표에서도 반사능이 높아져 태양광선이 지표로부터 반사된다. 이러한 알베도 효과(albedo effects)도 근래에 들어 인위적인 원인으로 크게 증가하였다. 자연적 원인으로 발생하는 성층권에 확산되는 화산재나 인위적 에어로졸 등이 기온하강효과를 가져온다.

결국, 대기중 온실효과가스가 초래하는 정(+)의 복사강제력과 대기중의 에어로졸과 지표의 반사능이 초래하는 부(−)의 복사강제력의 상대적 크기에 따라 온난화 효과가 결정된다. 이러한 인위적 영향이 발생하는 알베도 효과를 차감하더라도 대기중의 온실효과가스가 초래하는 총순복사강제력(total net anthropogenic radiative forcing)은 1.6 W/m^2로 나타난다. 따라서, 온실효과가스의 온난화 효과는 지표상에서 관찰되는 것보다 더 클 것이며, 광범위하게 발생하고 있는 대기와 해양의 온난화, 그리고 빙하체적의 감소는 자연적 원인만으로는 설명이 거의 불가능하다.

IPCC 4차보고서(2007)는 온실효과가스가 기온에 미치는 영향을 다음과 같이 정리하고 있다. 20세기 중반 이후 지구의 평균기온 상승은 인위적 온실가스 농도 증가에 뿌리를 두고 있을 가능성이 매우 높다. IPCC 3차보고서(2001)에서 지난 50년간에 일어난 온난화의 대부분은 온실효과가스의 농도 증가로 발생했을 가능성이 높다는 결론에서 진일보한 연구결과라고 할 수 있다. 인간 활동이 초래하는 기온에 대한 영향은 명확하며, 그 영향은 해수온도와 육상의 온도, 이상기후현상, 풍계의 패턴 등 기타의 기후요소에도 영향을 확대시키고 있다.

지난 50년간 남극을 제외한 모든 대륙에서 인간 활동에 따른 유의미한 온난화가 진행되었다. IPCC 3차보고서 이후 인간에 의한 인위적인 환경변화는 평균기온뿐만 아니라 다른 기후요소에도 반영된 것으로 밝혀졌다. 온실효과가스의 대기중 농도 증가는 중위도와 고위도의 저기압 이동경로와 남북반구의 기온분포에 영향을 주는 풍계(wind pattern)와 해수면 상승에 영향을 주고 있으며, 이상고온의 열대야와 열파(heat wave), 극한 저온의 한파, 호우 등의 발생빈도를 증가시켰을 가능성이 높다. 특히, 대류권에서 발생하는 온난화 현상과 성층권의 냉각화 현상은 온실효과가스 농도 증가와 성층권의 오존농도 감소, 그리고 해양보다 대륙에서 온난화 정도가 심하고 이러한 현상의 경년변화는 대기중 인위적 온실효과가스 농도 증가를 고려한 모형에서만 설명된다.

(5) 기후변화의 전망과 영향

장차 기후변화 완화정책과 지속가능한 발전전략이 지속적으로 시행되겠지만, 동시에 온실효과가스의 배출량도 향후 수십년 동안은 지속적으로 증가할 것이다. 배출되는 온실효과가스의 종류와 배출량은 사회경제적 구조와 생활양식에 좌우된다. 지금까지의 성장중심의 경제정책과 인구정책을 장차 지속할 것인가 아니면, 지구온난화를 우려하고 지속가능 발전정책을 시행할 것이냐? 즉, 인류사회의 선택에 따라 대기중의 온실효과가스 농도와 온난화의 정도는 크게 상이할 것이다. 결국, 기후변화 정도는 인류의 선택에 달려 있다. 1972년의 〈성장의 한계〉 이후, 미래의 지구환경의 모습은 다양한 시나리오를 통해 예상되어왔다. IPCC 4차보고서에서는 다양한 인위적 온실효과가스 배출 시나리오에 기초하여 기후변화를 예상하고 있다(〈표 5-1〉). 시나리오는 인구증가, 자원효율화 기술, 지역구조, 사회구조 등의 특성을 중심으로 작성되었고, 각 시나리오에 따라 기후와 생태계의 변화가 설명된다.

A1은 지금까지 추구해왔던 고도성장과 인구증가 추세를 시나리오의 큰 줄거리로 삼고 있다. 인구는 21세기 중반에 최고치를 기록하고 이후에는 감소하고, 다양한 부문에서 세계화가 진행된다. A1 시나리오군은 다시 사용되는 에너지 종류와 기술에 따라 A1F1과 A1T, A1B의 세 그룹으로 나뉜다. A1F1군은 화석에너지에 집중적으로 의존하고, A1T는 석유나 석탄과 같은 화석에너지의 사용을 피하는 줄거리를 채택한다. 반면에, 다양한 에너지원의 균형 이용과 에너지기술 개선을 채택하는 A1B 그룹이 미래에서 개연성이 높을 것으로 예상된다. A2 시나리오군은 지역적 특성이 존중되어 지역적 이질성이 뚜렷이 나타나는 줄거리를 채택하고 있다. 현재의 세계화 추세와는 거리가 먼 시나리오군이다. B1 시나리오군은 사회적으로는 정의의 구현이 강조되고, 정보산업이나 서비스업이 중심을 이루는 줄거리를 채택하고 있다. 현재와 같은 물질소비 위주의 구조에서 탈피하기 때문에 온실효과가스의 배출은 현저히 감소하는 시나리오군이다. B2 시나리오군의 특성은 지역화와 기술의 다양화로 집약된다.

화석연료를 집중적으로 사용하는 A1F1군은 온실효과가스 고배출을, A1T군과 B1군은 저배출, A1B군과 B2군은 중배출 시나리오군이라고 할 수 있다. 다양한 시나리오군을 향후 2100년까지의 기간에 적용하면, 〈그림 5-4〉의 그래프로 정리된다. 고배출 시나리오군 A1T와 A2

는 2100년경에 이산화탄소 기준으로 140Gt를 방출하는 반면, A1T와 B1은 현재보다도 낮은 20Gt 내외를 방출한다. 중배출 시나리오군 A1B와 저배출 시나리오군은 2050년을 중심으로 최고 방출량을 나타내다가 이후 감소한다.

다양한 온실효과가스 배출 시나리오에 따라 발생할 향후의 기온 상승과 해수면 상승을 전망하면, 앞으로 20년 동안은 0.2℃/10년 비율로 기온이 상승할 것으로 예상된다. 지금까지 증가추세를 보여온 온실효과가스 배출량의 증가와 이들 가스의 다양한 체류기간(residence time)을 고려하면, 저배출 시나리오가 적용되더라도 향후 수십년간의 기온상승 경향은 지속될 것이기 때문이다.

2100년 즈음의 지구평균 기온변화는 온실가스 배출량과 비례하여 1.1~6.4℃ 상승할 것으로, 해수면은 0.18~0.59m 상승할 것으로 예상된다(〈표 5-2〉 참조). 이러한 기온과 해수면 변동폭의 최소치와 최대치가 자연환경에 미치는 영향의 차이는 극과 극이라고 할 수 있다. 지구평균 기온의 1~2℃의 상승과 하강의 영향은 인류사회에 커다란 변화를 초래할 수 있다.[3)]

한편, 지난 100여년간 지구의 평균기온은 0.74℃ 상승하였고, 특

---

3) H. Lamb, 1982. 유럽에서는 AD 600년에서 1300년 즈음까지 온화한 소기후적 최적기를 맞이했다. 현재의 평균기온보다 0.2 내지 0.3℃ 기온이 높았고, 이 때문에 북대서양 연안지역은 호시절을 누렸다. 그린랜드와 아이슬랜드에는 농경활동이 가능했고, 노르웨이에서는 밀농사가, 영국의 남부에서는 포도농사가 가능했다. 이후에 소빙기(Little Ice Age)가 도래했는데, 특히 1650년과 1770년, 1850년이 3극한기를 이루었다. 소빙기의 평균기온은 현재보다 0.4℃, 가장 추웠던 17세기에는 0.6℃ 정도 낮았다. 이 때문에 유럽은 어려움을 겪었다. 알프스지방의 빙하는 크게 성장하였고, 그린랜드와 아이슬랜드의 바이킹족 정착촌은 혹한으로 폐쇄되었다. 영국 남부의 포도원은 사라지고, 어업, 특히 대구 어획량은 크게 줄었다. 이에서 유추할 수 있는 바와 같이 전 지구적인 평균기온 1~2℃의 차이는 인류생활에 막대한 영향을 미친다.

〈표 5-1〉 IPCC 특별 보고서(SRES)의 배출 시나리오

A1.
A1. • 고도의 경제 성장 • 전 세계의 인구는 21세기 중반 정점에 이른 후 감소 • 새롭고 효율적인 기술의 빠른 도입 • 중요한 기본 주제로는 지역 간 1인당 소득격차가 잠정적으로 감소함과 동시에 나타나는 지역 간 집중성, 역량 개발, 문화적, 사회적 상호 교류 증가를 들 수 있다 A1F1: 화석 연료 집중 사용 A1T: 비화석 에너지원 사용 A1B: 모든 에너지원의 균형 이용과 이용기술 개선
A2. • 다양한 지역성이 존중되고 지역적 특성으로 뚜렷한 세계(heterogeneous world) • 지역 주체성의 자립과 보전이 강조 • 전 지구적으로 출생률은 지극히 완만하게 감소하나, 전체적으로는 계속적인 인구 증가 • 경제 발전은 주로 지역적인 경향을 띠며, 1인당 경제 성장과 기술 변화는 다른 시나리오들보다 더 분절되어 있고 완만히 발생
B1. • A1 시나리오군과 동일한 전 세계 인구성장 경향 • 경제구조가 서비스와 정보경제 부문으로 빠르게 변화하고 물질의존도(material intensity)의 감소 • 청정자원효율화 기술 도입 • 정의로운 사회환경, 경제적, 사회적, 환경적 지속가능성에 전 세계적 해결책 강조
B2. • 경제적, 사회적, 환경적 지속 가능성에 대한 국지적 해결책(local solution)에 중점 • 세계인구는 A2보다 완만한 속도로 지속적 증가 • 경제 발전은 중간 수준으로 B1이나 A1에 비해 완만하지만, 더 다양한 기술적인 변화 • 국지적 및 지역적 수준에 초점 • 환경보호와 사회정의를 지향

자료: IPCC(2007).

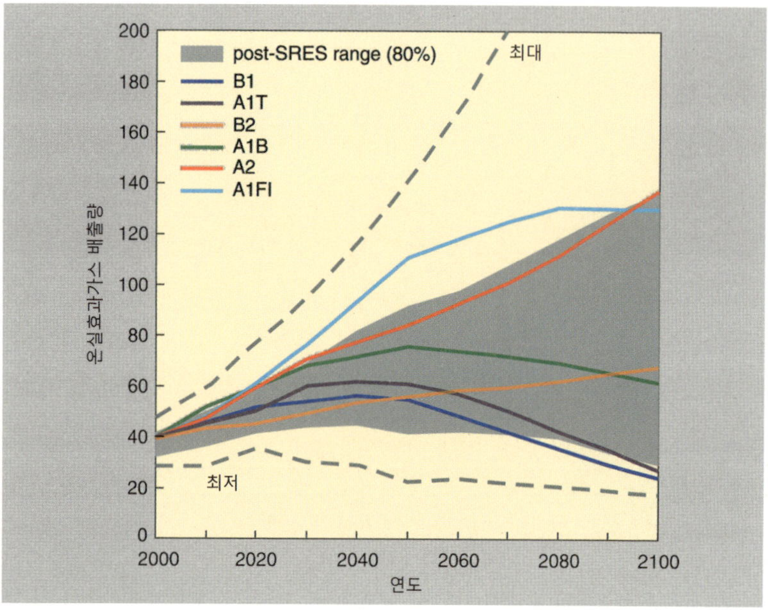

자료: IPCC(2007).

〈그림 5-4〉 시나리오별 온실가스배출 특별보고서(SRES)의 복사강제력 추이

히 지난 수십년 사이에 기온상승이 속도를 더하고 있다. 예컨대, 1995년에서 2006년 사이의 기간이 1850년 이래 가장 높았던 것으로 나타났다. 이러한 기온 상승은 남북극과 고산지역의 빙하를 축소시켜 해수면을 상승시키고 있다. 해수면 상승은 해양수의 체적 증가와 수온상승으로 일어나는 부피의 팽창으로 발생한다. 온난화는 해안폭풍의 크기를 크게 상승시킬 뿐만 아니라 이상기온, 국지성 호우 등 기상이변을 초래하고 있다.

21세기 온난화의 지리적 차이는 과거 수십년간 관측된 것과 흡사할 것으로 예상된다. 기온은 해양에 비해 육상, 남반구에 비해 북반구, 저위도에 비해 고위도, 여름철에 비해 겨울철, 낮에 비해 밤에 더 높은 상승률을 보일 것이다(〈그림 5-5〉). 강수량은 대륙의 동부, 특히 북반구

〈표 5-2〉 각 시나리오에 따른 기온과 해수면 상승 예측

	기온변화 1980~1999년 자료에 대비한 2090~2099년 상대값[a]		해수면 상승 1980~1999년 수위에 대한 2090~2099년의 상대수위
Case	최저 예상값	가능 범위	
2000년 기준값[b]	0.6	0.3~0.9	NA
B1 시나리오	1.8	1.1~2.9	0.18~0.38
A1T 시나리오	2.4	1.4~3.8	0.20~0.45
B2 시나리오	2.4	1.4~3.8	0.20~0.43
A1B 시나리오	2.8	1.7~4.4	0.21~0.48
A2 시나리오	3.4	2.0~5.4	0.23~0.51
A1F1 시나리오	4.0	2.4~6.4	0.26~0.59

주: a. AOGCM을 포함한 다수의 모형으로부터 추정한 해수위.
b. 2000년 값은 AOGCM으로부터 구한 값.
자료: IPCC(2007).

중고위도, 남극지역에는 증가하나 대륙의 서부와 대부분의 아열대 육상에서는 감소할 것으로 예상된다. 지역적으로는 서유럽, 지중해 일대 하계 강수량은 20%, 북미대륙 남서부는 15%가 감소하며, 아프리카 남부와 오스트레일리아, 뉴질랜드의 하계강수량은 10~20% 낮아질 것으로 보인다. 반면에, 서아시아를 제외한 대부분의 아시아대륙에서 하계 강수량이 증가할 것으로 예상된다. 특히, 동북아시아는 동계 20%, 하계 5~10% 강수량이 증가할 것으로 보인다(〈그림 5-6〉).

기후온난화와 함께 기타의 기후현상도 크게 변모할 것으로 보인다. 즉, 엘니뇨현상과 고온극한, 열파, 호우 등의 빈도가 증가하고, 태풍의 강도가 크게 증강할 것으로 예상된다. 상대적으로 적설면적과 극지역의 해빙 규모는 크게 축소할 것으로 보인다. 대기중 CO_2 농도 상

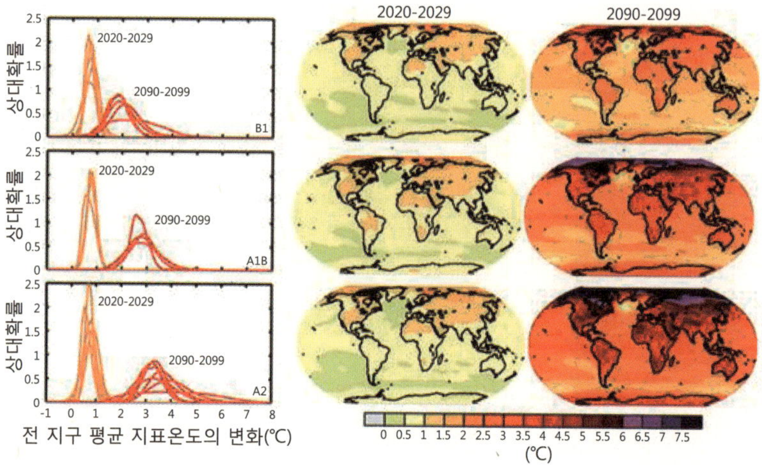

주: 저배출 모형 B1, 중배출 모형 A1B, 고배출 모형 A2의 2020년대와 2090년대의 지구평균기온(왼쪽)과 1980~1990년 평균기온 기준으로 예측된 기온상승의 지리적 분포
자료: IPCC(2004).

〈그림 5-5〉 대기-해양 대순환 모델 활용한 지표 기온상승 예측

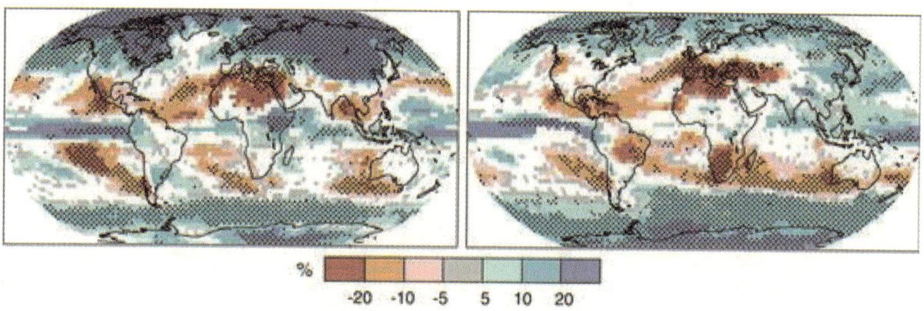

주: 중배출 시나리오를 여러 모의모형에 적용하여 예측한 동계와 하계의 강수량. 1980~1999년 강수량을 기준으로 강수량 증가량을 %로 나타내고 있다. 흰색 부분은 다양한 모형의 결과 사이의 일치율이 66% 미만의 지역이고, 점 패턴으로 나타낸 부분은 90% 이상의 지역이다.
자료: IPCC(2007).

〈그림 5-6〉 2090년대의 동계(왼쪽)와 하계(오른쪽) 상대강수량 변화

승으로 말미암아 해양의 산성화가 진행될 것이다.

2) 아시아의 기후변화

(1) 기후변화의 지역적 특성

기온상승은 고위도지역에서 크게 일어나고 적도지역으로 갈수록 상승폭이 감소된다. 예컨대, 지구평균기온이 1~2℃가 높아진다면, 극지역에서는 5℃까지 상승하지만, 적도지역에서는 미미할 것이라는 전망이다. 완만해질 남북방향의 기온경사(temperature gradient)는 기후대를 북상시켜 냉대림대나 툰드라지대를 크게 축소시키고, 아열대사막지대도 북상하여 현재의 곡창지대를 위협할 것이라고 예상된다. 아시아는 대부분의 지역에서 최근 수십년 간 0.1~0.3℃/10년의 속도로 기온이 상승해왔다. 특히 겨울기온 상승이 뚜렷하다. 동남아시아와 남아시아, 북아시아에서 지구평균치와 비슷한 온난화가 발생할 것이다. 또한 중앙아시아, 북아시아 고위도지역에서 상승률이 높고, 여름보다 겨울기온의 상승이 클 것이다.

한반도가 속해 있는 유라시아 대륙은 전반적으로 동안(東岸)은 강수량이 현저히 증가하지만, 상세한 강수량의 증감은 시공간에 따라 다르게 나타나고 있다. 러시아, 중국 북부, 인도네시아, 필리핀에서는 강우량이 감소하였으나 중국 서부와 동남부 해안, 필리핀 서부 해안은 강우량이 증가하였다. 아시아의 다른 지역과는 달리 티벳고원을 포함한 히말라야 고원지대와 중앙아시아 건조지역에서는 물 부족이 심화되고 사막화가 가속할 위험이 있다.

남아시아와 동아시아, 동남아시아에서 열파나 집중호우, 태풍 등 극한기후사상의 발생 빈도와 강도가 증가해왔고, 앞으로 그 경향이 강해질 것으로 예상된다. 하계 몬순기간의 일 강우량 변동폭도 증가할 것

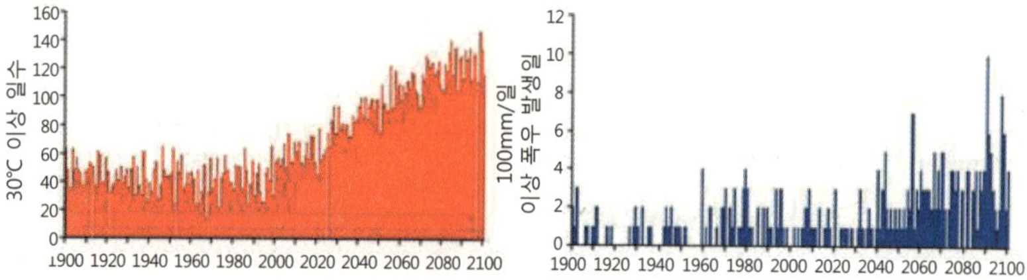

자료: Hasumi and Emor(2004).

〈그림 5-7〉 일본에서 예측된 30℃ 이상 더운 날과 100mm/일 이상의 폭우 발생일 횟수

이다. 동아시아에서는 일본을 중심으로 열파와 집중호우, 태풍이 자주 발생하며 연평균기온과 연평균 강수량도 증가할 것으로 예상된다(〈그림 5-7〉).

(2) 기후변화의 영향

아시아의 기후변화는 산업과 사회 각 부문에 걸쳐 영향을 미치고 종국에는 생활양식에 총체적으로 변화를 초래할 것으로 예상된다. 기온상승과 극한기후의 변화로 농작물 감소, 영구동토과 빙설의 융해, 질병과 열파의 빈발, 육상과 해양생태계의 변화 등이 초래될 것이다.

기온상승과 관련해서는 엘니뇨, 극한기후 등으로 인해 아시아의 주요 작물인 쌀, 옥수수, 밀 등의 생산량 감소가 우려된다. 쌀의 경우, 생육기 최저온도가 1℃ 증가하면 생산량은 10% 감소하는 것으로 알려져 있다. 전체 농작물수확량으로는 1990년에 비하여 2020년 2.5~10%, 2050년 5~30%의 생산량 감소가 예상된다(IPCC, 2007).

기후변화와 함께 2050년까지 아시아의 인구가 최대 10억 이상에 이를 것으로 예상되기 때문에 동북아시아를 제외한 아시아의 대부분 지역에서 가용 담수가 부족할 것으로 예상된다. IPCC의 시나리오에 따르면, 1억 2천만에서 12억의 인구가 2020년까지 물 부족을 경험할 것이며, 2050년에는 최대 1억 8,500만에서 9억 8,100만 명으로 증가할

것으로 전망된다(IPCC, 2007).

북아시아와 고산지대에서는 영구동토층과 산지빙하의 급속한 융해로 산사태 피해가 커지고 산림생태계의 훼손이 우려된다. 특히 기온상승과 함께 강수량이 감소하거나, 과도한 토지이용이 일어나는 지역에서는 산불의 범위와 강도가 증가할 것이다. 특히 시베리아, 인도네시아 등 이탄지(泥炭地)의 산불은 대기중으로 많은 탄소를 방출시킬 수 있다.

기후변화는 급속하게 일어나는 반면에, 변화된 기후에 상응하는 생태계는 서서히 정착된다. 기후의 이동속도는 연간 수십 km에 이를 수 있지만, 식물대의 이동속도는 연간 1km에 미치지 못하는 것으로 알려져 있다. 더욱이 인간의 토지이용으로 서식처가 파편화되고 생태이동로가 단절되어 있는 아시아의 인구밀집 지역에서는 동식물종이 멸종위기에 처할 가능성이 높다. 중위도 지역에서는 급속한 기후대 북상과 생태계의 불안정으로 말미암아 홍수해와 사태 등의 자연위험이 크게 증폭될 우려가 있다.

기후온난화는 해수의 체적을 증가시키고, 빙하를 융해시켜 해수면 상승을 일으킨다. 해수면의 상승으로 해안지역 육상면적이 상실되고 사이클론과 맞물려 해안지역의 침수 범람이 일어나고 있다. 해수침입은 염해를 증가시키며, 연안 생태계를 교란시켜 막대한 손실을 발생시킨다. 남부와 동남 아시아의 해안 거주민 100만 명 이상이 해수범람의 위협에 노출되어 있다. 물론, 해수면 상승으로 기수역 생물의 서식처가 증가할 수도 있으나 이로 인해 농업과 사회기반시설에 심각한 피해를 입힐 수 있다. 습지와 맹그로브, 산호초의 불안정성도 증대할 것으로 예상된다.

기온상승은 지역에 따라 고온환경을 조성하여 풍토병의 발병률을 증가시키고, 특히 여름철 열파로 인한 빈곤층 사망률을 높일 것으로 예상된다. 특히 콜레라, 말라리아, 뎅기열 등 감염성 질병 발병률은 홍수,

가뭄, 해수온도, 강우 등 기후 관련 요소들과 관계가 있기 때문에 아시아의 개발도상국의 피해가 우려된다.

기후변화는 아시아 대부분에 해당하는 개도국의 지속가능한 발전에 악영향을 미칠 것으로 전망된다. 도시화, 산업화, 경제발전과 관련되어 기후변화는 자연자원과 환경문제에 압박을 가져올 것이다. 자연자원에 대한 압박을 줄이고 환경 재해 관리를 개선하기 위해서는 지속가능한 발전정책을 펼치고, 국가발전전략에 기후대응책을 포함시키는 것이 필요하다.

3) 한국의 기후변화

(1) 기후변화

IPCC의 4차보고서는 한반도에 걸쳐 기온이 2020~2029년까지 1.5℃ 내외, 2090~2099년까지 3~5℃ 내외까지 상승하며, 강수량은 2090~2099년까지 겨울철에 20%, 여름철에 10% 내외 상승하는 것으로 전망하고 있다. 기상청이 2005년 한해 동안 측정한 대기중의 연평균 이산화탄소 농도는 388.9ppm에서 1999년의 370.2ppm로 꾸준한 증가를 보이고 있다. 1912년 이래 우리나라의 기온은 1.5℃ 상승하여 지구평균인 0.76℃보다 훨씬 큰 상승폭을 보이고 있다(기상청, 2006; 정회성, 2007). 한반도 기후의 특성이던 삼한사온, 뚜렷한 사계절도 점차 모호해지고 있다.

1912년부터 2008년까지 지난 100년 동안 한반도 평균기온 상승은 1.7℃에 이르는 것으로 조사되었다. 1950년대 이후 상승률이 20세기 전 기간에 비하여 약 1.5배 이상 증가하였고, 특히 겨울기온 상승이 뚜렷하게 나타난다. IPCC 중배출(A1B) 시나리오에 따르면 21세기 말 평균기온이 4℃ 상승할 것으로 예상된다. 겨울기온과 일최저기온 상승이 뚜렷하게 나타난다. 이상기온현상에서도 현저한 변화가 나타났는데, 지난 20세기 동안 열대야, 여름일수 등 고온과 관련된 기후지수 발생 빈도가 증가한 반면, 한파, 서리일수 등 저온 관련 극한 기후 현상 발생 빈도는 감소하였다. 지난 80년간 겨울철 지속기간은 약 22~49일 빨라지고 여름철은 약 13~17일 길어졌으며 봄철 개시일이 빨라지고 가을철 개시일은 늦어졌다. 이러한 현상을 일부에서는 아열대로의 이행이라고 진단하지만, 한반도를 지배하는 기단의 출현(기상학적 기후)에 변화는 있으나, 식생분포를 기초로 하고 기후지역의 공간적 구분이 중요한 지리학적 기후학의 관점에서는 당분간 그 판단을 유보해야 할 것이다.

강수의 경우, 최근 10년 평균 강수량은 20세기 초 10년 강수량에 비해 약 19% 증가한 것으로 조사되었다. 강우는 여름철 7~8월에 집중되어 있다. A1B 시나리오에 의하면 21세기 말에는 연강수량이 17% 증가할 것으로 예측되었다. 강수량의 시공간 변동성이 커져서 지역에 따라 가뭄, 집중호우 등 상반된 강수현상이 심화될 것이다(국립기상연구소, 2009). 하계 극한 강수량과 강수현상 빈도는 증가하였고 공간적 패턴은 지역에 따라 차이를 보였다.

(2) 기후변화의 영향

한반도는 남북의 길이가 길고, 기복(起伏)이 크며, 몬순의 지배를 받고, 주변을 지나는 해류의 영향을 받고 있기 때문에 면적에 비해 기후와 생태계의 다양성이 크다. 온난화는 식생대를 이동시킬 것이며, 이에 따라 저산지와 남부형의 식생에 속하는 졸참나무-작살나무 아군단과 상록활엽수림이 북상할 것으로 예상된다(김종원, 1993). 냉온습윤림은 지리산 일원과 태백산 등 일부 산악지역에서만 분포하게 되며 남해안 지역에는 아열대림이 형성되고, 중부이북지역에서는 냉온대습윤림이 난온대림으로 변화하거나 아한대습윤림이 냉온대습윤림으로 대체될 것으로 예상된다. 기후변화는 수목의 개화시기, 우점 수종 등을 변화시켜 생태계에 영향을 끼친다.

기후변화는 특히 농업부문에 이미 영향을 미치고 있다. 예컨대, 온난한 지방에서 재배되는 쌀보리 등의 맥류재배지대가 지난 40년간 북상하여 재배면적이 확대하였다. 쌀보리의 경우 경기 중부까지 재배가 가능하고, 북한에서도 일부 재배가 가능하게 되었다. 고랭지 농업에서는 더욱 극명하다. 기온이 2℃ 상승하면, 준고랭지 농경면적은 약 89% 감소한다. 이러한 현상이 고랭지 농산물 공급의 약 10%를 감소시키고, 채소 등의 가격은 두 배 상승할 것으로 전망되고 있다(농업과학기술원, 2007). IPCC의 시나리오를 근거하여 쌀 생산량의 변화를 보면,[4] 해안지역을 위주로 많이 감소함을 알 수 있다. 특히 전라남도와 충청남도에서 감소폭이 큰 것으로 나타났고, 전국 평균이 14.9%(80.2kg/10a) 감소한 것으로 나타났다(농촌진흥청, 2007). 달걀의 생산, 육우의 생산성 등 축산 분야에도 기후변화는 큰 영향을 미치는 것으로 연구되고 있다. 결국, 기후변화는 기왕의 농업지대의 범위와 생산성에 영향을 미치고, 이는 농산물시장에 지대한 영향을 미칠 것이다.

기후변화로 해양 수온이 상승하고 염도가 하강하면 수산자원 주요 어종이 변화될 것이다. 해수면 상승과 태풍 · 호우 등 재난성 기상현상이 빈번해지고 대형화될 것이다. 국립수산과학원에 따르면, 지난 39년간(1968~2006년) 한반도 주변 해역에서는 뚜렷한 수온의 상승을 보였다. 즉, 표층 수온은 동해에서 약 0.80℃ 상승하였으며, 남해는 1.04℃, 서해는 0.97℃ 상승하였다. 이러한 수온 변화와 함께 염분, 용존산소 등의 변화로 말미암아 명태, 대구, 도루묵 등의 한류성 어종은 감소하고, 멸치, 고등어, 오징어 등 난류성 어종의 어획량이 증가하였다. 1930년

4) 기온은 약 5℃(남한 평균), 강수량은 약 17% 증가하는 것을 가정하였다.

대 및 70 · 80년대 많이 잡혔던 정어리, 말쥐치의 어획량이 크게 감소하였다. 해양수산전문가들은 이를 'regime shift'라고 하는 기후변화나 환경변화로 발생하는 해양생태계의 변화라고 설명하고 있다. 농업부문과 마찬가지로 어업과 수산양식 부문에서도 변혁이 도래할 것으로 예상된다.

기후온난화는 해수면을 상승시킬 것이고 해수면 상승은 해안지역에 범람을 일으킬 것이다. 우리나라는 해안평야의 발달이 약하여 대하천 하구의 퇴적지형에 자리잡은 국가들에 비해 그 피해면적이 상대적으로 제한적이지만, 해안지역에는 공업단지와 도시역이 집중적으로 발달해왔기 때문에 그 피해규모는 규정하기 어렵다. 국책 연구기관에 따르면, 해수면이 1m 상승할 경우 남한은 서울의 1.6배에 달하는 약 984㎢, 한반도 전체는 약 2,643㎢이 침수될 것으로 예상된다(〈표 5-3〉).

한편, 기후의 이동속도는 연간 수십 km에 이를 수 있지만, 식물대의 이동속도는 연간 1km에 미치지 못한다. 한반도의 경우 기왕의 자연생태계와 인공생태계는 변화된 강수현상을 담아내기 어려울 것이고, 그 결과는 사태, 홍수해와 토양유실로 나타날 것이다. 특히, 일제강점기의 삼림수탈과 6.25동란 등을 통하여 한반도의 삼림 생태계는 인위적 간섭을 심각하게 받아왔고, 경제수(經濟樹)와 속성수(速成樹)의 식재를 통한 삼림복구가 이루어져왔기 때문에 한반도의 식생 대부분은 자연위험에 취약한 이차식생이다. 기후변화 속도에 삼림생태 변화가 따르지 못하면, 지체기간(time lag)에 환경재해가 일어날 가능성이 높다.

기후모델에 따라 2050년의 남한지역 강수량을 현재와 비교하여 지역에 따라 2.7% 감소에서 21.5% 증가, 0.8% 감소에서 215% 증가에 이르기까지 예측치의 폭이 매우 크다.[5] 호우기에는 30%에서 40% 이상

5) 한국환경정책평가연구원, 2008, 국가 기후변화 적응 마스터플랜수립 연구.

〈표 5-3〉 우리나라 해수면 상승 시 침수 가능면적과 영향인구

해수면 상승 (시나리오)	침수가능 면적(㎢)		침수가능 인구(천 명)		비고(서울 면적 대비)	
	남한	한반도	남한	한반도	남한	한반도
1.0m 상승 (S10)	984.304	2,642.816	312.855	1,255.179	1.6배	4.4배
1.5m 상승 (S13)	1,095.505	2,941.528	453.506	1,486.893	1.8배	4.9배

주: 1. 침수가능 지역 및 인구는 해수의 조석 및 태풍해일을 고려한 수치임.
2. 서울시 면적 605㎢ 기준.
자료: 조광우 외(2002).

증가하는 것으로 예측되고 있다. 한강의 경우는 밀집한 인구 때문에 특히 심각하다. 하도 가운데 많은 부분이 석축이나 콘크리트 제방으로 고정되어 있다. 홍수 유량의 증가는 명약관화하지만, 이를 완충할 자연성이 크게 훼손되었기 때문에 재해가 빈발할 가능성이 높다.

이상과 같이 한반도의 온난화와 습윤화는 생태계의 변화를 초래하고, 자연생태계와 직접적 관련이 있는 농업과 어업 부문의 커다란 변화를 초래할 전망이다. 생태계가 변하는 과정에서 해충과 잡초의 확산, 외래종 침입, 산불 발생 증가, 고산식생 멸종 위기 등이 수반되고, 해수면 상승으로 인한 해안지형과 연안생태계의 변모도 예상된다. 강수 현상의 변화는 하천관리정책과 도시하부구조에 큰 변화를 초래할 것이다. 홍수, 태풍, 열파, 가뭄 등 자연재해가 증가하고 해수면 상승으로 국토가 유실될 전망이다. 수자원 시스템이 변화하고 냉방수요로 인해 에너지 소비수요가 증가할 것이다.

이러한 우려에도 불구하고, 한반도에서 지구온난화는 장기적으로 긍정적인 영향을 초래할 수 있다. 더욱이 한반도에 새로운 기후체계에 상응하는 생태계가 안착되도록 지혜를 발휘한다면, 한국은 오히려 지

구온난화의 수혜를 향유할 수 있다. 우선, 연평균기온이 생리적으로 쾌적한 기온에 접근하고,[6] 기온이 상승하고 강수량이 증가한다는 것은 결국 에너지자원과 수자원의 이용과 공급에서 유리하기 때문이다.

3. 기후변화와 관련된 국제정치환경의 변화와 한국의 대응

1) 기후변화협약의 진전

지구온난화에 대한 과학적 증거가 축적되면서 범지구 차원의 노력이 필요하다는 인식이 확산되자 1992년 UN 주관으로 브라질 리우데자네이로에서 열린 환경회의에서 "기후변화에 관한 UN 협약(United Nations Framework Convention on Climate Change, UNFCCC)"이 채택되어 1994년 3월에 발효되었다. 우리나라는 1993년 12월에 47번째로 가입하였으며 2011년 5월 현재 195개국이 가입되어 있다.

기후변화협약은 인위적인 영향으로 인한 기후 시스템의 변화를 최소화하기 위해 대기중 온실가스의 농도를 안정화시키는 것을 궁극적인 목적으로 하며, 기후변화의 예측과 방지를 위한 예방적 조치의 시행, 모든 국가의 지속가능한 발전의 보장, 선진국의 선도적 의무부담, 개발도상국의 특수성을 고려한 차별화된 의무부과 등을 기본원칙으로 한다. 차별화된 공동부담원칙에 따라 가입 당사국을 부속서 국가(Annex I countries)와 비부속서 국가로 구분하여 각기 다른 의무를 부담하기로 결

6) 일상생활에서 22℃는 쾌적한 온도이기 때문에 이 수치를 기준으로 이보다 높거나 낮으면 그만큼 에너지가 더 소요된다고 주장한다. de Vliert, E. 2007: 1-15.

〈표 5-4〉 기후변화 협약 내용

회차	일시	장소	주요내용
1	1995.3	베를린(독일)	온실가스 감축을 위한 협상그룹 설치 결정 제3차 당사국 총회에서 보고하도록 규정
2	1996.7	제네바 (스위스)	감축목표에 대한 법적구속력 부여 합의 인간 활동에 의한 기후변화를 사실로 공식 인정
3	1997.12	교토(일본)	교토의정서 채택 (온실가스 배출량 감축 의무화, 공동이행제도, 청정개발체제, 배출권 거래제 등 시장원리에 입각한 감축수단 도입)
4	1998.11	부에노스 아이레스 (아르헨티나)	교토의정서 세부이행절차 마련을 위한 행동계획 수립, 아르헨티나와 카자흐스탄이 비부속서 국가로서 온실가스 감축의무부담 의사 표명
5	1999.11	본(독일)	아르헨티나의 자발적 감축목표 발표로 개발도상국의 온실가스 감축 의무부담이 쟁점화
6	2000.11	헤이그 (네덜란드)	교토의정서의 상세운영규정을 확정할 계획이었으나 미국/호주 등과 유럽(EU)의 입장 차이로 결렬. 이후 속개회의에서 EU와 개발도상국의 양보로 캐나다, 일본이 참여하면서 협상 극적 타결. 미국을 배제한 채 교토의정서 체제 합의
7	2001.11	마라케쉬 (모로코)	교토메커니즘, 의무준수체제, 흡수원 등의 정책현안에 대한 최종합의 도출. 교토메커니즘 관련사업을 추진하기 위한 기반 마련
8	2002.10	뉴델리(인도)	통계작성/보고, 메커니즘, 기후변화협약 및 교토의정서의 향후 방향 등을 논의. 기후변화 적응, 지속가능발전 및 온실가스 감축 노력 촉구를 담은 뉴델리 각료선언 채택
9	2003.12	밀라노 (이탈리아)	기술이전 등 기후변화협약의 이행과 조림/재조림의 CDM 포함을 위한 정의 및 방식문제 등 교토의정서 발효를 전제로 한 이행체제 보완 논의. 기후변화특별기금 및 최빈국 기금운용방안 타결

〈표 5-4〉 계속

회차	일시	장소	주요내용
10	2004.12	부에노스 아이레스 (아르헨티나)	과학기술자문부속기구(SBSTA)가 기후변화의 영향, 취약성 평가, 적응수단에 관한 5개년 계획수립. 1차공약기간(2008~2012) 이후의 의무부담에 대한 비공식적 논의가 시작됨
11	2005.11	몬트리올 (캐나다)	교토의정서 이행절차보고 방안을 승인(제1차 교토의정서 당사국회의) 2012년 이후 기후변화체제 협의회 구성에 합의
12	2006.11	나이로비 (캐냐)	선진국들의 2차 공약기간(2013~2017) 온실가스 감축량 설정을 위한 논의 일정 합의
13	2007.12	발리 (인도네시아)	선진국 및 개도국의 의무부담 논의가 활발히 진행. 모든 국가가 측정, 기록, 검증 가능한 방법으로 온실가스 감축을 수행하도록 하는 발리로드맵 채택
14	2008.12	포츠난 (폴란드)	미국 정권교체기 등의 상황으로 인해 비전 공유, 기술이전, 재원 확대 등 쟁점에 대한 선진국과 개발도상국 간 입장 차 재확인
15	2009.12	코펜하겐 (덴마크)	100여 개국의 정상들이 집결. 선진국과 개도국 간 대립으로 난항. 코펜하겐 협약
16	2010.12	칸쿤(멕시코)	선진국과 개발도상국 간의 온실가스 감축의무에 대한 견해차가 커서 이견이 없는 사안을 중심으로 논의가 진행
17	2011.11	더반 (남아프리카)	2015년까지 새로운 기후체제를 마련할 것을 합의. 녹색기후기금 유치 논의
18	2012.11	도하(카타르)	교토의정서 8년 연장(2013~2020). 녹색기후기금의 한국 유치 인준

정하였다.

기후변화협약에 가입한 국가를 당사국(Party)이라고 하며 이들 국가들이 매년 한 번씩 모여 협약의 이행방법 등 주요 사안에 대해 결정하는 자리를 당사국총회(Conference of the Parties, COP)라고 한다. 당사국총회는 협약의 최고의사결정기구라고 할 수 있다. 2012년까지 총 18차에 걸친 당사국총회가 진행되었으며 각 총회에서 결정된 주요내용은 〈표 5-4〉와 같다.

그러나 선진국과 개발도상국 간의 온실가스 감축 의무에 대한 입장 차이가 현격하여 온실가스 감축에 대한 실질적인 합의의 도출은 계속 지연되고 있다. 선진국에서는 선진국만을 의무부담국으로 규정한 교토의정서 대신 미국과 개발도상국을 주요 의무부담국으로 정의하는 새로운 단일의정서의 채택을 원하고 있다. 반면 개도국에서는 역사적 책임이 있는 의무감축국을 중심으로 하는 교토의정서를 유지하고 개도국은 자발적 감축행동을 유도하는 병행협상 방식을 지향한다.

교토의정서의 의무기한이 종료됨에 따라 좀 더 실질적이고 구속력 있는 교토의정서 이후의 체제를 수립하는 것이 필요하다는 데 점점 무게가 실리고 있다.

2) 교토의정서

(1) 개관

교토의정서는 제3차 기후변화협약(1997.12.11)에서 채택된 의정서로 온실가스 배출의 감축을 위해 누가, 얼마만큼, 어떻게 감축하는지의 문제를 규정하고 있다.

2001년 3월 최대 온실가스배출국인 미국이 의정서가 자국의 경제에 심각한 피해를 줄 수 있고, 중국, 인도 등 개발도상국들이 의무감축대상에서 제외되어 있다는 이유를 내세워 비준을 거부하였다. 미국의 비준 거부에도 불구하고 일본과 EU를 중심으로 협상이 지속되어 2004

년 11월 러시아가 비준서를 제출함에 따라 교토의정서의 발효조건이 충족되어 정해진 규정(의정서 25조)에 의해 2005년 2월 교토의정서가 발효되었다. 제18차 기후변화협약에서 2013년부터 2020년까지 8년을 연장하기로 합의하여, 교토의정서는 다음 기후체제가 마련될 때까지 유효하기 때문에 발효요건과 메커니즘 등은 지속적으로 중요한 의미를 가지고 있다.

(2) 발효 요건

55개국 이상의 협약당사국이 비준서를 기탁하고 비준서를 기탁한 부속서 I 국가들의 1990년 기준 이산화탄소 배출량의 합이 전체 국가의 1990년 기준 이산화탄소 배출량의 55% 이상을 차지해야 한다. 이 조건이 충족된 날로부터 90일 경과 후 발효한다.

(3) 주요 내용

〈교토의정서〉

교토의정서는 선진국(부속서 국가, Annex I)의 구속력 있는 감축목표 설정, 공동이행, 청정개발체제, 배출권거래제 등 시장원리에 입각한 새로운 온실가스 감축수단의 도입, 국가간 연합을 통한 공동 감축목표 달성의 허용 등을 골자로 한다.

부속서 국가로 구분된 37개 국가(Annex I countries)는 온실가스 배출을 1990년 수준 대비 5.2% 감축하는 것을 의무사항으로 제시하고 있다. 구체적인 사항은 다음과 같다.

〈교토메커니즘〉

온실가스를 효과적이고 경제적으로 감소시키기 위해 도입한, 시장경제에 기반한 유연성 체제이다. 이는 온실가스 감축의무를 자국 내에

〈표 5-5〉 교토의정서 요약

목표연도: 2008~2012년 감축목표율: 1990년 배출량 대비 평균 5.2% 감축(각국의 경제적 여건에 따라 -8% ~ +10%까지 차별화된 감축량 규정) 감축대상 온실가스: CO_2, CH_4, N_2O, HFCs, PFCs, SFe 등 6종(각국 사정에 따라 HFCs, PFCs, SFe 가스의 기준년도는 1995년 배출량 이용 가능) 온실가스 배출원: 에너지 연소, 산업공정, 농축산업, 폐기물 등으로 구분 온실가스 감축 도입 수단: 교토 메커니즘 도입

서만 이행하기에 한계가 있다는 점을 인정하고 배출권의 거래나 공동사업을 통한 감축분의 이전 등을 통해 의무이행에 유연성을 부여하는 체제이다.

공동이행제도(Joint Implementation): 한 국가가 다른 국가에 투자하여 감축한 온실가스 감축량의 일부분을 투자국의 감축실적으로 인정하는 체제로 EU는 동유럽국가와 공동이행을 추진하기 위해 활발한 움직임을 보인다.

청정개발체제(Clean Development Mechanism): 개발도상국에서 온실가스 감축사업을 수행하여 달성한 실적의 일부를 선진국의 감축량으로 허용하는 것이다. 선진국으로서는 온실가스 배출감축 비용의 절감, 배출감축의무 달성의 유연성 확보, 신기술 및 첨단기술에 대한 시장 확보, 새로운 투자기회 확대 등의 편익을 얻을 수 있으며, 개발도상국으로서는 외자유치를 통한 경제개발, 기술이전, 고용창출, 사회간접자본 확충, 에너지 수입대체 및 에너지 효율 향상의 편익을 얻을 수 있다. 이를 통해 전 지구적으로 온실가스 배출감축 비용을 절감할 뿐 아니라 민간부문의 참여를 확대하고 세계적인 온실가스 감축대책 이행을 가속할 수 있다. 다만 실효성 있는 청정개발체제를 구축하기 위해서는 청정개발사업계획에 대한 타당성 확인과 사업에 의한 감축실적을 검증하는 독립된 인증기관으로서 CDM 운영기구의 수립이 필요하다. 이는 교토의정서 당사국총회의 지정을 받았다. 현재로서는 재생에너지 이용사업, 화석연료 발전사업, 제품공정 향상 및 연료전환을 통한 온실가스 감축사업, 화학제품 생산 시 발생되는 온실가스 감축사업 등이 청정개발체제의 대상으로 규정되어 있다.

배출권거래제(Emission Trading): 온실가스 감축의무 보유국가가 의무 감축량을 초과달성하였을 경우 초과분을 다른 부속서 국가와 거래할 수 있도록 허용하는 한편, 의무를 달성하지 못한 국가는 부족분을 다른 부속서 국가로부터 구입할 수 있도록 하는 것이다. 시장 메커니즘을 통해 환경목표를 최소비용으로 달성할 수 있고 오염총량을 직접 관리할 수 있고 배출권 판매 및 구입업체에 대한 기술개발 유인이 높으며 효율적인 자원배분을 촉진하는 가격기구의 역할을 한다는 장점이 있는 반면, 감시, 행정 및 거래비용이 높고, 시장의 불확실성에 따른 위험비용이 발생할 수 있으며, 적정 환경목표설정이 선행되어야 한다는 문제점도 안고 있다.

(4) 교토의정서의 연장

2012년에 만료되기로 결의되었던 교토의정서 체제를 대체할 새로운 기후변화체제에 대한 합의 도출에 실패함에 따라 교토의정서의 연장에 대한 논의가 이루어졌다. 2차 교토의정서의 기간을 2013년부터 2020년까지 8년으로 연장 기간을 합의하였다. 그러나 일본, 러시아, 캐나다, 뉴질랜드 등의 국가들은 더는 감축 의무를 부담하지 않겠다고 선언하였다. 결국, 교토의정서 참여 국가의 온실가스 배출량은 전 세계 15%에 불과하며, 85%를 차지하는 국가들은 불참하였다.

한편, 제18차 총회에서는 2020년 출범 예정인, 교토의정서를 대체할 새로운 기후변화협약에 관한 합의를 2015년까지 완료한다는 직전

총회의 방침을 다시 한 번 확인하였다. 각국 정부는 신 기후체제에 담길 주요 내용을 늦어도 2014년 말까지 마련하자는 것과 2015년 5월 이전까지 초안을 작성한다는 것에 합의하였다.

3) 주요 국가의 대응 기조

온실가스는 대부분 에너지 사용의 결과로 발생하므로 에너지 절약을 통한 사용량 감축과 에너지 이용효율 향상이 온실가스 감축의 기본 방향이다. 선진국의 정책기조는 에너지 절약사업과 효율향상 위주로 구성되어 있으며 신재생에너지(풍력, 태양에너지 등) 및 저탄소연료 사용 확대 등을 적극 추진하고 있다.

EU: 유럽의회 차원의 공동정책은 구상하고 있으며, 기후변화 문제를 중심으로 펼쳐지는 국제정치에서 유럽이 주도권을 행사해야 한다는 입장을 견지하고 있다. 일반적으로 제기되는 선진국 감축목표(5.2%)를 상회하는 이산화탄소 감축계획을 수립하고, 이에 따라 기업(예: 자동차제조협회)도 목표 수준에 맞춘 생산계획을 수립하였다.

프랑스: 총리실 산하에 "온실가스 대응 범정부위원회"를 설치하여 2000년 1월 "기후변화 대응 국가프로그램"을 발표하였다. 기업(제조업)의 시장환경 적응을 유도하기 위해 탄소세를 도입하였다.

영국: 기후변화법을 발효시켜 2010년까지 이산화탄소 배출을 20%까지, 2050년까지 80%까지 감축하겠다고 천명하였다. 청정자동차 개발에 820만 달러 투자하는 한편 10년 내 풍력발전을 통해 16만 명을 고용하겠다는 야심찬 계획을 발표하였다.

독일: 1990년 6월 연방정부에 의해 '범정부 이산화탄소 감축 실무반'이 설립되어 기후변화 관련 정책의 수립을 전담하였다. 전력/석탄소비 감축, 신재생에너지 이용촉진, 천연가스 시장의 활성화 등을 통해

온실가스 감축을 추진하고 있다.

미국: 기후변화에 대한 과학적 불확실성, 개도국의 불참, 자국 경제에 미치는 영향 등을 들어 교토의정서 비준을 거부하였다. 별도기준을 통해 2003년 3월 이산화탄소 18% 감축계획을 발표하고 에너지부와 환경청 등 관련부처를 중심으로 지속적인 경제성장을 보장하며 기후변화에 대응할 수 있는 대책을 추진하고 있다.

일본: 1998년 지구온난화방지대책법을 제정하였다. 2008~2012년까지 1990년 대비 6%로 청정연료 및 신재생에너지 사용량을 증가시키고 원자력발전소를 추가 건설하여 이산화탄소 배출을 안정화하겠다는 것이다. 그린뉴딜을 전개하여 환경비즈니스 시장을 100조 엔 규모 이상으로 성장시키고자 한다.

4) 한국의 대응 기조

(1) 선진국과 개발도상국 간의 가교 역할 및 중진국 의견 대변자 역할 수행

교토체제에서 개발도상국으로 분류되어 OECD 회원국으로 의무감축국 편입을 지속적으로 요구받는 상황이다. 한국은 교토체제의 유지를 지지하며 협약상 "공동의 차별화된 책임(common, but differentiated responsibilities)"을 강조하면서 선진국 수준의 의무 부담을 받을 수 없음을 명확히 표명하였다.

(2) 개도국 감축행동등록부 및 기술개발 협력기구의 논의를 주도적으로 진행

개도국 감축행동, 즉 NAMA(Nationally Appropriate Mitigation Action)는 "목표는 공유하지만 차별화된 책임과 역량에 따른 감축행동"을 주장하는 것으로 개발도상국의 우선순위가 선진국의 기술과 재정 지원을 통해 사회경제적 발전을 통한 빈곤의 퇴치에 있으므로 선진국과 동등한 의무를 질 수는 없으며 선진국은 기술과 재정 지원을 통해 개발도상국이 감축의무를 다할 수 있도록 역량을 증진시켜야 한다는 주장이다.

현재 논의 중인 개도국 감축행동등록부(Nationally Appropriate Mitigation Action Registry)에 선진국의 지원을 받은 감축행동뿐 아니라 자발적으로 수행하는 감축행동도 등록할 것을 제안하는 한편, 원천적 온실가스 감축을 이끌어낼 수 있는 공동 기술개발 및 이전 협력기구의 구성을 제안하였다. 이와 함께 정부는 국제 녹색성장정책을 연구하고 추진할 Global Green Growth Institute(GGGI)를 인천에 유치하는 방안을 추진해왔다. 한국은 2012년 11월 도하에서 개최된 제18차 회의에서 녹색기후기금(Green Climate Fund)의 유치국으로 인준받았다.

(3) 우리나라의 선도적인 기후변화 정책 추진 노력을 강조하여 의무감축국 압력을 차단

우리나라는 비의무감축국이지만 전 지구적 감축 노력에 동참한다는 명분 아래 국력에 상응하는 자발적 감축 목표를 발표하고 선도적인 기후변화 정책을 추진하고 있다. IPCC 권고 개도국 감축 최고목표치인 배출전망치(Business As Usual, BAU) 대비 30%를 국가 감축목표로 수립하고 〈저탄소녹색성장기본법〉 및 시행령을 제정, 발효하였고, 온실가스에너지목표관리제를 2010년 8월부터 시행하는 등 기후변화 정책을 본격화하였다.

4. 기후변화 대응 전략

기후변화는 전 세계적 관점에서 인류사회에 미치는 영향이 지대하

지만, 지역에 따라 기온과 강수량의 변화는 커다란 차이를 나타낼 것이다. 한 나라에 끼치는 기후변화의 영향은 자연지리학적 위치와 사회경제적 특성에 따라 좌우된다. 적도지역의 기온상승은 미미하지만, 극지역은 큰 폭의 기온증가로 자연경관이 크게 변하고 이에 따라 인문경관도 크게 변할 것이다. 대륙의 동안은 강수량이 증가하고 서안은 감소할 것이다. 기후변화의 내용은 다르더라도 환경변화에 따른 생활양식의 변화, 작게는 지역의 사회경제적 구조조정에서 넓게는 국제환경정치적 적응은 불가피할 것이다. 다가오는 기후변화에 한국은 어떻게 대비할 것인가는 다양한 스케일과 관점에서 논의될 수 있을 것이다. 이 연구에서는 여러 수준의 정부 간의 기능 또는 역할, 사회 환경교육의 강화를 통한 시민의 기후변화 살아가기, 그리고 국제협력네트워크를 통한 아시아 공동의 시각 공유라는 관점에서 한국의 대응을 논의하고자 한다.

1) 중앙정부와 지방정부의 역할 분담

중앙정부는 지방정부의 로컬 거버넌스 기능이 활성화될 수 있도록 제도적 기반을 마련한다. 일반원칙에 기반한 기후변화 대응 원칙을 천명하고 각론은 지방에서 마련할 수 있는 여지를 제시한다. 정보/기술지원을 통해 지방정부의 역량를 제고하는 데 초점을 맞추며 일정 기준을 만족할 경우 재정 지원과 사후 모니터링을 담당한다.

OECD(2009)에 따르면 정부는 국가적(National), 부문별(Sectoral), 프로젝트(Project) 수준에서 효율적인 중재를 수행하는 파트너의 역할을 해야 한다. 기후변화 대응을 위한 정책 결정은 언급한 세 가지 수준에서 조직되어야 하며 각각의 수준마다 통합되어야 함을 강조하고 있다.

국가적, 부문별, 프로젝트의 수준은 다음과 같이 정의된다. 국가적 수준은 산업 각 분야를 포괄하는 국가 수준의 기관, 당국을 포함하며 이 수준에서 실행된 정책 결정은 산업 전반과 국가 전체에 잠재적으로 영향을 미친다. 예를 들어 국가의 재정, 기획, 교역 부서, 국무총리실, 의회, 과학연구소 등에서 수행하는 모든 정책과 계획을 뜻하며 또는 재난위험 관리본부와 같은 정부기관 간 협력체도 포함된다. 국가적 수준의 정책과 입법의 예로 세금, 회계, 교역 정책, 민간 부문 투자의 관리와 규제, 천연자원의 사용과 보호, 장기적인 국가 공간 계획 등이 될 수 있다.

부문별 수준은 국가 수준 내 각 부문에서 이루어지는 정책과 계획을 수립하는 기관을 모두 포함한다. 이 수준에서 실행된 정책결정은 해당 산업 부문에 직접적인 영향을 미치며 다른 산업 부문에 간접적인 영향을 미친다. 예를 들어 교통, 농업, 에너지, 공공근로, 보건과 교육 부서가 해당되며, 정책의 예로 국가 인프라 구축 시 설계나 디자인 코드 규정, 농산물 가격 규제, 농업기술 활용, 학교교육 과정 결정 등이 될 수 있다.

프로젝트 수준은 부문별 수준에서 수행 목적과 기준이 결정된 하부 집행 기관을 포함한다. 프로젝트 수준의 당국은 부문 수준의 정책과 가이드라인 내에서 프로젝트의 세부 기준을 감독한다.

지방정부에서는 이해당사자들 간의 협의를 통해 지역의 장단점을 정의하고 기후변화 영향에 대한 지역의 문제를 스스로 모색하도록 조율한다. 지역의 여건에 맞는 행동 계획을 수립하며 중앙정부 혹은 중앙정부의 의뢰를 받은 민간 전문가들로부터 기술적 지원을 확보(컨설팅)한다.

지역 특화 기후변화 대응기조를 확립할 때, 로컬 거버넌스의 역할은 매우 중요하다. 현대사회가 직면하는 도전과 문제들은 중앙정부의 힘만으로는 해결하기 어렵다. 지역마다 고유의 장단점을 지니고 있으며 고유의 쟁점을 가지는데, 중앙정부가 일일이 개입하여 해결하기에는 문제의 성격이 복합적이며 중앙정부의 일방적 추진은 오히려 저항

〈표 5-6〉 도시와 농촌의 기후변화 대응 역량

	도시	농촌
강점	• 재정지원이 풍부 • 다변화된 경제활동 • 공공서비스에 대한 접근성 높음 • 높은 교육 수준 • 위급 상황에 대한 대응 절차 확립 • 잘 조직된 기관들이 존재	• 사회자본이 높음 • 지역사회에 대한 충성도 • 전통적 · 지역적 지식에 강점 • 자발적인 참여의식이 강함
약점	• 높은 생활비 • 환경오염 – 대기질, 열 • 에너지 의존도 높음 • 노후된 사회기반시설 • 관할권 문제로 의사결정 지연	• 경제적 자원이 미비 • 생계수단이 다양하지 못함 • 1차 산업에 대한 의존도 높음 • 공공서비스에 대한 접근성 낮음 • 기술적 지식을 갖춘 이들이 적음

을 불러일으키기 쉽다. 따라서 지역과 지역 커뮤니티의 책임이 증대되고 있다. 덧붙여 다양한 성격의 비정부기구(NGO)의 역할 또한 증대되고 있다. 거버넌스(Governance)란 제로섬의 경쟁적 정치에서 다양한 의제에 대해 공동 노력과 상호의존이 중심이 되는 합의에 기초한 의사결정 방식을 의미한다. 파트너십과 네트워킹에 기반을 두며 이해당사자의 참여와 상호조율을 통해 공통의 해결책을 모색한다. 로컬 거버넌스(Local Governance)는 지방정부가 일방적 권위를 주장하지 않고 시민 개개인 및 공사조직의 연결과 참여를 촉진하는 조율 기능을 담당한다. 이해당사자 간의 자발적 문제해결 노력을 촉진하여 더 효율적인 자원관리를 통한 지역사회의 발전을 겨냥한다.

지역은 고유의 자연환경과 사회조직, 생활양식을 지닌다. 기후변화의 영향은 지역마다 다르며, 대응 행동의 잠재적 역량도 지역마다 다르다. 따라서 지역에 특화된 접근(site-specific approach)이 긴요하다. 예를 들어 대중교통 기반이 잘 갖추어진 도시민에게 탄소배출 저감을 위해 대중교통의 이용을 촉진하는 것은 기후변화 대응 행동이다. 반면 대중교통 기반이 미비한 농촌지역에 대해서는 거주지 조정과 집단화를 통해 공공서비스 효율을 높이는 것이 더 적절한 행동일 수 있다. 이렇듯 도시와 농촌 지역은 기후변화 대응 역량에서 차이를 보이므로 기후변화 대응방안은 지역별 역량을 고려해야 한다(〈표 5-6〉).

또한 기후변화 대응과 관련된 국가 주도의 감축 행동이 실효를 거두려면 시민사회의 적극적 협조가 있어야 한다. 시민 개개인이 기후변화 대응 역량을 갖출 수 있도록 사회환경교육 서비스의 내실화가 필수적이다. 이는 로컬 거버넌스의 틀 속에서 운용될 때 더 나은 성과를 기대할 수 있다.

2) 사회 환경교육의 강화를 통한 기후변화 대응의 일상화

기후변화는 이미 넓게는 국제사회로부터 좁게는 개인의 일상생활에 영향을 미치고 있다. 탄소세는 한 나라 산업의 국제경쟁력을 변개시키고 시민 개개인의 통근체계를 변화시키고 있다. 기후변화를 대응하는 과정은 1992년『성장의 한계』2판에서 주장한 지속가능혁명(Sustainability Revolution)의 이행과 일치한다. 지금까지의 소유중심과 소비위주의 행복관은 성장제일주의를 보편화시켰고, 이는 지구의 한계를 초과시켜 인류의 삶의 질에 치명적 결과를 가져온다.[7] 이를 방지하기 위해서는 이러한 가치관과 생활양식을 탈피해야 한다는 것이 이른바 지속가능혁명이다. 지속가능성을 농업혁명과 산업혁명에 이어 또 하

7) 오펄스는 이 풍요를 이변으로 단정하고 자원은 수요에 따라 무단히 창출된다는 잘못된 자원관과 환경관이 이러한 환경문제를 배태시킨 배경이었다고 비판한다.

나의 혁명으로 부른 지속가능성 혁명은 과학이 제공할 수 있는 최선의 통찰력에 따라 진행되는 의식적인 과정으로 정의한다(Ruckelshaus, 1989: 114-120). 반면에 이전의 두 혁명은 자연발생적으로 무의식적으로 서서히 진행되었다.

인류의 미래가 지속성을 갖기 위해서는 환경에 대한 이해와 이를 바탕으로 한 새로운 생활양식이 구현되어야 한다. 이러한 맥락에서 환경교육은 "단절의 교육"이다. 전통적인 일반교육과는 달리 타협의 교육이 아니라는 것이다. 환경위기를 초래한 잘못된 가치관과 생활양식의 결합을 구조적으로 파악하여 지금까지 우리사회에 보편적이었던 것과는 다른 환경관을 찾고 합당한 가치관과 생활태도를 유도한다는 것을 의미한다. 환경파괴를 억제하고 또 나아가서 환경의 질을 향상시키기 위해서는 시민 개개인의 책임과 실천의지가 고양되어야 한다. 환경교육은 환경파괴현상을 인식시키는 동시에 환경보전을 실천하는 데에 중점을 두어야 한다. 즉, 환경교육은 머리로 이해하고 가슴으로 느끼고 손과 발로 실천하는 등 지성, 감성, 의지가 모두 동원되어야 한다.

한국에서도 1990년대부터 환경교육의 중요성을 홍보하고, 학교교과와 비교과에서 환경교육 커리큘럼을 정비해왔다. 지리나 생물, 일반사회에서 환경교육을 가르치고, "환경"이라는 독립된 교과목이 자리잡았다. 입시 위주로 경도된 현행 중등학교 커리큘럼의 한계로 실천과 지역사회봉사가 수반되어야 하는 환경교육은 미흡한 수준에 머물러 있다는 비판이 있다.

그러나 문제는 학교교육에서 환경교육의 기회를 갖지 못했던 계층이 사회구성원의 다수를 점하고 있다는 것이다. 이러한 문제는 세계 대부분의 나라에서 보편적으로 나타난다. 예컨대, 1992년 미국에서 실시한 조사에 따르면, 국민의 1% 정도가 생물의 멸종이 왜 환경적으로 치명적인가를 이해하는 수준이었고, 기후온난화와 오존층파괴현상을 구분하는 시민이 20%에 불과하다. 교육을 받은 사람들조차도 기후변화가 피부암을 일으킨다고 오해하는 경우가 적지 않다. 문제의 핵심에는 기후변화 또는 환경문제란 매우 복잡하며 그 이해를 위해서는 학제적 접근이 필요하다는 데에 있다. 상식을 갖춘 사람들조차 체계적 교육이 뒷받침되지 않고는 환경문맹에 머무를 수밖에 없다. 기후변화시대에 이들이 정책을 입안하고, 상품을 생산하거나 소비하며, 선거권을 행사하는 사회 주류를 구성하고 있다. 이들은 미래사회를 결정짓기 때문에 비제도권 환경교육, 또는 사회환경교육이 치명적으로 중요하다.

사회환경교육은 매우 미흡한 수준이지만, 다양한 수단을 통하여 이루어지고 있다. 우선, 매스미디어를 통하여 많은 부분이 이루어지고 있다. 심층취재를 통하여 기후변화의 원인, 결과, 통계는 공공의 환경인식을 고양시킨다. 기후환경 다큐멘터리는 사회환경교육의 중요한 수단으로 자라잡고 있다. 1990년대 우리나라에서는 방송언론매체가 경쟁적으로 환경보전캠페인을 벌였다. "샛강을 살리자," "ECO21 가자 생명의 시대로," "물은 생명이다," "하나뿐인 지구," "환경스페셜" 등의 프로그램을 통하여 비록 체계적 지식이 다소 결여되어 있지만, 기후환경변화와 보건, 산업, 의식주의 문제가 대중의 관심을 자극하였다.

사회환경교육은 직장, 직업교육, 직업재교육을 통해서 활발히 이루어져야 한다. 국내외적 환경규제와 상품의 친환경성 정도가 기업의 경쟁력에 깊이 연관되어 있으며, 급속히 변해가는 기업환경의 변화도 기후변화와 무관하지 않다.

정부관련 기관과 사회비영리단체, 평생교육 시스템, 특히 환경단체의 사회환경교육은 매우 중요한 자리를 차지해왔다. 예컨대 1972년에 설립된 Earthwatch란 국제단체는 30개국에서 참여하여, 120여 국에 4만 명의 환경교육 자원봉사자를 파견하여 활발한 환경교육을 펴왔다. YWCA의 "Education for Global Responsibility"도 탁월한 업적으로 이름이 높다. 국내에서도 1990년부터 사회환경단체들이 전국적인 또는 지역적 조직으로 사회환경교육에 참여해왔다. 특히, ㈔환경과공해연구회는 때로는 정책입안가를, 학교 교사를, 일반시민을 대상으로 교육하는 환경학교를 조직적으로 운영해오고 있다.

3) 아시아 협력네트워크 강화를 통한 공동의 시각 공유

아시아 지역은 열대우림에서 툰드라의 극한 기후환경에 이르는 다양한 자연환경을 지니고 있고, 한국이나 일본과 같은 OECD 회원국에서 방글라데시나 미얀마와 같은 경제적으로 낙후된 나라를 포함하는 등 사회경제적으로도 폭이 크다. 따라서 기후변화에 따른 국제환경정치적 쟁점도 다양하다. 특히, 다수의 개발도상국이 아시아에 위치하고 있기 때문에, 기후변화에 따른 재해대응 부문과 환경기술 이전 등의 부문에서 국제협력이 필요하다.

한국은 지난 세기 이래 '받는 나라'에서 '주는 나라'로 변모한 유일한 국가로서 국제환경정치에서 독특한 입장에 처해 있다. 즉, 선진국과 개발도상국의 경계에 위치한 나라로서 도전과 기회를 동시에 맞이하고 있다. 기후변화 대응과 국제적 리더십 제고를 동시에 추진할 수 있는 효과적 전략이 시급한 실정이다.

'한류'의 예에서 보듯 현대사회에서 국력과 국경의 의미는 과거와는 매우 다르며, 아시아 대륙에서 한국의 위치는 크게 격상되어 있다. 특히, 개발도상국에서 선진국으로 진입한 한국의 독특성, 문화강국의 힘은 국제적 리더십으로 이끌 견인차 역할을 할 것이다. 이 과정에서 '청정개발체제'와 결합된 발전전략, 문화적 호감도, 개도국의 역할 모델이 키워드로 작용할 것이다.

국제사회에서 리더십을 확립하는 길은, 아시아 개발도상국과의 협력적 기후변화 대응을 모색하는 한편, 기후변화 문제의 선도적 해결이 필요하다. '역사적 책임'이 있는 선진국과는 차별화되기 때문에 선진국과 개도국의 중재자적 리더십을 얻을 수 있다. 동시에 능력에 맞는 자발적인 감축행동을 이행한다면, 국제적으로 독특한 그러나 필요불가결한 리더십을 수립할 수 있다.

5. 결론

기후변화의 양상과 이에 따른 영향이 전 지구적 수준, 아시아, 한반도에서 다르게 나타난다. 아시아의 경우, 시급하고 중대한 기후변화 문제가 지역별로 각기 다르다. 중앙아시아는 사막화, 북아시아 고위도지역은 겨울 온난화, 동남 · 남부아시아는 엘니뇨에 의한 이상기후 등이 이에 해당한다. 환경변화에 대한 지역마다의 독자적 대응이 요구된다.

국내의 경우 전반적인 기온상승과 강수량 증가가 예상되어, 기후변화에 따른 생태계 교란, 자연재해의 증가, 자원 · 에너지 시스템의 잠재적인 변동 등의 문제를 지혜롭게 극복한다면, 기후변화의 혜택을 향유할 수도 있을 것이다. 따라서 기후변화 문제에 보다 실효성 있고 전향적인 적응 대책이 필요하다. 동시에 환경문제의 월경적 특성에 따라 아시아 내 여러 국가들과의 적극적인 공조와 협력이 요구된다.

사회환경교육의 강화를 통한 기후변화 대응의 일상화가 매우 중요하다. 환경문제란 매우 복잡하며 그 이해를 위해서는 학제적 접근이 필요하다. 상식을 갖춘 사람들조차 체계적 교육이 뒷받침되지 않고는 환경문맹에 머무를 수밖에 없다. 기후변화시대에 이들이 정책을 입안하고, 상품을 생산하거나 소비하며, 선거권을 행사하는 사회 주류를 구성하고 있다. 이들은 미래사회를 결정짓기 때문에 제도권 밖의 환경교육,

또는 사회환경교육이 중요하다.

사회환경교육은 매우 미흡한 수준이지만, 매스미디어 등 다양한 수단을 통하여 이루어지고 있다. 심층취재를 통하여 기후변화의 원인, 결과, 통계는 공공의 환경인식을 고양시킨다. 기후환경 다큐멘터리는 사회환경교육의 중요한 수단으로 자리잡고 있다. 사회환경교육은 직장, 직업교육, 직업재교육을 통해서 활발히 이루어져야 한다. 국내외적 환경규제와 상품의 친환경성 정도가 기업의 경쟁력에 깊이 연관되어 있으며, 급속히 변해가는 기업환경의 변화도 기후변화와 무관하지 않다. 사회비영리단체, 평생교육 시스템, 특히 환경단체의 사회환경교육은 매우 중요한 자리를 차지해왔다.

기후변화를 매개로 조성된 국제환경을 한국의 국가체질을 개선하고 선진국과 개도국을 조율하는 선도적 리더십을 확립하는 기회로 삼을 수 있다. 기후변화가 진행되는 현재 한국은 기후변화로 인한 사회비용의 증가와 선진국 감축의무를 부담하라는 이중의 도전에 직면해 있다. 한국은 지난 세기 이래 '받는 나라'에서 '주는 나라'로 변모한 유일한 국가이다. 선진국과 개발도상국의 경계에 위치한 나라로서 도전과 기회를 동시에 맞이하고 있다. 기후변화 대응과 국제적 리더십 제고를 동시에 추진할 수 있는 효과적 전략이 시급한 실정이다. 개발도상국에서 선진국으로 진입한 한국의 독특성, 문화강국의 힘은 국제적 리더십으로 이행시킬 견인차 역할을 할 것이다. 이 과정에서 '청정개발체제'와 결합된 발전전략, 문화적 호감도, 개도국의 역할 모델이 키워드로 작용할 것이다.

▶▶▶ 참고문헌

국립기상연구소 기후연구과, 2009, 『한반도 기후변화: 현재와 미래』.

기상청, 2007, 『지구대기감시보고서 2006』, 기상청.

김종원, 1993, 『우리나라의 자연환경현황분석연구』, 한국환경기술개발원.

농업과학원, 2007, 『기후변화에 따른 농업생태계 영향, 취약성 평가 및 적응 방안 구축』.

농촌진흥청, 2007, 『기후변화 대응 농업환경영향평가 및 적응대책』.

정회성, 2008, 『지구온난화와 국토환경정책』, 한국환경정책평가연구원.

조광우 외 4인 공저, 2002, 『지구온난화에 따른 한반도 주변의 해수면 변화와 그 영향에 관한 연구 II』, 한국환경정책평가연구원.

한국환경정책평가연구원, 2008, 『국가 기후변화 적응 마스터플랜 수립연구』.

Hansen, J. et al., 2000, "Global warming in the twenty-first century: An alternative scenario," *Proc. Natl. Acad. Sci.* 97(18): 9875-9880.

Hasumi, H. and S. Emori(eds.), 2004, K-1 coupled model (MICRO) description, K-1 Tech. Rep. 1, Centre for Climate System Research, Univ. of Tokyo, Tokyo, 34.

Idso, Sherwood, 1998, "CO_2-induced global warming: a skeptic's view of potential climate change," *Climate Research* 10(1): 69-82.

IPCC, 2007, Climate Change 2007. http://www.ipcc.ch/

Knutson, T. and R. Tuleya, 2004, "Impact of CO_2-Induced Warming on Simulated Hurricane Intensity and Precipitation: Sensitivity to the Choice of Climate Model and Convective Parameterization," *Journal of Climate,* 17(18): 3477–3494.

Lamb, H., 1982, *Climate, History and the Modern World*, Methuen, London.

Meadows, D. H., D. L. Meadows and J. Randers, 2004, The Limits to Growth: The 30-year Update, Chelsea Green Publishing Co.

OECD, Integrating Climate Change Adaptation into Development Co-operation.

Ophuls, W., 1977, *Ecology and the Politics of Scarcity*, W. H. Freeman and Co.

Ruckelshaus, W. D., 1989, "Toward a Sustainable World," *Scientific American*, 261: 114-120.

Singer, F. and D. Avery, 2007, *Unstoppable Global Warming: Every 1,500 Years*, Rowman & Littlefield. 김민정 옮김, 2009, 『지구온난화에 속지 마라』 동아시아.

Solomon, S. et al., 2009, Irreversible climate change due to carbon dioxide emissions, Proc. *Natl. Acad. Sci.*, 106(6): 1704-1709.

de Vliert, E., 2007, "Climates Create Culture," *Social and Personality Psychology Compass 1*, pp.1-15.

찾아보기

[ㅁ]

[ㅂ]

[ㅅ]

[ㅇ]

Abstract

The Change of International Environment and the Future of Korea

Chang Jae Baik, Wookhee Shin,
Keun Bae Yu, Sugmin Youn, Kyung-soo Chun

World political and economic order has been experiencing significant structural changes in their global spread over the past 20 years since the end of the cold war. East Asia, closely linked to the world system, is no exception in this context. It is essential for the State and Society to provide the corresponding strategies in the transition period of the international environment. Based on the perspectives from various fields of the social sciences such as political science, international relations, anthropology, communication, and geography, this book attempts to understand the change of international environment and to provide Korea's response strategy.

This book consists of five chapters. Chapter 1 addresses "power shifts and dispersion" in the international economic system; how distribution of power has been changed and what consequences it will bring to the international political economy. The first half examines on-going changes in the power distribution. After assessing power shifts in material, institutional, and constructivist dimensions, it is argued that changes in power distribution have been significant and yet not even among different dimensions. The rest discusses how to foresee the effects of power shifts in the near future. Regulation(stability) and distribution(fairness) are suggested to be measuring standards of the changing nature of the international politico-economic system. Chapter 2 analyzes the possibility and range of Korea's policy choices in a changing strategic environment of East Asia. First, it reviews the characteristics of three key bilateral relations in the region: US-China relations, US-Japan relations, and China-Japan relations. Secondly, it looks through three forms of multilateralism in East Asia: the ASEAN Way, Asia-Pacific cooperation, and trilateralism among China, Japan and Korea. Lastly, it considers strategic positions that Korea would take in these bilateral-multilateral interactions. Chapter 3 argues that there has been and is on-going verbal and virtual war with somehow political and diplomatic skirmish focusing on Dokdo in East Sea between Japan and Korea. The issue of this chapter is focused not within the framework of international politics and geopolitical question but within that of ethnography and ethnotoponomy. After investigating old maps and documents on Ulleungdo inhabitants, the conclusion is reached that Dokdo is closely linked to Ulleungdo in everyday life. There are many Korean names in Dokdo and those names have been inherited from Jeollado dialects. Chapter 4 looks at rapidly changing media-scape in Korea. Korea is acknowledged for having the world's most advanced communication technologies which enable ceaseless and dynamic networking and communication. This chapter suggests basic directions of restructuring the media ecosystem and shows how to use them to enhance civic democracy. Lastly, Chapter 5 argues that national wisdom should be exerted to overcome the national challenges of climate change, such as ecosystem disturbance, an increasing number of natural disasters, and potential volatility of resource-energy system. Such wisdom may bring opportunities to improve people's lifestyle and to establish an international leadership as mediator between developed and developing countries on environmental protection.

저자 소개

백창재

서울대학교 사회과학대학 정치외교학부 교수로 재직하고 있으며, 서울대학교 정치학과를 졸업하고, 미국 캘리포니아주립대학교(University of California, Berkeley)에서 정치학 박사 학위를 받았다. 세종연구소 연구위원, 서울대학교 한국정치연구소 소장을 역임했으며, 현재 서울대학교 사회과학연구원 원장을 맡고 있다. 『미국 사회과학의 기원』, 『미국의 자유주의 전통』 등을 공역했으며, *Politics of Super 301: the Domestic Political Basis of U.S. Foreign Economic Policy*, 『미국 패권 연구』, 『현대 미국정치의 이해』(공저), 『20세기의 유산, 21세기의 진로』(공저) 외 다수의 저서가 있다.

신욱희

서울대학교 사회과학대학 정치외교학부 교수로 재직하고 있으며, 서울대학교 외교학과를 졸업하고 미국 예일대학교에서 정치학 박사 학위를 받았다. 서울대학교 통일연구소 대외협력실장, 국방부 및 NSC 정책자문위원, 일본 히토츠바시대학 방문연구원, 영국 런던대학교 방문학자 등을 지냈다. *Dynamics of Patron-Client State Relations*, 『순응과 저항을 넘어서: 이승만과 박정희의 대미정책』 등의 저서가 있으며, 주요 논문으로는 「구성주의 국제정치이론의 의미와 한계」, 「압박과 배제의 정치: 북방정책과 북핵 1차 위기」, 「미중일 관계의 전망에 대한 이론적 검토: 통합적 이론으로서 위협균형/위협전이론」 등이 있다.

유근배

서울대학교 사회과학대학 지리학과 교수로 재직하고 있으며, 서울대학교 지리학과 대학원을 거쳐 미국 조지아대학교에서 지리학 박사 학위를 받았다. 서울대학교 사회과학대학 부학장, 서울대학교 국토문제연구소장, IGU 한국위원회 사무총장, 한국 GIS학회 회장, 국토지리학회 회장, 환경부 중앙환경정책위원회 위원, 국가과학기술위원회 재난재해지원과학기술지원 특별위원회 위원, 국토해양부 국가공간정보위원회 위원, 측량 및 수로조사분과 위원장, 문화재청 문화재위원회 전문위원, 연안공간학회장 등을 지냈다. 『위성영상을 이용한 북한지역의 해안습지 연구』, 『한국 서해안의 해안사구: 지형학적 관점을 중심으로』, 『한국의 하구역: 하구둑 건설 이후의 지형변화』 외 다수의 논저가 있다.

윤석민

서울대학교 사회과학대학 언론정보학과 교수로 재직하고 있으며, 미국 미시간주립대학교에서 매스미디어 전공으로 언론학 박사 학위를 받았다. 통신개발연구원(현 정보통신정책연구원) 연구원, 방송개발원(현 한국콘텐츠진흥원) 선임연구원, 경원대 교수를 거쳐 현재 한국언론학회 언론과사회 연구회 회장, 한국언론법학회 부회장, 서울대학교 언론정보학과 BK사업단 단장직을 맡고 있으며 커뮤니케이션 이론과 미디어정책을 연구하고 있다. 『다채널TV론』, 『커뮤니케이션 정책연구』, 『커뮤니케이션의 이해』, 『한국사회 소통의 위기와 미디어』 외 다수의 저서가 있다.

전경수

서울대학교 사회과학대학 인류학과 교수로 재직하고 있으며, 서울대학교 문리대 고고인류학과를 졸업하고, 동대학원 인류학과에서 석사 학위를, 미국 미네소타대학교에서 인류학 박사 학위를 받았다. 제주학회, 진도학회 및 한국문화인류학회장을 역임하였고, 뉴질랜드 오클랜드 대학 초빙교수, 일본 국립민족학박물관 객원교수 등을 지냈다. 문화이론과 생태 및 환경인류학에 주된 관심이 있으며 『똥이 자원이다』, 『문화의 이해』, 『문화시대의 문화학』, 『한국문화론』, 『혼혈에서 다문화로』, 『한국인류학 백년』 외 다수의 저서가 있다.